Johannes v. Buttlar

Drachenwege

Herzlich
Johannes v. Buttlar

u.
[illegible]

Johannes v. Buttlar

Drachenwege

Strategien der Schöpfung

Mit 22 Farbfotos

Herbig

Bildnachweis

Archiv Autor: 1, 7, 8, 20. Brosch, Armin: 5. Hesemann, Michael: 3, 15, 17, 18. Kage, Manfred: 2, 9, 10, 22. Popovich, Marina: 13, 14, 16. Raba, Adrian: Vor- und Nachsatz, 4, 6, 11, 12, 19, 21.

Vor- und Nachsatz: Der prähistorische Steinkreis von Stonehenge – Ort der Kraft – ist ein Kreuzungspunkt der Drachenwege.

1. Auflage September 1990
2. Auflage November 1990

Umschlag: Wolfgang Heinzel
Umschlagfoto: The Image Bank, München
Herstellung: Franz Nellissen
Satz: Filmsatz Schröter GmbH, München
Gesetzt aus 11/13 Punkt Sabon auf Linotron 300
Reproduktionen: Avantgarde Reprotechnik, Salzburg
Druck und Binden: Mohndruck, Graphische
Betriebe GmbH, Gütersloh
Printed in Germany
ISBN 3-7766-1642-3

Meinem Neffen
Christian Sack in Erinnerung
an eine
unwiederbringliche Zeit
in Sevenoaks und
East Grinstead
herzlich gewidmet.

Dank

all jenen, die mich auf diesem Planeten – und darüber hinaus – in meiner Arbeit für die »Drachenwege« unterstützt haben. Selbstverständlich meinem Verleger, Dr. Herbert Fleissner, Frau Dr. Brigitte Sinhuber und meinem Lektor, Hermann Hemminger.
Insbesondere aber Michael Hesemann, dem Verleger von »Magazin 2000« und Autor der exzellenten Dokumentation »UFOs: Die Beweise«. Meiner Nichte Jutta Sack für ihre unermüdliche Arbeit an der Schreibmaschine. Und nicht zuletzt meiner Frau Elis, die mich auf den »Drachenwegen« konstruktiv begleitet hat.

Johannes v. Buttlar

Inhalt

1

Auftakt

Das ist im Grunde der einzige Mut, den man von uns verlangt: mutig zu sein zu dem Seltsamsten, Wunderlichsten und Unaufklärbarsten, das uns begegnen kann!

Rainer Maria Rilke

Normalerweise glauben wir, das Universum, in dem wir leben, real zu erfassen. Aber hin und wieder werden wir mit seltsamen Vorgängen konfrontiert, die uns schmerzhaft daran erinnern, wie eng der Horizont des von uns bisher gespeicherten Wissens in Wahrheit ist. Diese Vorgänge deuten auf Wirklichkeiten hin, die unsere abenteuerlichsten Vorstellungen weit übertreffen.

Zwischen unserem Wissen und unserem Unwissen liegen Welten voller Fallen, die das bereits wankende Fundament unserer auserwählten Wirklichkeit zum Einsturz bringen werden, weil die etablierte Wissenschaft zu einem Vorstoß über ihre selbstgesetzten Schranken hinaus bisher nicht fähig war.

Allem Anschein nach ist das Universum weit komplexer und vielschichtiger als es in den Modellvorstellungen der Wissenschaft zum Ausdruck kommt. Zu viele Experten machen sich nämlich nur von ihren Meßinstrumenten abhängig und übersehen dabei völlig, daß die Erforschung fremder Dimensionen gänzlich andere Voraussetzungen erfordern könnte. Nur allzu oft gehen sie davon aus, »daß nicht sein kann, was nicht sein darf«, und suchen ihre Bestätigung in der traditionellen Ansicht, daß es für jedes Phänomen, wie bizarr es auch immer sein mag, eine Erklärung innerhalb des Rahmens der orthodoxen Wissenschaft geben muß.

Wenn wir nach dem roten Faden suchen – nach dem Plan, einer »Blaupause« für das Universum –, müssen wir uns vorbehaltlos mit allen Aspekten des Seins auseinandersetzen. Begeben wir uns also auf eine phantastische Abenteuerreise durch das All – auf der Suche nach den Strategien der Schöpfung. Unser Raumschiff, gleichzeitig eine Zeitreisemaschine, ermöglicht es nicht nur, gewaltige Entfernungen zurückzulegen, sondern auch, die Zeiten zu durchstreifen – fremde Welten, Dimensionen, Ereignisse und Zivilisationen zu erleben. Unsere Zielstationen erreichen wir über die Drachenwege.

Das Universum – eine gigantische Raum-Zeit-Blase aus sichtbarer und unsichtbarer Materie und Energie – beherbergt zahllose Inselgalaxien mit unzähligen Sternen und phantastischen Welten.
In einem Bereich des Alls rotiert in einem Galaxienhaufen majestätisch ein großes Spiralsystem. Seine fast 200 Milliarden Sterne funkeln wie kostbare Juwelen in weißen, roten, gelben, zartblauen und grünlichen Farben. Sterne: gerade geboren, in ihren besten Jahren, alte, sterbende und tote Gestirne. In einer Supernova explodierte Sterne; andere, derart verdichtete, daß ein Teelöffel ihrer Materie Millionen Tonnen wiegen würde; dazu solche, die zur Singularität kollabierten und sich aus unserer Raum-Zeit hinausgestohlen haben.
In einem Arm des großen Spiralsystems, im Orionarm der Milchstraße, dreht sich ein unauffälliger gelber Stern, gefolgt von neun Planeten mit ihren Monden.
Dieser gelbe Stern heißt Sonne, und auf dem dritten Planeten haben sein Licht und seine Wärme die Entwicklung mannigfaltigen Lebens ermöglicht. Eine dieser Lebensformen – Wesen, die sich Menschen nennen und ihre Welt Erde – ist fähig, über sich selbst und das All nachzudenken.
Diese Menschen können sich sogar befragen, ob das Universum und ihr Dasein auf einem Zufall beruhen oder aufgrund einer Strategie – einer planvollen Schöpfung – entstanden sind.

Hier führt eine Hinterfragung zu erstaunlichen Gegebenheiten: Irgend etwas muß die Expansionsphase des Universums ausgelöst haben. Dem steht der seltsame »Zufall« gegenüber, daß die Expansionsrate fast vollständig durch die Kontraktion der Schwerkraft aufgehoben wird. Das Gleichgewicht ist nämlich so ausgewogen, daß nach 20 Milliarden Jahren immer noch Ungewißheit darüber besteht, ob das Universum offen oder geschlossen ist. Angenommen, die Expansion wurde durch eine Art Explosion ausgelöst: nur minimal schwächer, wären die Fragmente im Nu wieder zusammengestürzt; unwesentlich stärker jedoch, hätten sich keine Galaxien bilden können.
Dieser unglaubliche Balanceakt kommt auch bei der enormen Kraft zum Tragen, die den Atomkern zusammenhält. Nur etwas stärker, gäbe es keinen Wasserstoff, geringfügig schwächer dagegen, gäbe es keine gelben Sonnen.
Unendlich viele solcher erstaunlichen Zusammenhänge sind für die Entstehung und Entwicklung des Lebens entscheidend – ob Quanten, Atomgewicht, Temperaturen oder jede Art von physikalischem Gesetz. Auch nur die Veränderung einer einzigen jener Konstanten – wenn zum Beispiel auch nur ein einziges Proton in ein Heliumatom manövriert würde – könnte unter Umständen das Gleichgewicht des gesamten Universums gefährden. Die Menschen scheinen also an einem Ort zu leben, der, im wahrsten Sinne des Wortes, sorgfältig gegen kosmische Risiken entwickelt wurde, um intelligentem Leben Heimat zu sein.

Von weißen Wolkenbändern durchzogen, schwebt der leuchtend blaue Planet mit seinen glitzernden, weißen Polarkappen im schwarzsamtenen All. Atemberaubend schön aus der Ferne, wirkt diese Erde doch unsagbar zart und zerbrechlich.

Beim Einschwenken in ihren Orbit werden riesige Weltmeere und Landmassen erkennbar: Kontinente mit Gebirgen und Waldgebieten, in Täler und Ebenen eingebettete Flußläufe und Seen sowie im Hitzedunst wabernde Wüsten.
Beim Sinkflug zeichnen sich große Städte ab, Häusermeere, Ortschaften, Straßennetze, Schienenstränge, Industrieanlagen und landwirtschaftliche Nutzflächen – überall durchsetzt von Leben, von der winzigsten Mikrobe bis zu den größten Meeres- oder Landtieren. Vor allem aber ist da der Mensch, das intelligenteste und dominanteste Lebewesen auf diesem Planeten; der Mensch mit seiner Geschichte, seiner Vergangenheit, Gegenwart und Zukunft.

In den letzten zweihundert Jahren hat der Mensch das Antlitz der Erde bedauerlicherweise schwerwiegend verändert. Vor allem, seit durch die Industrialisierung die uralten Strukturen der Landschaft rücksichtsloser Zerstörung ausgesetzt sind. Nicht zuletzt ist dafür die katastrophale Vermehrung der Menschheit verantwortlich, die heute bereits auf eine Weltbevölkerung von 5,5 Milliarden zusteuert.
Zudem ist das Weltbild des Menschen in unserem Jahrhundert vom Materialismus geprägt. Sonderbarerweise glauben die meisten, daß Meßbares realer ist als Nichtmeßbares. Eine Einstellung, die zwar einige Fortschritte in der Erkenntnis von Materie und Energie im Gefolge hatte, aber zu keinem besseren Verständnis der Natur und ihrer Zusammenhänge führte. Dieses Bild wird durch die Auffassung abgerundet, der Kosmos bestehe lediglich aus physikalisch meßbaren Größen, die nur anhand anerkannter wissenschaftlicher Dogmen zu erklären seien. Ein Grundsatz, der praktisch alle offiziellen Bildungssysteme dieses Planeten bestimmt. Alle anderen Erkenntnisse werden als

gefährlicher Aberglaube abqualifiziert, zum Beispiel paranormale Vorgänge, in deren Verlauf der Geist die Materie dirigiert:
In einem von der Universität Kalkutta durchgeführten Experiment trank der Yogi Narasimha Swami hintereinander je einen Liter reine Schwefel- und Salpetersäure, ohne den geringsten gesundheitlichen Schaden zu nehmen. Nicht einmal auf den Lippen und der Zunge zeigten sich Spuren von Verbrennungen. Der Yogi erklärte, die autosuggestive Kraft eines heiligen Spruches – Mantra – habe die umgehende Neutralisierung der Säuren durch vom Körper produzierte Basen (alkalisch reagierende chemische Verbindungen) bewirkt.
Nicht weniger aufsehenerregend waren Demonstrationen, die der holländische Schausteller Mirin Dajo 1947 der Öffentlichkeit präsentierte. Der Mann ließ sich nämlich ein Florett durch den Körper stoßen und lief damit unbeeindruckt herum. Die von Professoren im Bürgerhospital von Basel und im Züricher Kantonspital durchgeführten Röntgenuntersuchungen ergaben, daß Nieren und Leber ohne jeden Zweifel durchstoßen waren. Als die Klinge herausgezogen wurde, bluteten die Wunden nicht, sondern schlossen sich umgehend. Medizinisch gesehen ist dieser Fall ein Rätsel, wenn auch deutlich wird, in welch unvorstellbarem Maß der Geist körperliche Funktionen beeinflussen kann.

Viele alte Kulturen, deren Weltbild im Einklang mit dem Ganzen stand – im Gegensatz zu dem der heutigen Industrienationen mit ihrer Hochtechnologie –, sahen ihre Auffassung vom Kosmos durch derartige Phänomene bestätigt, war ihnen doch klar, daß nur eine Verbindung von Materie und Geist, Physik und Metaphysik, von Natürlichem und Übernatürlichem, von Leben und Tod zu einem Verständnis der Schöpfungsstrategien führen kann. So wird das kosmische Ganzheitsprinzip durch nichts vollkommener symbolisiert als durch den feuerspeienden, fliegenden Drachen, der Sinnbild ist für die Einheit von Wasser und Land, Himmel und Erde, Geist und Materie, Gut und Böse. So war der Drache für die alten Chinesen Anfang aller Dinge und der Zeit, die treibende Kraft, die Urmutter des Seins.

Während die Seher aus alter Zeit im abendlichen Zwielicht auf ihren tönernen Krügen trommelten und dazu vom Kreislauf des Lebens sangen, während die Wächter des Himmels die aufgehende Sonne im Tal des Lichts begrüßten oder ihr beim Untergang im Tal der Finsternis Lebewohl sagten, stand K'ung Tzu am Ufer des Flusses und meditierte zum Lauf des im goldfunkelnden Licht des Mittags oder durch die nächtliche Finsternis dahingleitenden Wassers. Eine Bewegung zahlloser Wellen, die ihre Hand ans Herz der Welt legt und das Pochen ihres Pulses spürt – die ewige Systole und Diastole, Kontraktion und Expansion vorrükkender und zurückweichender Gezeiten des Alls.

Er erkannte, daß nach der Strategie des Himmels von überall her ein neuer Anfang erkennbar wird, daß der Rhythmus einer tiefen Zweiheit durch das Universum vibriert. Einer Zweiheit nicht feindseliger Gegensätze wie Laster und Tugend, Götter und Dämonen, sondern von Eigenschaften, die sich ergänzen – die nicht nur ausgewogen sind, sondern wechselseitig zum Zuge kommen. Diese Zweiheit wird auch durch das Yin-Yang-Symbol zum Ausdruck gebracht: Ein Kreis, dessen dunkle Hälfte einen hellen »Lichtkeim« birgt und in der hellen Hälfte mit einem dunklen Flecken versehen ist, verkörpert hier die Wandlung – den Samen des Untergangs, der Auflösung, die im Erwa-

chen einer Wiedergeburt zu einer höheren Stufe des Lebens führt. Yin und Yang sind somit Modulationen einer endgültigen Einheit, Tao genannt.
Tao – ein Weg, ein Drachenweg zu neuen Dimensionen im Kosmos!

2

Das unsichtbare Kollegium

*»Es gibt ein Wesen,
unbegreiflich, vollkommen,
vor Himmel und Erde entstanden.
So still! so gestaltlos!
Allein steht es und kennt keinen Wechsel.
Durch alles geht es und kennt keine Unsicherheit.
Man kann es fassen als die Mutter der Welt.*

*Ich weiß seinen Namen nicht.
Bezeichne ich es, nenne ich es: Tao (Weg).
Bemüht, ihm einen Namen zu geben,
nenne ich es: groß.*

*Groß, damit meine ich: immer im Flusse.
Immer im Flusse, damit meine ich: in allen Fernen.
In allen Fernen, damit meine ich: in sich zurückkehrend.
Der Mensch steht unter dem Gesetz der Erde.*

*Die Erde steht unter dem Gesetz des Himmels.
Der Himmel steht unter dem Gesetz des Tao.
Tao steht unter seinem eigenen Gesetz.«*

Lao-tse, »Tao Tê King« (Kapitel 25)

»Bloß als seine reinen Äste den irdischen Schlamm des Gartens von Eden unserer adamischen Rasse berührt hatten, wurde dieser Baum durch die Berührung beschmutzt,

und verlor seine ursprüngliche Reinheit. Und also wurde die Schlange der Ewigkeit, der himmelgeborene Logos, schließlich erniedrigt. In den alten Zeiten der göttlichen Dynastien auf Erden wurde das jetzt gefürchtete Reptil als der erste Lichtstrahl betrachtet, welcher aus dem Abgrunde des göttlichen Geheimnisses hervorstrahlte. Verschiedenartig waren die Formen, die man ihn annehmen ließ, und zahlreich die natürlichen Symbole, die man ihm anpaßte, während er die Äonen der Zeit durcheilte; als er aus der unendlichen Zeit selbst in den Raum und in die Zeit, wie sie aus der menschlichen Spekulation sich entwickelten, hineinfiel. Diese Formen waren kosmisch und astronomisch, theistisch und pantheistisch, abstrakt und konkret. Sie wurden der Reihe nach zum polaren Drachen und zum südlichen Kreuz, zum Alpha Draconis der Pyramide, und zum indisch-buddhistischen Drachen, welcher die Sonne immer bedroht, aber niemals verschlingt während ihrer Verfinsterungen ... Es ist ›der unkörperliche Mensch, der in sich die göttliche Idee enthält‹, der Erzeuger von Licht und Leben ... Er wird ›der feurige Drache der Weisheit‹ genannt, weil er das ist, was die griechischen Philosophen den Logos, das Wort des göttlichen Gedankens, nannten.«

Helena Blavatsky, »Die Geheimlehre«

Auf der Suche nach dem mythischen Weltenzentrum der Buddhisten – dem geheimnisvollen Shambhala im Herzen Asiens – startete im März 1925 in Srinagar, Kaschmir, eine der ungewöhnlichsten Expeditionen dieses Jahrhunderts. In über drei Jahren bezwang eine Karawane aus 103 Kamelen, Pferden, fünf Lastkarren, einigen Dutzend Lastenträgern und vier Europäern auf uralten Karawanenstraßen die höchsten Pässe der Welt. Der Leiter dieser Expedition war Nikolai Konstantinowitsch Roerich (1874–1947), ein genialer, auf der ganzen Welt gefeierter Maler. Darüber hinaus war Roerich Archäologe, Philosoph, Naturgeschichtler, Schriftsteller und Friedensstifter. Auf ihn geht der sogenannte »Roerich-Pakt« zum Schutz von Kulturgütern im Kriegsfall zurück. Er wurde am 14. April 1935 von den Staatsoberhäuptern aller 21 Mitgliedstaaten der »Panamerikanischen Union« (die beide amerikanischen Kontinente einschloß) im Büro des US-Präsidenten Roosevelt im Weißen Haus in Washington unterzeichnet.
Das Projekt fand ebenfalls die Sympathie des Völkerbundes, und der 3. Internationale Kongreß der »Roerich-Stiftung pro pace, arte, scientiae et laborae« (für den Frieden, die Kunst, die Wissenschaft und die Arbeit) wurde von Repräsentanten aus 35 Ländern besucht, darunter bekannte Künstler, Persönlichkeiten des religiösen Lebens und führende Politiker. Seine politischen Gegner verhinderten aber durch die Veröffentlichung persönlicher Briefe,

daß Roerichs enger Freund, US-Vizepräsident Henry Wallace, 1947 zum Präsidentschaftskandidaten seiner Partei nominiert wurde. Wallace redete Roerich in diesen Briefen als »Guru« oder »Meister« an, ein spirituelles Schülerverhältnis, das dem konservativen Amerika zu weit ging. Ein anderer, ähnlich enger Roerich-Freund war US-Staatssekretär Cordell Dull, von Historikern als »Vater der Vereinten Nationen« bezeichnet. Die Handschrift Roerichs und seiner humanistischen Ideale ist in der UNO-Idee nicht zu übersehen.

Roerich selbst wurde 1935 von der Universität Paris und Mitgliedern des Norwegischen Parlamentes neben vier Politikern für den Friedens-Nobelpreis vorgeschlagen. »Durch seine seit 1890 geschaffenen Schriften, Vorträge, Forschungen und Gemälde und durch seine breitgesteckten Aktivitäten auf vielen Gebieten des öffentlichen Lebens hat er seine große Persönlichkeit kraftvoll zur Verbreitung des Gedankens der internationalen Bruderschaft eingesetzt. Seine Propaganda für den Frieden hat 21 Länder erreicht, und die Anerkennung seines Einflusses wird dadurch bestätigt, daß zahlreiche internationale Projekte sich um seine Assistenz bemühen«, heißt es in der offiziellen Begründung für die Nominierung. Tatsächlich fanden Roerichs Friedensinitiativen die Anerkennung so bedeutender Zeitgenossen wie George Bernard Shaw, Albert Einstein, H. G. Wells und Rabindranath Tagore, des späteren Nobelpreisträgers für Literatur.

Nikolai Konstantinowitsch Roerich wurde am 9. Oktober 1874 in St. Petersburg, dem heutigen Leningrad, geboren. Sein Vater war ein einflußreicher Anwalt und hochgebildeter Mann. Und seine Vorfahren sollen sich bis auf den legendären normannischen Heerführer Rurik zurückverfolgen lassen, der 862 zum Herrscher über die »Stämme

Herzlichen Dank

Immer wieder, wenn ich
morgens ins Zimmer komme,
erfreut mich der schöne blühende
am
Weihnachtsstern.

lieber Klaus, für all
Deine Mühe und Deinen
Einsatz in Sachen
Balkon. – Ich wünsche
Dir / Euch angenehme
Tage auf Langeoog.
Vielleicht hast Du
einmal Muße ein Buch
zur Hand zu nehmen.
Dann wünsche ich Dir
viel Freude beim
Lesen.
Alles Liebe
Herzlichst Magdalena

Rußlands« gewählt worden sein soll und eine Dynastie begründete, die eine Anzahl großer russischer Prinzen hervorbrachte.
Nikolai Roerich verbrachte seine Kindheit auf dem Familiengut »Iswara«. In Sanskrit bedeutet »Iswara« so viel wie »Gottheit«, »heiliger Ort« oder »Ashram«. Der Junge beschäftigte sich schon früh mit der Vergangenheit seines Volkes. Er studierte nicht nur die alten Chroniken, sondern ging mit dem Spaten prähistorischen Spuren nach.
1893 schrieb sich Nikolai Roerich an der Akademie der Schönen Künste in St. Petersburg ein. In vielen seiner frühen Arbeiten beschäftigte er sich mit der russischen Vergangenheit. 1897, kurz bevor er die Akademie verließ, malte er sein erstes großes Werk »Der Botschafter«, ein Bild, das er der großen russischen Theosophin Helena Petrowna Blavatsky widmete. Es zeigt eine Frau – sehr wahrscheinlich Madame Blavatsky selbst –, die die Pforte eines tibetischen Klosters öffnet. Ein Fremder in einem langen Gewand steht vor der Tür. Er scheint aus den Bergen gekommen zu sein und begrüßt die Frau mit segnender Geste. P. M. Tretyakov erwarb das Bild für die berühmte Tretyakov-Galerie, damit war der Ruf des jungen Künstlers besiegelt. Erst 1985 stand das geheimnisvolle Gemälde im Mittelpunkt einer Roerich-Ausstellung in Moskau.
Bis 1904 war der junge Künstler quer durch Rußland auf den Spuren der Geschichte seines Volkes unterwegs. »Wer die Vergangenheit nicht versteht, kann nicht an die Zukunft denken«, erklärte Roerich, ging archäologischen Ausgrabungen nach und hielt die Zeugnisse der Vergangenheit malerisch fest. Durch sein Einfühlungsvermögen in die Kunst und Kultur vergangener Jahrhunderte wurde er mit der Ausführung von Wandmalereien in alten Kirchen betraut. 1907 vollendete er sein inzwischen weltbekanntes

Fresko in der Heiligen-Geist-Kirche von Talashkino bei Smolensk. Roerich war als Künstler, Philosoph und Humanist gleichermaßen geschätzt. Nach Westeuropa eingeladen, besuchte er 1909 und 1910 Italien, Deutschland, Holland und England und wurde während seiner Ausstellungen in Paris, London, Brüssel, Rom und Zürich gefeiert.
Als sich die Gewitterwolken des Ersten Weltkriegs über Europa zusammenzogen, entstand eine Reihe von Bildern, die Roerich später den Titel des »Propheten der Leinwand« einbrachten. Schon 1901 hatte er ein Gemälde mit dem Titel »Das Unheilvolle« ausgestellt – eine Prophezeiung für das 20. Jahrhundert: Es zeigt einen schwarzen Raben gegen einen Hintergrund grauer Felsen, eines düsteren Meeres und eines wolkigen Himmels. »Der letzte Engel« (1912) steht inmitten der Flammen, die Europa verwüsten. 1913 schuf Roerich »Menschliche Taten«: Grauhaarige alte Männer starren verwundert und traurig auf die Ruinen einer Stadt. »Die verlorene Stadt«, ein Bild, das Anfang 1914 entstand, zeigt eine von einer riesigen Pythonschlange eingeschlossene Stadt. »Die Drei Kronen«, zur selben Zeit entstanden, stellen drei Könige mit Säbeln dar; die von ihren Köpfen aufwärts schwebenden Kronen entschwinden in den Wolken. Dieses Bild ist eine Prophezeiung des Endes der drei großen europäischen Herrscherhäuser: der Hohenzollern, der Habsburger und der Romanows durch den Ersten Weltkrieg, der wenige Monate später ausbrach. Im März 1914 stellte Nikolai Roerich sein Bild »Unheimliches Feuer« aus. Es zeigt einen Ritter neben einem Löwen vor einem Schloß, hinter dem der Himmel lodert. Als die Armeen Kaiser Wilhelms ein halbes Jahr später Belgien überfielen, erfüllte sich auch diese Prophezeiung: König Albert von Belgien, dessen Wappentier der Löwe ist, stand im Feuer des Krieges.

Aber Roerichs Aufenthalt in Paris hatte noch eine andere, tiefere Bedeutung: Hier fand ein Weg einen Anfang, der ihn schließlich in den Himalaya, in das innerste Herz Asiens führen sollte. In Paris stieß er auf die Spuren eines anderen großen Meisters und Botschafters der Weisen vom Himalaya. Er wohnte in Paris auf der anderen Seite der Seine, in Saint Germain-des-Près, wo im 18. Jahrhundert der legendäre »Graf von Saint Germain« gelebt hat, der große Alchemist.

Den Ersten Weltkrieg verbrachte Roerich in Skandinavien, 1920 reiste er auf Einladung in die Vereinigten Staaten, wo eine Ausstellungstournee seinen Ruf weiterverbreitete. In New York legte er 1922 den Grundstein für das Roerich-Museum, das 1923 eröffnet wurde, als der Maler schon in Indien weilte, um den vielleicht bedeutungsschwersten Abschnitt seines Lebens zu beginnen. Schon in Amerika hatte Roerich vermehrt in Vorträgen über esoterische Themen gesprochen, und überall im Land wurden »Roerich-Gesellschaften« gegründet, die sich den Idealen von Frieden, Schönheit und Wissen verschrieben. Seine ersten Bücher, »Adamant«, »Der segensvolle Pfad«, »Die Flamme im Kelch« und »Das Reich des Lichtes«, erschienen und fanden großen Zuspruch. Wer Roerich begegnete, verließ ihn spirituell bereichert und fühlte sich inspiriert, sein Leben künftig den humanitären Werten zu widmen, die der große Russe lehrte. »Er führt die Menschheit an die Pforten des Himmels«, schrieb ein Autor über Roerich. »Die immense Schönheit einer längst vergangenen Zeit, die sich in seinen Werken spiegelt, erscheint wie eine Vision der Zukunft, eines Neuen Zeitalters, wenn das Streben nach Kunst und das Bemühen um ein Leben in Schönheit universelles Gut werden.«

In Indien angekommen, startete Nikolai Roerich zusammen

mit seiner Frau Helena Iwanowna und den beiden Söhnen Georgij und Svetlav eine großangelegte wissenschaftlich-künstlerische Expedition in das »Herz Asiens«, nach Nordindien, Ladakh, Kaschmir, Rußland, die Mongolei, China und Tibet.
Der alten Karawanenstraße über Kaschmir und Ladakh folgend, überquerte er den Karakorum-Paß und gelangte an die Oase Khotan, eines der frühen Zentren buddhistischer Kultur. Hier begann er eine Serie herrlicher Gemälde aus der Welt der buddhistischen Legenden und der buddhistischen Lebensweise, die er »Zeichen des Maitreya« nannte. Auf seinem Weg, im Altai, der Mongolei und Tibet, sammelte er wie keiner zuvor Legenden und Wissen über das Leben der Menschen Zentralasiens und schuf mit über 500 Gemälden ein einmaliges, zutiefst beeindruckendes Panorama Asiens, wie es noch niemand aus der westlichen Hemisphäre vor ihm sah. In seinen Büchern über diese Expedition beschreibt Roerich in eindringlicher, farbiger Sprache seinen Weg in das Herz Asiens. Und seine Bilderserien legen deutlicher als jede Fotografie Zeugnis ab von der Majestät dieser Bergwelt und ihrer Kulturen.
Doch obwohl sich die Roerich-Expedition offiziell das Ziel gesetzt hatte, die Länder und Menschen Zentralasiens und ihr kulturelles Erbe zu erkunden, weisen schon seine Bücher auf das eigentliche Ziel hin, das rätselhafte Shambhala im Inneren Asiens, die Quelle des Wissens der buddhistischen Mythologie – den »Drachenhort«.
Das »Avatumsaka Sutra« erklärt, daß die Menschheit von Anbeginn Falsches mit Wahrem verwechselt habe. Darum wurde ein geheimes Wissen geschaffen, das von den »Großen Lehrern des Himalaya« bewahrt würde. »Nur Seher können mit ihnen durch die Reinheit des Herzens kommunizieren«, erklärte dazu der bekannte Orientalist und Her-

ausgeber des »Tibetischen Totenbuches«, Dr. Evans-Wentz. »Als schweigende Wachposten schauen sie mit göttlichem Mitleid von ihren Bollwerken im Himalaya auf die Welt bis zum Ende des Kali Yuga – des Dunklen Zeitalters –, wenn der Tag des Erwachens über alle Nationen hereinbricht.«
Dem »Bhagavata Purana« der Hindus zufolge kommt ihr zukünftiger Erlöser – der Kalki-Avatar – aus der »Stadt Shambhala«, die nördlich des Kailash-Berges im Himalaya liegen soll. Die Anhänger des »Bhagavata Purana« sprechen von der »Insel Shambhala« und ihren prächtigen Palästen inmitten eines Sees aus Nektar. Die beiden wichtigsten Schriften des tibetanischen Buddhismus, das »Kanjour« (Buch VII) und das »Tanjour«, wissen von »Shambhala, dem Land im Norden«, während das Kalachakra-System, die am höchsten entwickelte Geheimlehre des tibetischen Buddhismus, direkt aus Shambhala stammen soll. Der Pantschen-Lama, neben dem Dalai Lama das religiöse Oberhaupt des alten Tibet mit Sitz in Shigatse, soll in unmittelbarem Kontakt mit Shambhala stehen; und der im 18. Jahrhundert lebende III. Pantschen-Lama verfaßte ein Manuskript mit dem Titel »Der Weg nach Shambhala« – der Drachenweg. Wie ein roter Faden ziehen sich Hinweise auf Shambhala durch die Himalaya-Bücher Roerichs.

Roerich war nicht der einzige Europäer, der auf der Suche nach der Quelle der Weisheit ins Morgenland aufbrach. Sie alle vermuteten hier den Sitz der »Meister der Welt«, die in diesem »Zentrum der Weisheit« heimlich die Geschicke der Menschheit lenken – oft durch Botschafter ihres Wissens, wie es Roerich war. Buddha, Zarathustra, Lao-Tse – ja selbst Christus sollen, okkulten Quellen zufolge, in jungen Jahren bei den Meistern gewesen sein. Als Roerich

Kaschmir und Ladakh durchquerte, stieß er vielerorts auf Traditionen, die daran erinnerten, daß sich »der Prophet Issa« (islamischer Name für Jesus) einst in dieser Gegend aufgehalten hat.

Einer der frühesten Himalaya-Pilger war der berühmte Wundertäter aus dem 1. Jahrhundert, Apollonios von Tyana. Er erregte damals in Rom ebensoviel Aufsehen wie der Graf von Saint Germain im 18. Jahrhundert an den europäischen Königs- und Fürstenhöfen. Der römische Kaiser Vespasian (69–79 n. Chr.) erhob ihn zu seinem persönlichen Berater, und Titus (79–81 n. Chr.), sein Sohn und Nachfolger, erklärte, nachdem der jüdische Aufstand bezwungen war: »Ich habe zwar Jerusalem eingenommen, aber Du, Apollonios, hast mich erobert.« Kaiserin Julia Domna, Frau des Caracalla (211–217 n. Chr.), war von den Taten des Weisen so begeistert, daß sie ihren Privatlehrer, den Gelehrten Philostratos, beauftragte, eine Biographie des Apollonios zu schreiben. Und Kaiser Severus Alexander (222–235 n. Chr.) stellte in seinem Tempel neben der Statue Christi und des Orpheus auch ein Standbild des Apollonios auf. Nach dem Historiker Dio Cassius soll Caracalla dem von ihm verehrten Magier sogar ein Heroon errichtet haben.

Von Dio Cassius und seinem Zeitgenossen Lukian wurde Apollonios als »zauberkundiger Mann« bezeichnet, und nach Lactantius errichteten ihm die Epheser einen Altar wie einem Gott. Die frühen Christen sahen in Apollonios einen Heiden, der Christus »nachahmte«. Denn Berichten zufolge soll er, wie Christus, Tote wieder zum Leben erweckt, Kranke geheilt, oft sogar die Wunder Christi übertroffen haben. Justinus, der Märtyrer, fragte, von Unbehagen erfüllt: »Ist es nicht seltsam, daß die Zauberbilder (Talismane) des Apollonios gewissermaßen schöpferische Kräfte hervorrufen, denn wie wir sehen, verhindern sie die Gewalt der Wogen, starke Wunden und die Angriffe wilder Bestien. Während die Wunder unseres Herrn nur durch die Überlieferung erhalten sind, werden die höchst zahlreichen des Apollonios heute tatsächlich offenbar.«

Philostratos hat ein farbiges Bild des etwa vier Jahre vor Christus geborenen Magiers und Weisen aufgezeichnet: Einer kappadokischen Familie entstammend, wurde seiner Mutter seine Geburt angekündigt, wie es einem Halbgott gebührt. Ein ägyptischer Gott sei ihr erschienen und habe ihr offenbart, sie würde ihn selbst zur Welt bringen. In der Stunde seiner Geburt zuckte ein Blitz vom Himmel hernieder.

Schon in der Schule fiel er durch seine Intelligenz, sein Gedächtnis und seine frühreifen Bemerkungen auf. Zum Mann herangewachsen, suchte er in Kleinasien die größten Lehrer seiner Zeit auf, um bei ihnen Philosophie zu studieren. Dabei lernte er auch die Bruderschaft der Pythagoräer kennen, die ihn zum Vegetarismus bekehrten und ihn lehrten, seine Befähigung zum Heilen zum Wohl der Menschen einzusetzen. Aufgrund seiner großen Heilerfolge strömten ihm Hunderte zu, wenn er eine Stadt besuchte, und bald schon eilte ihm sein Ruf voraus. Doch Apollonios wußte trotz flammender Reden in den Tempeln und der ersten Schüler, die sich um ihn scharten, daß er selbst noch auf der Suche war. Von den Pythagoräern wußte er von der Bruderschaft im Osten, von jenen indischen und tibetischen Weisen, und brach nun nach Indien auf. In seiner Begleitung befand sich nur sein Freund und Schüler Damis von Niniveh.

Nach langer Wanderung und einigen zu bestehenden Abenteuern, eingeschlossen die Drachenjagd, gelangte er zum »Berg der Weisen«. Diesen geheimnisvollen Berg umgab stets eine Wolke, damit er von keinem, der noch nicht die

Reife hatte, gefunden wurde. Die dort lebenden Weisen konnten sich in die Lüfte erheben, und nach den Worten von Philostratos sah Apollonios mit eigenen Augen, wie sie sich zwei Ellen über dem Boden durch die Luft bewegten. Als er den Berg endlich erklommen hatte, bereiteten ihm die Weisen einen freundlichen Empfang. »Frage uns, was du willst«, ließ sich ihr »König« vernehmen. »Denn du hast die Männer aufgesucht, die alles wissen.«

Vom »Berg der Weisen« machte sich Apollonios schließlich nach Rom auf, um das dort erlangte Wissen in den Dienst des Kaisers zu stellen. Er blieb unter Vespasian und Titus in der römischen Hauptstadt, bis ihn der Tyrann Domitian (81–96 n. Chr.), Nachfolger seines Bruders Titus, aufgrund seiner Kritik zum Staatsfeind erklärte und vor Gericht stellen ließ.

»Du wirst mich nicht töten, da es mir nicht bestimmt ist, zu sterben«, wandte sich Apollonios an den Kaiser, der dem Gericht vorstand. »Denn allein Göttern ist es nicht bestimmt zu altern und das Los des Todes zu erleiden. Alles andere vergeht im allzu mächtigen Strom der Zeit... Schicke einen, der meinen Leib gefangen nimmt – aber Herr meiner Seele bist du deswegen nicht. Eigentlich kannst du auch meinen Leib nicht greifen lassen: Denn da es mir nicht bestimmt ist, wirst du mich auch nicht töten können!« Nach diesen Worten sei Apollonios spurlos aus dem Gerichtssaal verschwunden, als habe er sich in Luft aufgelöst, versichert Philostratos. Ihm zufolge soll sich der mittlerweile um die 100 Jahre alte Weise danach noch einige Jahre in Kleinasien aufgehalten haben, bevor er von der Weltbühne verschwand. Kehrte er zum unsichtbaren Kollegium – zum geheimnisvollen Shambhala – zurück?

Das Leben und Wirken des Apollonios von Tyana weist

große Parallelen zu dem der »Sphinx des 18. Jahrhunderts« auf – zum Auftreten des mysteriösen Grafen von Saint Germain. Auch er war ein Eingeweihter der östlichen Geheimlehren. Während die einen in ihm den Prototyp des Scharlatans und Abenteurers sahen, wurde er andererseits von Königen und Fürsten bewundert. Voltaire, der zynische Aufklärungsphilosoph, nannte ihn sogar ehrfürchtig »den Mann, der alles weiß und niemals stirbt«. Der Graf von Saint Germain war in der Tat ein Mann ohne Geburtsurkunde und Totenschein. Er war Alchemist und Philosoph, Literat, Komponist und Geigenvirtuose – selbst seine Gegner konnten das nicht bestreiten. Seine Herkunft war allerdings niemandem bekannt. Wegen seines undurchsichtigen Verhaltens wurde er von der französischen Polizei als preußischer Spion verdächtigt, von preußischen und anderen europäischen Geheimdiensten für einen russischen Agenten oder englischen Jakobiner gehalten. Andere wiederum hielten ihn für den letzten Rakoczy-Prinzen aus Siebenbürgen; den Sohn eines portugiesischen Juden; den Sohn des Königs von Portugal oder der Witwe von Karl II. von Spanien und eines Bankiers aus Madrid. Spekulationen, die jeder Grundlage entbehren. Nachweisbar ist, daß er um 1710 erstmals in Venedig auftauchte. 1758 begegnete ihm die alte Gräfin de Georgy am Hof von Ludwig XV. anläßlich eines Balles, zu dem Madame Pompadour geladen hatte. Sie erinnerte sich, diesen Mann schon einmal vor 48 Jahren gesehen zu haben, als sie ihren Gatten, den damaligen Gesandten des Königs, nach Venedig begleitet hatte. Sie faßte sich ein Herz und fragte den Grafen, ob sein Vater um 1710 in Venedig gewesen sein könnte.

»Aber nein, Madame«, antwortete der Graf ruhig, »es ist sehr viel länger her, daß ich meinen Vater verlor; doch lebte ich selbst Ende des vergangenen und Anfang dieses Jahrhunderts in Venedig und hatte die Ehre, Ihnen damals vorgestellt zu werden. Sie waren damals so gnädig, meine kleinen Barcarolen zu schätzen, die wir gemeinsam zu singen pflegten.«

»Vergebt mir, aber das kann nicht möglich sein, denn der Comte de Saint Germain, den ich damals kannte, war mindestens 45 Jahre alt, und Sie scheinen dieses Alter noch nicht einmal erreicht zu haben.«

»Madame«, antwortete der Graf lächelnd, »ich bin sehr alt.«

»Aber dann müssen Sie beinahe 100 Jahre alt sein.«

»Das ist durchaus denkbar.«

Dieser Dialog wurde von der verwitweten Gräfin de B., einer Hofdame, aufgezeichnet. Sie beschrieb den Grafen als mittelgroß, mit besten Manieren, leicht gebräuntem Teint, schwarzem Haar, lebhaften, intelligenten Gesichtszügen und sehr geistreich. Er war unauffällig, aber geschmackvoll gekleidet, und alles, was auf seinen Reichtum hinwies, waren eine Handvoll Diamanten, die er in Ringen und auf seiner Schnupftabakdose trug. Er sprach fließend Französisch, Englisch, Deutsch, Italienisch, Spanisch und Portugiesisch – so gut, daß Einheimische nicht die Spur eines Akzents feststellen konnten. Zudem bestätigten Gelehrte, daß seine Kenntnisse in Latein und Griechisch, Sanskrit, Chinesisch und Arabisch ausgezeichnet seien, etwas, so die Gräfin, das »mit seinen längeren Aufenthalten in Asien« zusammenhinge. Als Klavierspieler beherrschte er die kompliziertesten Concerti und war Meister auf einer Reihe anderer Instrumente. Zudem sei er ein großartiger Maler gewesen und habe dazu spezielle Farben entwickelt, die den Bildern eine größere Brillanz verliehen.

Von 1737 bis 1742 war er am Hofe des Schahs von Persien. 1745 hielt er sich während der Jakobiner-Revolution in

England auf. Dort wurde er wegen Spionageverdachts verhaftet, aber nach kurzer Zeit wieder freigelassen.
Danach folgte er einer Einladung seines Freundes, Prinz Ferdinand von Lobkovitz, nach Wien, den Kaiser Franz I. gerade zu seinem Premierminister ernannt hatte. 1749 lernte er am Wiener Hof Frankreichs Kriegsminister, Marschall Graf de Belle-Isle kennen. Dieser überredete Saint Germain zu einer gemeinsamen Reise nach Paris. Er wollte ihn dem König vorstellen, der sich einen interessanten Gesprächspartner wünschte. Bald verband ihn eine enge Freundschaft mit Madame de Pompadour, während er mit dem König oft lange Gespräche über Alchemie und die Naturwissenschaften führte. »Wenn Sie das Lebenselixier beziehungsweise den ›Stein der Weisen‹ finden, werden wir bereit sein, das Rezept zu kaufen«, erklärte Ludwig XV. »Einstweilen stellen wir Ihnen ein Schloß zur Verfügung und setzen Ihnen ein Salär aus.«
»Ich brauche weder Schloß noch Salär«, soll der mysteriöse Graf erwidert haben. »Was ich brauche, bringe ich mit, eine Schar Diener und Geld, um ein Haus zu mieten.« Dann fuhr er mit der Hand in seine tiefe, bestickte Rocktasche, holte eine Handvoll ungefaßter Diamanten hervor und legte sie auf den Tisch vor den König. »Wenn Sie gestatten, Sire, so möge Euer Majestät diese armselige Gabe genehm sein. Es sind einige der Diamanten, die ich dank meiner Kunst habe herstellen können.«
Der König ließ es sich trotzdem nicht nehmen, Saint Germain das herrliche Schloß Chambord mit seinen 440 Zimmern zur Verfügung zu stellen. Dort richtete sich der Graf ein alchemistisches Labor ein. Es heißt, der Monarch sei nur allzu häufig sein Gast gewesen und habe ihm als Laborant bei seinen Experimenten geholfen. So wurde er bald von seiner Langeweile geheilt. In ihren 1825 in Paris erschiene-

nen Memoiren schrieb die Gräfin de Genlis: »Er war ein guter Physiker und ausgezeichneter Chemiker. Mein Vater, der alle Voraussetzungen mitbrachte, um ihn zu beurteilen, hat seine Fähigkeiten sehr bewundert.« Baron Charles-Henry de Gleichen, dänischer Diplomat in Frankreich, erwähnte in seinem 1813 im Pariser »Mercure Etranger« veröffentlichten Lebensrückblick eine Episode mit Saint Germain: »Er zeigte mir wahre Wunderdinge – eine große Anzahl von Edelsteinen und farbigen Brillanten von ungewöhnlicher Größe und Vollkommenheit. Ich glaubte, die Schätze der Wunderlampe zu erblicken.« Auch der berühmte Casanova erwähnte den Grafen in seinen Memoiren als großen Alchemisten, der in seinem Beisein eine wertlose Münze in ein Goldstück verwandelte.

1755 reiste er in Begleitung des britischen Generals Clive, einem der Väter der britischen Kolonialherrschaft, zum zweiten Mal nach Indien. Er schrieb dazu: »Auf meiner ersten Reise hatte ich nur eine schwache Vorstellung von dem unvorstellbaren Geheimnis, von dem die Rede ist. Alle von mir in Wien, Paris und London unternommenen Versuche waren nur wertlose Experimente, die große Arbeit wurde unterbrochen.«

1757 kehrte er nach Paris zurück. 1758 kam es dort zu der bereits erwähnten kleinen Episode, die ihm den Ruf einbrachte, das »Lebenselixier« entdeckt zu haben. Fortan scharten sich die Hofdamen um ihn, in der Hoffnung, er würde ihnen das Geheimnis des »ewigen Lebens« enthüllen.

1760 wurde Saint Germain vom französischen König zu einer diplomatischen Mission nach Den Haag gesandt. Dort arrangierte er den sensationellen Frieden zwischen Preußen und Österreich, verschaffte sich damit aber Feinde in Frankreich. Daraufhin reiste der Graf erst nach London,

1

6 Janv 1761

Je vous reponds Monsieur Sur la lettre
du mois d'Avril dans laquelle
Les terribles histoires fort du viel homme
que je suis devenu le confident du
plus terrible de ses secrets : le jour de
sa mort. Mérci Germain votre longue
route dans le temps sera éclairée de
mon amitié pour vous, même au
moment de vos révélations dans la
moitiée du XXeme siècle. Les images
parlantes n'auront pu, faute de
temps me garder en souvenir, puissent
vos merveilleuses mécaniques volantes vous
ramenez à moi. Adieu mon ami.

Voltaire gentilhomme du Roy

4 

1 Von weißen Wolkenbändern durchzogen, schwebt der leuchtend blaue Planet – die Erde – im schwarzsamtenen All.

2 Die Pyramide als Symbol des »Unsichtbaren Kollegiums«. Wird der geistige Fortschritt der Menschheit etwa von den »Meistern der Welt« gesteuert?

3 Brief des großen französischen Aufklärers Voltaire vom 6. Juni 1761 an den »Mann, der alles weiß und niemals stirbt«, den Grafen von Saint Germain (oben). »Ihre sprechenden Bilder sind ein Geschenk für die mir noch verbleibende Zeit«, schreibt Voltaire.

4 Die rund 4500 Jahre alte prähistorische Kultstätte Avebury in der englischen Grafschaft Wiltshire. Von diesem geheimnisvollen Ort, einem Schnittpunkt der »Drachenwege«, sollen mystische Kräfte ausgehen.

dann über Deutschland nach Rußland. 1761 kam es zu einem interessanten Briefwechsel mit Voltaire. In einem der Nachwelt erhalten gebliebenen Brief Voltaires an den Grafen vom 6. Juni 1761 heißt es:

»Ich beantworte Ihren Brief, Monsieur, den Sie mir im April geschrieben haben, worin Sie schreckliche Geheimnisse offenbaren, einschließlich des schlimmsten aller Geheimnisse, das es für einen alten Mann, wie mich, geben kann – die Stunde seines Todes. Danke, Germain, Ihre lange Reise durch die Zeit wird von meiner Freundschaft für Sie erhellt werden, bis zum Moment, wenn sich Ihre Offenbarungen um die Mitte des 20. Jahrhunderts erfüllen werden. Die sprechenden Bilder sind ein Geschenk für die mir noch verbleibende Zeit, darüber hinaus könnte doch Euer wunderbares mechanisches Fluggerät Euch zu mir zurückführen. Adieu, mein Freund.

Voltaire, Edelmann des Königs«

Etwa zur selben Zeit schrieb Voltaire an den Preußenkönig Friedrich den Großen und prophezeite ihm, daß er von Saint Germain – »dem Mann, der alles weiß und niemals stirbt«, wie er ihn nannte – »innerhalb der nächsten 50 Jahre« aufgesucht würde.
1762 war der »Wundermann«, wie Saint Germain auch genannt wurde, am Sturz des russischen Zaren Peter III. beteiligt und verhalf Katharina der Großen zum Thron. Danach kehrte er nach Paris zurück und setzte seine alchemistischen Experimente in Chambord fort. 1769 führt seine Spur nach Berlin, danach nach Venedig und anschließend wieder nach Rußland. Von 1774 bis 1776 hielt er sich in Triesdorf auf, suchte 1776 Leipzig und Dresden auf und 1779 Hamburg. Zwischenzeitlich hatte sich eine tiefe Freundschaft zwischen ihm und dem Landgrafen Carl von

Hessen angebahnt, einem Alchemisten, Freimaurer und Rosenkreuzer, der sein Schüler wurde.

Saint Germain hielt sich in dieser Zeit meist auf Schloß Louisenlund bei Eckernförde auf. Dort hatte der Landgraf von Hessen einen »Alchemistenturm« für die gemeinsamen Experimente eingerichtet, der heute noch besichtigt werden kann.

Zwischen 1776 und 1779 soll der Graf von Saint Germain auch Friedrich den Großen aufgesucht und ihm eine Reihe chemischer Formeln angeboten haben, mit deren Hilfe er Preußen zu einer Vorrangstellung in der industriellen Revolution verholfen hätte. Doch der »Alte Fritz« blieb skeptisch. Für ihn war der Graf »ein Mann, den niemand in der Lage ist, zu verstehen«.

Mesmer, der Entdecker des »Animalischen Magnetismus«, dagegen verstand den Grafen. Saint Germain hatte ihm die Bedeutung des Unterbewußtseins erklärt. Damit war die moderne Psychologie geboren.

1783 suchte Saint Germain seinen Freund, den Landgrafen von Hessen, erneut in Louisenlund auf und soll dort am 27. Februar 1784 gestorben sein. Wenigstens ist dort, einer Eintragung im Kirchenbuch von Eckernförde zufolge, »der sich so nennende Graf von Saint Germain und Weldona (»well done« = gut gemacht!) verstorben und in hiesiger Kirche still beigesetzt.«

Etwas scheint hier nicht zu stimmen! Denn Protokollen der »Großen Sitzung des Freimaurerkongresses von Wilhelmsbad« am 15. Februar 1785 zufolge, führten Saint Germain und der Philosoph und Schriftsteller Louis-Claude de Saint Martin (1743–1803) gemeinsam die Delegation der französischen Freimaurer an. Auch Mesmer kam zu diesem Kongreß, an dem Vertreter der Rosenkreuzer, Kabbalisten, Martinisten, Illuminaten und anderer Geheimorden aus

ganz Europa teilnahmen. Kirchliche Beobachter bezeichneten ihn als »Konzil der Freimaurerei«. Auf dem im selben Jahr stattfindenden Freimaurerkongreß von Paris nahm Saint Germain ebenfalls teil.
Comtesse d'Adhémar, eine Hofdame und enge Vertraute der französischen Königin, erzählt in ihren »Souvenirs de Marie-Antoinette« (Erinnerungen an Marie-Antoinette), sie habe den Grafen nach seinem angeblichen Tod noch mehrmals gesehen: »Ich sah Monsieur de Saint Germain zu meiner unbeschreiblichen Überraschung immer wieder: 1793 bei der Hinrichtung der Königin; am Tag nach dem Tod des Herzogs von Enghien, 1804; im Januar 1813 und am Vorabend der Ermordung des Herzogs von Berri, 1820.«
Wenn wir davon ausgehen, daß Saint Germain, den Angaben der Gräfin Georgy zufolge, im Jahr 1710 »mindestens 45 Jahre alt« war, müßte er mindestens 155 Jahre alt geworden sein! Wie das? Könnte er tatsächlich das »Lebenselixier« entdeckt haben?
Die Comtesse d'Adhémar erinnert sich in ihren Memoiren, daß der Graf von Saint Germain 1788 noch einmal nach Frankreich kam, um den König und die Königin vor der dunklen Zukunft zu warnen, die der französischen Monarchie bevorstand. »Aber was er sagte, war für uns so unvorstellbar, daß wir ihm nicht glaubten«, schrieb die Comtesse in ihren »Erinnerungen an Marie-Antoinette«. »Alles ist verloren, Gräfin«, hatte er ihr eindringlich gesagt. »In Frankreich wird die Sonne der Monarchie untergehen. Morgen ist es damit vorbei. Chaos, unbeschreibliche Anarchie wird herrschen. Sie wissen, daß ich alles versucht habe, um die Ereignisse in eine andere Richtung zu lenken, aber ich wurde nur ausgelacht. Jetzt ist es zu spät.« Als ihn die Comtesse fragte, woher er käme, nachdem er doch 1784

angeblich verstorben sei, soll Saint Germain nur geantwortet haben: »Aus China und Japan.«

Saint Germain übte unbestritten großen Einfluß auf die Freimaurer aus. Saint Martin und Mesmer waren mit ihm befreundet. Der anrüchige Cagliostro (eigentlich Giuseppe Balsamo) ging bei ihm in die Lehre. N. Deschamps bezeichnete ihn als Mitglied des alten Templer-Ordens. Der Landgraf von Hessen-Kassel schrieb über die Befreundeten: »Mein Cousin steht ihm sehr nahe. Beide sind mit aller Hingabe Freimaurer und beschäftigen sich gemeinsam mit mancherlei geheimen Künsten... Es heißt, der Graf habe Verbindung zu Geistern oder übernatürlichen Wesen, die auf seinen Ruf hin in Erscheinung treten.«
Im 18. Jahrhundert ist Saint Germain als einer der großen Erneuerer der alten Mysterienbünde zu werten. Jener Geheimorden, die zur Keimzelle der Aufklärung wurden und einen »sanften Übergang in das Industriezeitalter« vorbereiteten. Nur in Frankreich mißglückte es und artete in Gewalt und Willkürherrschaft aus, weil das »ancien régime« zu starr und unflexibel war. Wie hatte es Saint Germain 1788 der Comtesse d'Adhémar praktisch am Vorabend der Revolution erklärt: »Ich habe alles versucht, um die Ereignisse in eine andere Richtung zu lenken. Nun ist nichts mehr zu machen. Meine Hände sind durch eine Kraft gebunden, die stärker ist, als ich es bin. Es gibt Zeiten, in denen ich nie aufgeben würde, aber es gibt auch andere, in denen ER den Rückzug anordnet und ein Verstoß gegen Seinen Befehl nicht möglich ist. Solch eine Zeit ist jetzt angebrochen.«
War der mysteriöse Graf von Saint Germain als Sendbote einer höheren Macht damit beauftragt, die Entwicklung in Europa in bestimmte Gleise zu lenken? Irene Tetzlaff, seine

Biographin, bezeichnete ihn sogar als »den ersten Wegbereiter der europäischen Einigung«. War es sein Auftrag, die Menschheit auf die im Einklang mit der Schöpfungsstrategie stehenden Drachenwege hinzuweisen? Werden die Geschicke der Menschheit von Zeit zu Zeit durch die Repräsentanten eines »unsichtbaren Kollegiums« gelenkt, die nicht als Mächtige und Führer auftauchen, sondern als stille Lehrer und Vertraute dieser Mächtigen? Als Männer wie Roerich, Apollonios oder Saint Germain? Und war der Ausgangspunkt ihres Wirkens ein Ort im Himalaya – etwa das sagenumwobene Shambhala?
In seinen »Kleinen Wiener Memoiren« (Wien 1846) schilderte der Freimaurer und Rosenkreuzer Franz Gräffen seine letzte Begegnung mit Saint Germain um 1790. Als der Graf in die Kutsche stieg, erklärte er seinem Schüler und Logenbruder: »Ich scheide. Suche mich nicht. Irgendwann einmal wirst Du mich wiedersehen. Morgen nacht bin ich außer Landes. Ich muß nach Konstantinopel, dann nach England, um zwei Erfindungen vorzubereiten, die im nächsten Jahrhundert gebraucht werden – Eisenbahnen und Dampfschiffe, die für Deutschland geplant sind. Die Jahreszeiten werden sich langsam verändern – erst der Frühling, dann der Sommer. Das ist die schrittweise Wandlung der Zeit selbst, die Ankündigung, daß der jetzige Zyklus endet. Ich sehe dies alles. Glaube mir, Astrologen und Meteorologen wissen nichts, man muß die Pyramiden studiert haben, wie ich. Zu Ende dieses Jahrhunderts werde ich aus Europa verschwinden und mich selbst in die Regionen des Himalaya begeben. Ich muß rasten, ausruhen. Genau in fünfundachtzig Jahren werden die Menschen ihren Blick wieder auf mich richten. Lebwohl, mein Freund.«

Im Verlauf der europäischen Geschichte wurden immer

wieder Mysterienbünde von wahren und falschen Adepten gegründet, die sich auf geheimes Wissen aus uralten Quellen beriefen und einen nicht geringen Einfluß auf das westliche Geistesleben hatten.

Der älteste Bund dieser Art ist der Orden der Pythagoräer. Er geht auf den großen Weisen Pythagoras von Samos (569–471 v. Chr.) zurück, der dem Vernehmen nach in Ägypten und bei den Babyloniern Mathematik, Astronomie, Musik und die Geheimlehren studierte. Einer seiner Lehrer war, so nach seinem Biographen Iamblichos, »Zaratas«, also Zoroaster oder Zarathustra. Später begründete Pythagoras in Kroton, Süditalien, seine erste Mysterienschule, über deren Eingangstor die bezeichnenden Worte standen: »Escato Bebeloi!« – »Zurück, die Profanen!«. Sie war Tempel und Hochschule zugleich, eine Akademie der Wissenschaften und ein Kloster unter Leitung eines großen Meisters, Urmutter aller idealistischen Schulen Europas, von Platons »Akademie« bis zu den humanistischen Gymnasien des 19. Jahrhunderts. Aus dieser Schule erwuchs eine Elite, die das Süditalien des 6. vorchristlichen Jahrhunderts, das bis dahin hinterste Provinz und reine Kornkammer des griechischen Mutterlandes war, zum blühenden Kulturland machte. Bis in das zweite nachchristliche Jahrhundert blieben die »Pythagoräer« eine eigenständige Ordensbewegung, zu der auch der junge Apollonios von Tyana stieß, bis sie sich den Neuplatonikern und Theosophen der römischen Spätzeit anschlossen, die eigentlich Neupythagoräer waren. Platon selbst lernte bei den Pythagoräern und übernahm pythagoräisches Gedankengut, und selbst die frühen gnostischen Christen verehrten seine Büste neben der des Christus.

Östliche Mysterienkulte, die in einem Sakrament der mystischen Erfahrung das Geheimnis des ewigen Lebens zu vermitteln versprachen, erfreuten sich im antiken Rom größter Beliebtheit, und es ist bekannt, daß Caesaren wie Nero, Vespasian, Hadrian, Marc Aurel und Commodus in die Mysterien der Isis und des Osiris oder des Mithras eingeweiht waren.

Im Mittelalter behaupteten die Tempelritter und Rosenkreuzer, im Besitz »geheimen Wissens« aus dem Osten zu sein. In der 1614 in Kassel erschienenen »Fama Fraternitatis« oder »Kunde von der Bruderschaft des hochlöblichen Ordens des Rosencreutzes an die Häupter, Stände und Gelehrten Europas« wird behauptet, daß diese mystische Bruderschaft von einem Christian Rosencreutz (angeblich 1378–1484) im 15. Jahrhundert begründet wurde, nachdem Rosencreutz im Orient von Meistern in das geheime Wissen eingeweiht wurde. »Wir wissen, welche Veränderungen bevorstehen, und wollen dieselben anderen Gottesgelehrten gerne mitteilen«, erklärte der anonyme Verfasser (wahrscheinlich der schwäbische Theologe Johann Valentin Andreae, 1586–1654) in der Schrift, die in Europa bald in Tausenden von Exemplaren verbreitet wurde. Von den darin beschriebenen Idealen der Rosenkreuzer angetan, wurden in ganz Europa neue Rosenkreuzerorden gegründet, denen die großen Denker dieser Zeit zuströmten. So in England der Naturphilosoph Robert Fludd (1574–1637) und Elias Ashmole (1617–1692), Begründer des Ashmolian-Museums in Oxford und Vater der englischen Freimaurerei. Im 18. Jahrhundert, dem Jahrhundert der Aufklärung, schossen mystische Logen wie die Pilze aus dem Boden. Am Johannistag, dem 24. Juni 1717, wurde die erste Großloge in London begründet, 1725 folgte die Großloge in Paris.

Heute gibt es praktisch keinen Historiker mehr, der den Einfluß der Freimaurer als Vorboten der Aufklärung und des Humanismus bestreitet. Sie repräsentierten die Intelligenz ihrer Zeit: zum Beispiel aufgeklärte Staatsmänner wie Friedrich der Große oder der Landgraf Carl von Hessen-Kassel bis hin zu einem Philosophen wie Voltaire, einem Universalgelehrten wie Johann-Wolfgang von Goethe oder einem Musik-Genie wie Mozart, außerdem Lessing und Herder, die allesamt vom Gedankengut der Freimaurer beeinflußt waren.

Weniger bekannt ist die Tatsache, daß die Vereinigten Staaten von Logenbrüdern begründet und als Freimaurer-Idealstaat aufgebaut wurden. Thomas Jefferson und George Washington waren Freimaurer, Benjamin Franklin Freimaurer und Rosenkreuzer. Tatsächlich beinhaltet die amerikanische Konstitution die Grundelemente der Menschenrechtsproklamationen der Aufklärung. Noch heute bezeugt das auf jeder 1-Dollar-Note abgebildete Staatssiegel der USA die Symbolik der Logenbrüder. Es zeigt eine dreizehnstufige Pyramide, deren Schlußstein fehlt. An seiner Stelle schwebt über ihr das mystische Auge im Dreieck, das »allsehende Auge« Gottes, das Symbol des Meisters in der Freimaurerei. Das heißt in der Geheimsprache der Logen: Der fehlende Eckstein der Gesellschaft muß das Göttliche sein! Die mystische Zahl ist 13. Bei den Illuminaten gab es dreizehn Grade. In der Numerologie ist 13 die Krönung der 12 – die perfekte Harmonie. Jesus stand als dreizehnter dem Kreis seiner zwölf Jünger vor. Über dem Pyramidensymbol auf der Ein-Dollar-Note stehen die lateinischen Worte »Annuit Coeptis«, darunter »Novus ordo seclorum«. Sie bedeuten: »Die Ankündigung der Geburt« und »Eine neue Weltordnung«. Diese Ein-Dollar-Note ist seit 1933 im Umlauf. Und es war Nikolai Roerich, der dem damaligen US-Vizepräsidenten vorschlug, das Symbol der Pyramide auf einem Geldschein zu verwenden, um es der Öffentlichkeit wieder ins Bewußtsein zu rufen. Präsident Roosevelt, selbst Freimaurer, stimmte dem Vorschlag begeistert zu.

Die britischen Autoren Lincoln, Baigent und Leigh gehen in ihren beiden Büchern »Der heilige Gral und seine Erben« und »Das Vermächtnis des Messias« sogar davon aus, daß eine geheime Bruderschaft, die »Prieuré de Sion« (Priorat von Zion), das Geschick Europas seit über tausend Jahren insgeheim lenkt. Die »Prieuré«, der Persönlichkeiten wie der heilige Bernhard von Clairvaux, Leonardo da Vinci, Victor Hugo oder Jean Cocteau angehört haben sollen, geht nach diesen Autoren auf die Merowingerkönige zurück. Sie beherrschten das Reich der Franken zwischen dem 6. und dem 8. Jahrhundert, und ihnen wurden mystische Fähigkeiten nachgesagt – selbst eine direkte Abstammung von Jesus Christus, der, einer Hypothese zufolge, vor der Kreuzigung mit Maria Magdalena Kinder gezeugt haben soll. Ihr Ziel: ein Vereintes Europa unter merowingischem Königtum.

Nur eine von vielen unsinnigen Mutmaßungen über eine »Weltverschwörung«, oder steckt mehr dahinter? Im Gegensatz zu vielen »Verschwörungstheoretikern« schüren Lincoln, Baigent und Leigh keine Paranoia. Sie arbeiten als Journalisten und stehen sogar in freundschaftlicher Beziehung zu heutigen Mitgliedern des Ordens, selbst zu seinen Großmeistern. Von 1981 bis 1984 war es Pierre Plantard de Saint Clair, Journalist und Leiter des »Komitees für öffentliche Sicherheit« unter Charles de Gaulle. Heute gehören dem Orden eine Reihe bekannter Persönlichkeiten des öffentlichen Lebens an. Allerdings ist unklar, welche Rolle Plantard politisch spielt. »Wir befassen uns nicht mit Politik, sondern mit Philosophie«, erklärte er den Journalisten, »aber hinter der Politik steht immer eine Philosophie.«

»Im letzten Quartal eines jeden Jahrhunderts wird von den

Meistern des unsichtbaren Kollegiums ein Versuch gemacht, den geistigen Fortschritt der Menschheit in entscheidender Weise voranzutreiben... Eine oder mehrere Personen erscheinen zu dieser Zeit als ihre Agenten und geben okkultes Wissen in größerem oder kleinerem Rahmen weiter«, erklärte die bekannte Okkultistin Helena Petrowna Blavatsky in ihrem Buch »Der Schlüssel zur Theosophie«. Für sie war der Graf von Saint Germain ein solcher »Agent der Meister« – der »größte orientalische Adept, den Europa in den letzten Jahrhunderten gesehen hat«, und »einer der Sendboten der Bruderschaft, um das Werk der Großen Loge zur geeigneten Zeit durchzuführen.« Die »Große Loge« war für die Blavatsky das »unsichtbare Kollegium« von Shambhala, der »Meister der Welt«. In ihrem 1888 veröffentlichten »magnum opus«, der vierbändigen, über 2500 Seiten umfassenden »Geheimlehre«, schildert sie die Geschichte dieser »Großen Loge«:

»Im Universum gibt es Wesen, deren Intelligenz und Macht weit über unsere eigene hinaus gehen, so weit wie die unsere über die der Affen. Diese überragenden Intelligenzen haben starken Anteil an der Steuerung der natürlichen Ordnung der Dinge. Sie kamen von anderen Welten. Durch diese ›Söhne Gottes‹ erhielt die Menschheit ihre ersten Ansatzpunkte in den Künsten und Wissenschaften und anderen geistigen Erkenntnissen. Durch sie wurde der erste Grundstein jener alten Zivilisation gelegt, die unsere heutige Generation von Gelehrten in so traurige Verlegenheit bringt. Die Geheimlehre gibt eine lange Genealogie von den Manus, den Stammvätern der Menschheit, aber trennt sie in viele Klassen, die von den göttlichen, kosmischen und planetarischen bis zu den rein menschlichen, den Heroen, Königen und Weisen reichen. Als der Mensch materialistischer und selbstsüchtiger wurde, schwanden die überbrachten Lehren

mit der Zeit aus seinem Gedächtnis. Die volle Kenntnis der ursprünglichen Offenbarung wurde immer nur wenigen Auserwählten zuteil und ist von jener Zeit an bis zur Gegenwart von einer Generation von Adepten zur anderen überliefert worden. Die Adepten sind Fackelträger der Wahrheit durch den Lauf der Zeiten. Sie haben an der Wiege von Nationen gestanden und die ungeheuren Leistungen von Völkern, die in grauer Vorzeit lebten, gesehen. Trauernd waren sie Zeugen des Untergangs jener, denen die Kraft fehlte, dem zyklischen Gesetz über Aufstieg und Niedergang zu widerstehen; und während es schien, als hätten verheerende Naturereignisse alle damalige Kunst, Architektur, Religion und Wissenschaft gänzlich vernichtet, haben sie Aufzeichnungen darüber an Orten aufbewahrt, wo sie sowohl vor menschlicher Zerstörungswut als auch vor dem Zahn der Zeit in Sicherheit sind.
Als der Erdteil Atlantis in der großen Flut unterging, hatten die Adepten im Inneren der Bergzüge der großen Wüste Gobi Zuflucht gesucht. Für alle unsichtbar und vor Annäherung geschützt, leben sie dort immer noch. Der Sitz dieser Hierarchie ist in Shambhala, in der Mitte der Wüste Gobi. Vor alten Zeiten war der Ort eine Insel in dem Meere, das damals die jetzige Wüste ausfüllte, und ist sehr schön.«
»Von dort aus«, so heißt es in dem uralten, von Madame Blavatsky übersetzten tibetischen »Buch des Dzyan«, »stiegen die Schlangen wieder herab und machten Frieden mit der Fünften Rasse (den Überlebenden), welche sie lehrten und unterwiesen.« – »Die Nagas (Schlangen) der indischen und tibetischen Adepten waren menschliche Schlangen«, schreibt sie, »keine Reptilien, sondern Weise, deren Symbol die Schlange war, Symbol der Unendlichkeit, der Wiedergeburt« (dank ihrer jährlichen Häutung).
Madame Blavatsky selbst behauptet, ihr Wissen von den

»Meistern aus dem Hochhimalaya« zu haben. Tatsächlich hat die 1831 gebürtige Russin Zeit ihres Lebens ausgedehnte Reisen unternommen – ein für eine Frau des 19. Jahrhunderts ungewöhnliches Unterfangen. Sie hatte Europa, Nord- und Südamerika, China, Japan und 1855, in Männerkleidung in einem Heuwagen versteckt, über Kaschmir und Ladakh auch Tibet besucht. In Ägypten wurde sie von einem Kopten, in Spanien von den Kabbalisten und Rosenkreuzern, in Indien und Tibet von den »Mahatmas« (große Weise) in die Geheimlehren eingeweiht. Mit diesem Wissen ausgerüstet, gründete sie 1875 in New York die »Theosophische Gesellschaft«, die folgende Ziele hatte:

»1. Ohne Unterschied der Rasse, des Glaubens, des Geschlechts, der Kaste und der Farbe einen Kern der universellen Bruderschaft der Menschen zu gründen.

2. Das vergleichende Studium von Religion, Philosophie und Wissenschaft anzuregen.

3. Ungeklärte Naturgesetze und die im Menschen verborgenen Kräfte zu erforschen.«

Die »Theosophische Gesellschaft« knüpfte mit ihrem Namen bewußt an die neuplatonischen Schulen der Spätantike an, die sich »Theosophen« – »Sucher göttlicher Weisheit« – nannten. Es ist erstaunlich, daß die Theosophische Gesellschaft sich mit der Prophezeiung des Grafen von Saint Germain aus dem Jahr 1790 deckt, wonach »die Menschen in genau 85 Jahren ihren Blick wieder auf mich richten werden«, ein Umstand, der durch die Theosophen zutraf.

Tatsächlich hatte die 1878 nach Indien übersiedelnde Theosophische Gesellschaft großen Einfluß auf das Geistesleben ihrer Zeit. Denker wie der Astronom Camille Flammarion, der Orientalist Emile Burnouf, der Erfinder Thomas A. Edison, der Maler Wassily Kandinsky, die gesamte progressive Literaturszene Irlands um die Jahrhundertwende und die intellektuelle Gesellschaft Englands und Frankreichs wurden durch sie um die gleiche Zeit maßgeblich beeinflußt. Damals hatte die Theosophische Gesellschaft mehr als 100000 Mitglieder. Die Lebensreformbewegung Deutschlands mit ihrem Zentrum auf dem Monte Verità, oberhalb von Ascona, geht ebenso auf die Theosophie zurück wie die Anthroposophie Rudolf Steiners. Selbst die heutige »New Age«-Bewegung, so chaotisch und vielschichtig sie erscheint, hat ihren Ursprung ebenso bei Blavatsky wie die Auseinandersetzung von Bohr und Heisenberg bezüglich der modernen Quantenphysik und den alten Kosmologien des Ostens, die Fritjof Capra in seinem Buch »Das Tao der Physik« leider so sträflich banalisiert.

Auch Madame Blavatsky verstand »Die Geheimlehre« als »Synthese von Wissenschaft, Religion und Philosophie«. Erst 1984 fand ein internationales Symposium von 17 führenden Wissenschaftlern statt, die sich in ihren Referaten mit der heutigen Sicht der »Geheimlehre« auseinandersetzten. Der Biophysiker Professor W. D. McDavid von der Universität Texas stellte in diesem Rahmen die Kosmogenesis der »Geheimlehre« den Erkenntnissen der modernen Astrophysik von der Geburt des Universums und der Entstehung des Lebens gegenüber und fand verblüffende Parallelen. Sein Fazit: »Die Schlußfolgerungen der modernen Wissenschaft stimmen in vielen Punkten mit den Lehren der Esoterischen Philosophie überein.«

Die schwedische Wissenschaftlerin Elsa-Brita Titschenell zitierte eine Prognose der im Umfeld der »Geheimlehre« entstandenen »Mahatma-Briefe« als Vorwegnahme der Radioastronomie. Darin heißt es: »Die Wissenschaft wird die Töne gewisser Planeten hören, bevor sie diese sieht.«

Dr. Jack Y. Dea vom Institut für Atomosphärische Physik der Universität Nevada kam nach einer umfangreichen

Gegenüberstellung zu dem Schluß: »Wir haben einige der jüngsten wissenschaftlichen Meinungen über Raum, Zeit, Materie, Energie und Felder präsentiert. Wir haben ebenfalls einige Zitate aus der ›Geheimlehre‹ zu denselben Themen präsentiert. Der Verfasser muß seine Überraschung eingestehen, wie stark die Beschreibung der modernen Wissenschaft und der ›Geheimlehre‹ übereinstimmen.« Wird auch hier ein wichtiger Anstoß des »unsichtbaren Kollegiums« gegeben, das Augenmerk der Wissenschaftler in eine ganz bestimmte Richtung zu lenken?

Aber der wichtigste, von der »Geheimlehre« ausgehende Impuls war die Öffnung des Westens für die Weisheiten des Ostens. In der Folge wurde das Selbstbewußtsein der intellektuellen Inder gestärkt, die in den Theosophen ihre Verbündeten sahen. Sie gewannen ihre Selbstachtung zurück, sich als Erben einer uralten Kultur zu sehen, die jener der Engländer zwar technologisch unterlegen war, nicht aber geistig. Das Wiedererstarken des Hinduismus durch die Vedanta-Renaissance, ja selbst das Wirken eines Mahatma Gandhi – der in London mit Theosophen in Kontakt kam und Madame Blavatsky einmal begegnete – wurde durch sie beeinflußt. Sehr zum Unwillen der Missionare, die schon früh eine infame Diffamierungskampagne gegen die Theosophen starteten, deren Auswirkungen diese bis in unsere Zeit zumindest mit einem leichten Nebel der Dubiosität umgibt.

Madame Blavatskys Grundthese, die Steuerung der Geschichte durch Eingeweihte, ist zumindest eine plausible Erklärung für das Phänomen der »Achsenzeiten«, wie es der Schweizer Kulturphilosoph Jean Gebser nannte. Es geht hier um Epochen, in denen das Bewußtsein des Menschen in der Evolution einen Sprung machte. Bei genauer Betrachtung dieser Epochen war es tatsächlich immer nur ein einzelner Genius, ein »Sohn der Götter«, der hinter diesem Wandel stand. Wenn wir sie vor unserem geistigen Auge Revue passieren lassen, hat es drei große »Evolutionsschübe« gegeben: vor 5000 Jahren, vor 2500 und in unserer Zeit. Eine Behauptung, wie sie auch in Geheimpapieren über die außerirdischen »Drachenmenschen« zu finden ist:

– Rund 3100 v. Chr. Indien: Krishna vereinigt die Sonnenreligion der arischen Einwanderer mit der matriarchalen Religion der Drawiden zu der langlebigsten Synthese-Religion der Welt, dem Hinduismus, und wird zum Lehrer des Herrschergeschlechtes der Pandavas.

– Rund 2900 v. Chr. Ägypten: Imhotep, ein wundertätiger Arzt und genialer Architekt, wurde zum Berater von Pharao Djoser und konstruierte die erste Pyramide, die Stufenpyramide von Sakkara. Zudem wird ihm nachgesagt, die Hieroglyphen erfunden und die On-Mysterien in Heliopolis eingeführt zu haben. Die Griechen setzten ihn mit Asklepios gleich. Sein Lehrer war Thot (griechisch: Hermes Trismegistos), Gott der Weisheit, Begründer der ägyptischen Kultur, Bote der Götter und Vater der ägyptischen Esoterik, der mythische Ahnherr aller westlichen Geheimlogen und Mysterienbünde.

– Rund 600 v. Chr. Griechenland: Pythagoras, Heiler und Harmoniker, Mathematiker und Philosoph, Pädagoge und Mystiker, begründet nach ausgedehnten Reisen durch Ägypten und das Zweistromland, vielleicht sogar nach Indien, seine berühmte Mysterienschule in Kroton, Süditalien. Durch seinen Impuls wird Süditalien ein blühendes Kulturland, werden die Mysterien in Griechenland wiederbelebt, finden Sokrates und Platon die Grundlage für ihr Wirken, werden Neuplatoniker und frühe Christen ebenso geprägt wie die Dombauhütten des Mittelalters.

Indien: Mahavira und Buddha, beide Reformer des Hindu-

ismus und Lehrer der Ahimsa, der Gewaltlosigkeit, begründen eigene Religionen: die Jain-Religion und den Buddhismus.
Persien: Zarathustra ist der dritte große Philosoph und Religionsgründer dieser Zeit.
Babylon: In babylonischer Gefangenschaft erneuert Ezechiel nach einer himmlischen Vision den Glauben der in Gefangenschaft befindlichen Juden.
China: Laotse, der Mystiker, und Konfuzius, der Philosoph, erneuern die chinesische Kultur. Konfuzius prägte das Staatswesen bis in unsere Tage.
– 1. Jahrhundert n. Chr. Israel: Jesus Christus versucht, das Judentum zu reformieren, und wird zum Begründer der vierten Weltreligion.
Rom: Apollonios von Tyana erneuert die Mysterien und berät die Kaiser Vespasian und Titus in der Staatsführung.
– 18.–20. Jahrhundert Europa: Der Graf von Saint Germain belebt das Logentum, legt den Grundstein für die europäische Einigung und ermöglicht den Übergang von der absoluten in die aufgeklärte Monarchie.
Asien: Helena Petrowna Blavatsky gibt dem Hinduismus ein neues Selbstverständnis und schlägt die Brücke zwischen der Wissenschaft des Westens und der Weisheit des Ostens.
Amerika: Nikolai Roerich inspiriert die Gründerväter der Vereinten Nationen durch seine Vision von »Frieden durch Kultur«.

Der okkulten Tradition zufolge waren alle diese »grauen Eminenzen« die hinter den Kulissen Weltgeschichte gemacht haben, Gesandte des »unsichtbaren Kollegiums« – einer geistigen Hierarchie von Meistern, die der Esoteriker J. G. Bennett »demiurgische Intelligenzen« nennt. Im alten Athen war »demiurg« die Bezeichnung des »Arbeitens für das Volk«, des Handwerkers oder Künstlers, der den »demos«, den Bürger, mit Wohlergehen und Kultur versorgte. Im gnostischen Christentum dagegen war der Demiurg der Weltenschöpfer selbst. Für Bennett sind es die »Elohim« der Bibel, jene, die sagen: »Lasset uns den Menschen schaffen nach unserem Ebenbilde« – die »Göttersöhne« –, von denen die Evolution der Menschheit gesteuert wird. »Sie unterscheiden sich von ›Fachleuten auf dem Gebiet der Manipulation der öffentlichen Meinung‹ durch ihr selbstloses Verhalten und ihre Begabung, die Wirklichkeit der Lage zu verstehen. Sie wissen um die höhere Weisheit, die das Leben auf dieser Erde als ein Ganzes überwacht, woher es gekommen ist und wohin ihm zu gehen bestimmt ist«, stellt Bennett fest.

Diese hohen Intelligenzen, die Bennett auch »Meister der Weisheit« nennt, sollen vorwiegend dann eingegriffen haben, wenn unüberwindbare Krisen die Lage der Menschheit als verzweifelt und hoffnungslos erscheinen ließen – sie sollte »von oben« Hilfe erhalten. Wie schon Madame Blavatsky und Nikolai Roerich erklärten, weiß auch Bennett, »daß es schon vor Anfang der Geschichtsschreibung eine Gruppe weiser Menschen oder ›Meister‹ gegeben hat, die über das Schicksal der Menschheit gewacht und von Zeit zu Zeit eingegriffen haben. Zur Abwendung einer Katastrophe oder um den Lauf der Ereignisse zu ändern, führten sie neue Denkweisen ein, die den Bedürfnissen eines sich wandelnden Zeitalters entsprachen. Diese Legende ist in Zentralasien und im Nahen Osten tief verwurzelt. So ist sie in Tibet mit den Rimpoche-Lamas verbunden, die an die Wiedergeburt glauben. Bei den buddhistischen Gemeinschaften der Mahayana-Tradition erscheint sie in offenbar abgewandelter Form in Verbindung mit dem Glauben an Bodhisattvas.«

Hier geht es um jene, die den Kreislauf von Tod und

Wiedergeburt abgeschlossen haben und eigentlich ins Nirvana eingehen könnten. Freiwillig und aus Mitleid legen sie – meist schon bei ihrer Einweihung – den »Bodhisattva-Eid« ab, in dem sie sich verpflichten, solange auf der Erde zu dienen, bis auch das letzte Lebewesen Erleuchtung erlangt hat. Sie werden, so will es die Mahayana-Tradition, wiedergeboren in dem mythischen Land Shambhala, »jenseits des Himalaya«.

»Bei den Sufi-Schulen«, ergänzt Bennett, indem er sich auf den islamischen Mystizismus bezieht, handelt es sich besonders um jene, die ihren Ursprung auf Baktrien und Sogdiana zurückführen und behaupten, es gebe eine ständige Hierarchie, die von Kutb-i-Zaman oder der Achse des Zeitalters angeführt wird, die unmittelbar die Enthüllung der Schöpfungsstrategie empfange und diese durch Abdal oder die Verwandelten und deren Anhänger vermittelt.«

3

Die Krieger von Shambhala

Der Anfang dieses Jahrhunderts nach Frankreich eingewanderte georgische Mystiker Georg Iwanowitsch Gurdjieff (1865–1949) gründete in Fontainebleau bei Paris das »Institut zur harmonischen Entwicklung des Menschen«. In seiner Biographie »Begegnungen mit bemerkenswerten Menschen« beschrieb er seine Suche nach diesen »Meistern der Weisheit«.

Es waren verschiedene islamische Mystiker in den sagenumwobenen Städten und Plätzen des Orients, die Gurdjieff den Weg zu einem geheimen Kloster im Pamir wiesen. Es geht auf die legendäre Sarman-Bruderschaft zurück. Nach Gurdjieff »die Nachfolger einer Gesellschaft, deren Ursprung auf den Untergang von Atlantis zurückzuführen ist.«

»Lama, erzähle mir von Shambhala« – mit diesen Worten an einen tibetischen Mönch beginnt Nikolai Roerich sein Buch »Shambhala«. – »Gleich einem Diamanten glüht das Licht auf dem Turm von Shambhala«, erwiderte der Alte. »Er ist da – Rygdenjyepo, der König von Shambhala, unermüdlich und stets wachsam um der Menschheit willen. Seine Augen schließen sich niemals. In seinem Zauberspiegel sieht er alles, was auf Erden geschieht. Und die Macht seiner Gedanken dringt bis in ferne Länder. Entfernung gibt es nicht für ihn; den Würdigen kann er augenblicklich Hilfe bringen. Sein mächtiges Licht löscht das Dunkel aus. Seine unermeßlichen Reichtümer liegen für alle Bedürftigen be-

reit, die der Sache der Rechtschaffenheit gewillt sind zu dienen. Er vermag sogar das Karma von Menschen zu ändern … Unzählig sind die großen Dinge, vorbestimmt und vorbereitet. Durch die Heiligen Schriften wissen wir von der Lehre des Gesegneten über die Bewohner ferner Welten. Aus derselben Quelle haben wir von dem fliegenden Stahldrachen gehört und von eisernen Schlangen, die den Weltraum mit Feuer und Rauch verschlingen.«

Hat Roerich sein Märchenland je erreicht? Er schweigt sich darüber aus. Der Maler Roerich gibt uns ein Rätsel auf. Auf einem seiner herrlichsten Bilder – »Burning of Darkness« (1924) – ist eine Gruppe von Männern in langen Gewändern dargestellt, ganz offensichtlich Meister, die in einer mondhellen Nacht aus einer Felsspalte im Himalaya treten. Der von einer leuchtenden Aureole umgebene erste dieser Männer hält in der Hand ein Kästchen, das auf einem anderen Roerich-Gemälde als Behälter des »Chinta Mani«, des »Schatzes der Welt«, wiederzuerkennen ist. Ein mystischer Stein, der einst aus dem Weltraum kam und den die europäischen Meistersinger den »Wanderstein der Weisen« nannten. In der dritten Reihe erkennen wir ein Paar: eine Frau mit Kapuze, einen barhäuptigen Mann mit langem, spitz zulaufenden Vollbart – zweifellos Roerich selbst.

Die Roerich-Expedition erreichte 1926 nach einer ersten Durchquerung des Himalaya von Süden nach Norden Rußland. Mit Hilfe eines Visums, das ihm der russische Botschafter in der Mongolei ausstellte, reiste Nikolai Roerich am 29. Mai 1926 in Begleitung seiner Frau und seines Sohnes Georgij in die Sowjetunion ein und erreichte am 13. Juni 1926 Moskau. Rußlands damaliger Außenminister Chicherin und Erziehungsminister Lunacharsky empfingen den Maler, der der jungen Sowjetunion eine Reihe großartiger Gemälde stiftete, darunter »Maitreya der Eroberer«, die heute im Gorky-Kunstmuseum hängen. Er brachte Erde vom Himalaya mit und einen Brief der tibetischen Weisen, der sich noch heute in den Staatsarchiven der UdSSR befindet.
Roerich war in der Sowjetunion zu allen Zeiten hoch angesehen, ein für einen Emigranten höchst ungewöhnlicher Tatbestand. Sein Sohn, Svetoslav Roerich, wurde am 14. Mai 1987 zu einem längeren Gespräch von Generalsekretär Michail Gorbatschow empfangen, wie die »Prawda« zwei Tage später meldete. Dabei betonte Gorbatschow, daß dieses Treffen ein langgehegter Wunsch gewesen sei und die Sowjetunion für die Familie Roerich eine »enge Freundschaft und tiefe Dankbarkeit« empfinde.
Auf dem Rückweg in die Mongolei hörte Nikolai Roerich die Revolutions-Truppen singen: »Wir marschieren in den heiligen Krieg für Shambhala. Wir werden wiedergeboren

im heiligen Land.« Als Roerich sein Gemälde »Rigden Jyepoo, der König von Shambhala« der kommunistischen Regierung der Mongolei stiftete, ließ diese dafür eigens einen Tempel errichten.
Am 5. August 1926, so berichtet Roerich in seinen Büchern »Shambhala« und »Altai-Himalaya«, sahen die Expeditionsmitglieder am Himmel einen riesigen, schwarzen Geier kreisen. Dann tauchte plötzlich ein großes, leuchtendes Objekt hinter dem Vogel auf, kreuzte mit großer Geschwindigkeit das Lager der Expedition und verschwand wieder im tiefblauen Himmel. »Ein Zeichen von Shambhala«, sagte ein begleitender Lama. »Ein sehr gutes Zeichen, wir werden beschützt.« – »Habt Ihr Euch die Richtung gemerkt, in der sich die Kugel bewegt hat?« wurde Roerich später von einem alten weisen Lama-Mönch gefragt. »Genau diese Richtung müßt Ihr einschlagen, es ist der Weg nach Shambhala! Es sind die Krieger von Shambhala«, erklärte ihm der alte Mönch, »die schützende Kraft von Shambhala folgt Euch.« – »In Zeiten der Krise haben die Shambhala-Krieger in Form von leuchtenden Kugeln gegen die Kräfte des Bösen gekämpft«, heißt es in einer alten Sage.
In entscheidenden Phasen der Geschichte sollen unbekannte Flugobjekte eingegriffen haben, um die Geschicke der Menschen zu lenken, um Auserwählte, die Großen der Geschichten und »Göttersöhne« zu unterstützen, aber auch in ihren Grenzen zu halten. Es gibt keinen Grund, die von der Geschichtsschreibung wiedergegebenen Beobachtungen in Frage zu stellen, auch wenn sie in der uns ungewohnten Sprache früherer Zeiten festgehalten sind.

Der belgische Jesuitenpater Albert d'Orville bereiste im 17. Jahrhundert als einer der ersten Europäer das damals noch legendäre Land Tibet. Aus der Zeit seines Aufenthalts in Lhasa finden wir in seinem Tagebuch folgende Aufzeichnungen vor:

»1661 – November: Meine Aufmerksamkeit wurde auf etwas gelenkt, das sich hoch am Himmel bewegte. Zuerst dachte ich, es wäre eine unbekannte Vogelart, die in diesem Land lebt, bis sich das Ding näherte und die Form eines doppelten chinesischen Hutes annahm, während es sich leise drehend fortbewegte, als würde es von den unsichtbaren Flügeln des Windes getragen. Es war sicher ein Wunder. Zauberei. Das Ding flog über der Stadt, und so, als wolle es bewundert werden, flog es zwei Kreise, wurde dann von Nebel umgeben, und wie sehr ich meine Augen auch angestrengt habe, es konnte nicht länger gesehen werden. Ich fragte mich, ob mir die Höhe, in der ich mich befand, nicht einen Streich gespielt hatte, als ich ganz in der Nähe einen Lama bemerkte, und ihn fragte, ob er es auch gesehen hätte. Nachdem er mit einem Kopfnicken bejaht hatte, sagte er zu mir: ›Mein Sohn, was Du gesehen hast, war keine Zauberei. Denn Wesen von anderen Welten befahren seit Jahrhunderten die Meere des Raums und brachten den ersten Menschen, die die Erde bevölkerten, geistige Erleuchtung. Sie verurteilen alle Gewalt und lehrten die Menschen, einander zu lieben, obwohl diese Lehren wie ein Samenkorn sind, das auf Stein ausgesät wurde und nicht keimen kann. Diese Wesen, die hellhäutig sind, werden von uns stets freundlich empfangen und landen oft in der Nähe unserer Klöster, wenn sie uns lehren und Dinge enthüllen, die verlorengegangen sind in den Jahrhunderten der Kataklysmen, die das Angesicht der Erde verändert haben.‹«

Im Jahr 334 setzte einer der größten Heerwürmer der Geschichte über den Hellespont. Die 35 000 Mann starke

Armee des mazedonischen Königs Alexander, den die Geschichtsschreibung später »Alexander den Großen« nannte. Sein Ziel war die Eroberung Asiens, die Vernichtung des Persischen Reiches. Dabei war Alexander kein skrupelloser Herrscher, sondern ein hellenistisch gebildeter König, ein Schüler des Aristoteles, des größten Philosophen seiner Zeit. Sein Heer wurde von Naturwissenschaftlern, Künstlern, Literaten und Philosophen begleitet, die die Wunder Asiens dokumentieren und erforschen und griechische Kultur in die »Länder der Barbaren« bringen sollten. Seine Soldaten hielten ihn für einen Sohn des Zeus. Nach und nach eroberte er das Reich des Perserkönigs Dareios, das von der Ägäis bis nach Ägypten, von Phönizien bis Persien reichte. Nach glanzvollen Siegen erreichte sein Heer 332 v. Chr. die phönizische Handelsstadt Tyros im heutigen Libanon, die als uneinnehmbare Festung galt. Die Stadt lag auf einer Insel vor der Küste, ihre Mauern waren 15 Meter hoch und so fest gebaut, daß keine Belagerungsmaschine sie zu beschädigen vermochte. Das unermeßlich reiche Tyros verfügte über die größten Techniker und Kriegsmaschinen seiner Zeit und über reichliche Vorräte, um auch eine längere Belagerung zu überstehen. 13 Jahre lang hatte Babylons König Nabuchodonosor, der biblische Nebukadnezar, diese Stadt vergebens belagert. Sieben Monate stand Alexanders Heer vor den Mauern von Tyros. Vergeblich. Doch dann kam eine höhere Macht den Griechen zur Hilfe.

Wie der anonyme Verfasser der »Geschichte Alexanders des Großen« berichtet, erschienen eines Tages »wundersame fliegende Schilde« über dem mazedonischen Lager. Die fünf geheimnisvollen Objekte formierten sich in V-Formation, mit dem größten »Schild« an der Spitze, die anderen waren halb so groß. Dann kreisten sie mehrfach

langsam über Tyros, während Tausende Krieger beider Parteien sie staunend beobachteten.
Plötzlich »kam es von dem größten der Schilde wie ein Blitz, der einen Teil der Mauern traf, worauf diese zerbröckelten. Weitere Blitze folgten, und Mauern und Türme zerfielen, als ob sie aus Schlamm erbaut gewesen wären. Dies gab den Belagerern den Weg frei, und sie stürzten wie eine Lawine durch die Breschen«, heißt es in dem antiken Bericht. Die »fliegenden Schilde« kreisten über der Stadt, bis sie vollständig eingenommen war. Dann stiegen sie mit größter Schnelligkeit auf und verschwanden, verloren sich in kurzer Zeit im Blau des Himmels. Alexander befahl die völlige Zerstörung der Stadt.
Die Kunde von der wundersamen Eroberung der Festung Tyros eilte Alexander voraus, bevor er sein nächstes Ziel – Ägypten – erreichte. Das Land ergab sich kampflos. Alexander betrachtete sich als Befreier von der Perserherrschaft und Erneuerer alter pharaonischer Macht. Er pilgerte mit seinem Heer in die libysche Wüste zur Oase Siwa, dem Orakel-Heiligtum des Gottes Jupiter-Ammon. Der Weg dorthin, so berichtet Ptolemäus, einer seiner Feldherrn, in seiner Geschichte der Alexanderkriege, wurde ihm von »zwei Drachen« gewiesen, die an der Spitze seiner Armee erschienen, als sie sich in der Wüste verirrt hatte. Ptolemäus erwähnt, daß diese Himmelsdrachen mit Alexander und seinen Generälen gesprochen hätten. Die Armee sei den unbekannten Wesen gefolgt. Als sie ihr Ziel erreichten, begrüßten die Priester des Zeus-Ammon-Tempels Alexander als Sohn ihres Gottes und gaben ihm Ratschläge für seine zukünftigen Feldzüge. Ein Jahr später besiegte der Mazedonier am Tigris das persische Heer, schlug Dareios in die Flucht und ließ sich zum »König von Asien« ausrufen. Die Satrapen von Babylon und Susa kapitulierten. Das neue

Ziel des Eroberers hieß Indien, das sagenhaft reiche Land jenseits des Indus. Mit einem 50000 Mann starken Heer, teilweise aus den Armeen der eroberten Völker zusammengewürfelt, mit Hilfe von 500 Kriegselefanten und einer starken Kavallerie überquerte er 326 v. Chr. den Hindukusch, setzte über den Indus, eroberte im Handumdrehen Taxila, das Königreich zwischen Indus und Hydaspes (Dschihlam). Doch als er den Hypathos, den Beas-Fluß, überschreiten wollte, demonstrierten dieselben Phänomene, die ihm in Tyros zum Sieg verholfen hatten, daß hier sein Weg zu Ende war. Zwei »große, glänzende, silberne Schilde, aus denen Feuer sprühte, kamen vom Himmel« und stießen mehrmals auf die Armee des Mazedoniers hinunter, bis die Soldaten und auch die Pferde und Kriegselefanten so in Panik gerieten, daß sie sich weigerten, den Fluß zu überqueren.

Gelenkte Geschichte? Zahlreiche Hinweise antiker Autoren deuten darauf hin, daß eine »höhere Macht« in historische Ereignisse eingriff – meist durch »himmlische Manifestationen«. Plinius der Ältere (1. Jh. n. Chr.) erwähnt in seiner »Naturgeschichte«, daß »leuchtende Balken« am Himmel erschienen, als die Spartaner in der Seeschlacht von Knidos (394 v. Chr.) die Seeherrschaft an Athen abtreten mußten. Als 349 v. Chr. die Syrakuser von den Karthagern angegriffen wurden, kam ihnen eine korinthische Flotte von zehn Schiffen zur Hilfe. Die Überfahrt schildert Diodorus Sicilus in seiner »Geschichte Siziliens« wie folgt: »Während der ganzen Nacht ging ein Feuerzeichen am Himmel dem zurückzulegenden Weg so lange voran, bis die Flotte in Italien landete. Bei Plinius dem Älteren lesen wir, daß zur Zeit des Krieges gegen die Kimbern und Teutonen (102 v. Chr.) »ein brennender Schild, der Funken sprühte, bei Sonnenuntergang von West nach Ost über den Himmel flog.« 91 v. Chr.,

bei Ausbruch des »Bundesgenossenkrieges«, so die Historiker Julius Obsequens und Lucius Orosius, jagte »bei Sonnenuntergang eine Feuerkugel über den Himmel und gab dabei einen schrecklichen Ton von sich. In Spoletium kam ein goldfarbener Feuerball hernieder, bevor er sich wieder weiter von der Erde nach Osten hin entfernte und groß genug war, um die Sonne zu bedecken.«
Die italischen Kriege schwächten Rom bedrohlich. So war es eine schwere Aufgabe für den Konsul L. Licinius Lucullus, die Kolonien in Kleinasien zu halten, die durch das Riesenheer des Mithridates, König von Pontus, bedroht wurden. 73 v. Chr. stand die Armee des Mithridates – 120 000 Fußsoldaten, 16 000 Reiter und 100 Streitwagen – den 35 000 Mann Infanterie und 2500 Mann Kavallerie des Lucullus in Otryae in der Nähe der Dardanellen gegenüber. Schweigend beobachteten die römischen Legionäre, wie sich das Heer der Asiaten zum Angriff formierte. Die Waffen und Rüstungen blitzten in der Sonne, die Pferde wieherten und stampften ungeduldig den Boden. Es war abzusehen, daß dieser ungleiche Kampf in einer Niederlage enden würde. Doch gerade, als der König seine Hand zum Zeichen des Angriffs erheben wollte, öffnete sich der Himmel: »Ein riesiger, flammender Körper, geformt wie eine Trinkschale (also scheibenförmig) und von der Farbe wie geschmolzenes Silber, fiel zwischen die beiden Heere«, schreibt Plutarch in seiner »Vita Luculli«. Wie gelähmt starrten die beiden Heere auf das seltsame Objekt. Für beide war es ein Zeichen des Himmels. Die Römer schöpften Hoffnung, die Asiaten bekamen es mit der Angst vor dem Zorn der Götter zu tun, mieden die Schlacht und zogen weiter nach Norden, um Cyzikus am Marmarameer zu belagern. Lucullus setzte langsam nach und schnitt den Nachschub ab. Des Königs gewaltige Armee litt Hunger, floh und löste sich auf. Jetzt

konnte Lucullus vorstoßen. Innerhalb von fünf Jahren war Mithridates geschlagen und floh zu seinem Schwiegervater nach Armenien. Die Römer machten unermeßliche Beute. Nachdem Lucullus das Kommando an Pompeius abgegeben hatte, kehrte er im Triumph nach Rom zurück und lebte jetzt in geradezu sprichwörtlichem Reichtum und Luxus. Rom feierte ihn als seinen Retter und galt fortan als unbesiegbar. Die glanzvollste Epoche – die Zeit Cäsars und Ciceros begann.

Eine Himmelserscheinung, die der Überlieferung nach Geschichte gemacht hat, ist das leuchtende Kreuz, das der spätere römische Kaiser Konstantin 312 n. Chr. am Himmel gesehen haben will. Dies war der entscheidende Schritt zur Einigung des in vier Teile gespaltenen Römischen Reiches, das Signal für Konstantin, daß nur eine neue, gemeinsame Basis – eine neue Staatsreligion – das Reich vor dem Zerfall retten konnte. Zum Zeitpunkt der Erscheinung befand sich der junge Konstantin wahrlich in einer Entscheidungskrise. Er wußte nicht, ob er nach Italien einfallen und seinen Gegenspieler Maxentius schlagen oder erst in Gallien seine Macht konsolidieren sollte. Er zweifelte an der Stärke seiner Armee, bat die Götter um ein Zeichen. Auf dem Marsch in Richtung Italien erschien am frühen Nachmittag am Himmel »das Zeichen des Kreuzes, gebildet vom Lichte, mit einer Inschrift versehen: ›In hoc signo vinces‹ – In diesem Zeichen wirst Du siegen«, schreibt sein christlicher Biograph Eusebius in der »Vita Constantini«. Eusebius betont, daß es keine mystische Vision war: Das gesamte Heer habe das »Zeichen am Himmel« gesehen. Nachdem er in der Nacht über die Bedeutung dieses Zeichens gegrübelt hatte, faßte Konstantin am nächsten Morgen einen Entschluß. Das Kreuz wurde zu seinem Banner. Er ließ es auf den Schilden seiner Soldaten anbringen. Selbst ist er nie Christ geworden, der Legende nach hat er sich erst auf dem Sterbebett taufen lassen. Aber er wußte die Kraft dieses Zeichens politisch zu nutzen. Er siegte in der Schlacht an der Milvischen Brücke gegen die Armeen des Maxentius und in den folgenden Jahren gegen weitere Widersacher. Im Jahre 324 wurde er Kaiser eines geeinten römischen Imperiums. Im Osten erklärte er Byzanz unter dem Namen Konstantinopel zur zweiten Hauptstadt und legte damit den Grundstein für die Spaltung Europas, die bis in unser Jahrhundert gültig geblieben ist. Westrom wurde im 5. Jahrhundert von germanischen Stämmen erobert. Ostrom, das »Byzantinische Reich«, hielt sich bis zur Eroberung von Konstantinopel durch die Osmanen im Jahre 1453. Das »Osmanische Reich« bestand bis zum Ersten Weltkrieg.

Die schwierige Rolle des Einigers Europas nach den Wirren der Völkerwanderung und ihrer Folgezeit fiel dem Frankenkönig Karl zu, der im Jahre 800 in Rom vom Papst zum ersten Kaiser seit Romulus Augustulus, dem letzten Kaiser des römischen Imperiums, gekrönt wurde. In dem Bestreben, die germanischen Stämme zu einen und zum Christentum zu bekehren und dem Frankenreich einzugliedern, führte Karl 772 Krieg gegen die heidnischen Sachsen, auf dem Gebiet des heutigen Westfalen. Karls Heer war siegreich, eroberte die Eresburg, die Hauptfestung der Sachsen, und zerstörte die Irminsul, ihr Haupt-Heiligtum, eine symbolische Nachbildung der Weltenesche. Nach diesen Siegen konzentrierte sich Karl auf seine militärischen Vorstöße nach Italien gegen die Langobarden. Doch die Sachsen hatten noch nicht aufgegeben. Während die Armeen der Franken in Italien kämpften, gelang es ihnen 776, die Eresburg zurückzuerobern und anschließend auch die Sigiburg (Hohensyburg bei Dortmund) zu belagern. Doch ein

»himmlisches Zeichen« – so berichten die »Annales regni Francorum« – kam den Franken zur Hilfe: »Gottes Kraft überwand sie gerechtermaßen, und an einem Tag, als sie sich zum Kampf gegen die Christen in der Burg gerüstet hatten, zeigte sich deutlich Gottes Herrlichkeit über dem Dach der Kirche innerhalb der Burg, was viele von innen wie von außen sahen, die heute größtenteils noch am Leben sind. Man habe, sagten sie, etwas wie zwei Rundschilde gesehen, die sich, rötlich flammend, über dieser Kirche bewegten. Als die Heiden draußen dieses Zeichen sahen, gerieten sie sogleich in Verwirrung und begannen in großem Entsetzen zu ihrem Lager zu fliehen.« In Panik flohen sie bis an die Lippe, wo herbeigerufene fränkische Truppen die versprengten Häufchen des Sachsenheeres aufrieben. Hatten die »Shambhala-Krieger« wieder einmal gesiegt?
Sie begleiteten die Kriegszüge Karls des Großen auch weiterhin. Als er 791 auf einem Feldzug gegen die Awaren nahe Regensburg lagerte, wurde – so die »Regensburgische Cronik« – Karl von einer »himmlischen Erscheinung gewürdigt und hat das heilige Kreuz gesehen.« Als Karl der Große 808 seinen letzten sächsischen Heereszug, diesmal gegen den Dänenkönig Godofried, unternahm – so schildert sein Biograph Einhard in der »Vita Caroli Magni« –, fiel »eines Tages, als er vor Sonnenaufgang das Lager verlassen und den Marsch angetreten hatte, mit einem Male eine Fackel vom Himmel und flog in hellem Glanze von der rechten auf die linke Seite durch die heitere Luft.« Von der Erscheinung erschreckt, scheute sein Pferd und warf den Kaiser »so heftig zur Erde, daß er nicht ohne fremden Beistand aufstehen konnte.« Tatsächlich markierte Karl der Große den Beginn einer neuen Epoche in der europäischen Geschichte des Mittelalters.

Alexander, Konstantin, Karl – ihnen allen hat die Geschichte den Beinamen »der Große« gegeben –, sie haben das Abendland geprägt wie wenige andere. Jeder von ihnen leitete eine neue Epoche ein: Alexander den Hellenismus, Konstantin die christliche Epoche, Karl das Mittelalter. Waren sie Auserwählte der Krieger von Shambhala?
Wie immer ihre Motivationen auch gewesen sein mögen, sie haben durch ihre Handlungen die kulturelle Entwicklung der Menschheit doch entscheidend beeinflußt. Die meist durch einige wenige ausgelöste Richtungsänderung der Wegstrecke einer Zivilisation scheint Teil der Schöpfungsstrategie zu sein.
Können wir in diesem Zusammenhang die in den Überlieferungen erwähnten »Himmelserscheinungen« einfach als Phantasieprodukte oder Humbug abtun? Tatsache ist jedenfalls, daß das Phänomen der unbekannten Flugobjekte – ob »Trinkschale«, gleißender Drache, Shambhala-Krieger oder fliegende Untertassen – seit Jahrtausenden durch das Bewußtsein der Menschen geistert.

4

Drachenkinder

»Das leuchtende, silbrig glänzende Objekt war im Durchmesser etwa 20 bis 25 Meter groß... Als nächstes erinnere ich mich an eine Liege oder einen langen Tisch, auf dem ich ausgestreckt lag... Meiner Erinnerung nach muß ich aus einem langen Schlaf erwacht sein... Ich hatte das Gefühl, als ob meine Beine immer noch ›schliefen‹. Ich wußte nicht, wo ich mich befand... Alles war in rotes Licht getaucht. Als mein Blick auf meine Füße fiel, sah ich links und rechts davon drei asiatisch aussehende Gestalten... Klein. Höchstens 1,50 Meter groß. Sie trugen overallähnliche Uniformen, die weder mit Knöpfen, einem Reißverschluß oder Gürtel versehen waren... Sie hatten übermäßig große, haarlose Köpfe... Sie starrten mich aus ihren bleichen Gesichtern mit ausdruckslosen, kugelrunden dunklen Augen an... Unter der durch zwei Löcher angedeuteten Nase war ein sehr kleiner, schmallippiger Mund...

Im ersten Augenblick geriet ich in Panik, doch die drei beruhigten mich durch ihre Ausstrahlung... Jetzt bemerkte ich auch, daß sie keine Wimpern hatten... Ich grübelte darüber nach, wer sie sein könnten und was hier vor sich ging... Dann kam der am nächsten Stehende auf mich zu und legte mir die Hand auf die Schulter.

›Du kannst dich jetzt aufsetzen‹, hörte ich den Fremden sagen. Ich war fassungslos, weil sich seine Lippen nicht bewegt hatten, und dachte gleichzeitig, daß ich in diesem runden silbrigen Objekt sein mußte...

›Komm mit uns‹, wurde mir dann gesagt.
An der linken Brustseite des einteiligen Overalls der kleinen Wesen fiel mir ein eingearbeitetes, metallisch schimmerndes Emblem auf – das Symbol eines geflügelten Drachens.«
Auszug aus dem zu Protokoll gegebenen Bericht des Amerikaners William J. Herrmann, nach seiner Begegnung mit der Besatzung eines unbekannten Flugobjekts im Mai 1979.

Metallisch glänzend flog der feuerspeiende Drache vom Himmel herab, um die Urväter der Chinesen zur Erde zu bringen. Das jedenfalls ist in uralten chinesischen Schriften festgehalten.
Spiegeln sich in solchen Berichten etwa nur die Phantasieprodukte talentierter Märchenerzähler, oder verbirgt sich hinter allem tatsächlich ein wahrer Kern?
In den Legenden vieler alter Kulturen spielt der Drache jedenfalls eine besondere Rolle, und immer wird das mysteriöse Drachensymbol in Beziehung zur Luft- und Raumfahrt gebracht; aber nicht nur der feuerspeiende Flugdrache, sondern auch die geflügelte, eiserne Schlange, fließende Schilde oder am Himmel entlang »fahrende« Wagen und Schiffe, die von Drachen gezogen werden.
Auf einer Grabstätte eingraviert, wurde solch ein Drachengespann in der ostchinesischen Provinz Shantung entdeckt. Ringsum von geflügelten Drachen begleitet, fliegt es mit seinen Insassen hoch über den Wolken dahin.
Wie sehr der Drache alle Bereiche der altchinesischen Kultur beherrscht hat, soll durch einen kurzen Streifzug zum Drachenthron verdeutlicht werden.

Der Ursprung der Drachensymbolik wurzelt weit in der Vergangenheit der chinesischen Geschichte: Am Anfang teilte sich das Weltenei in einen oberen und einen unteren Teil, in Leichtes und Schweres, in Yang und Yin. Denn P'an-Ku, der Demiurg – der Weltenschöpfer, war 18 000 Jahre lang täglich zehn Ellen größer geworden und hatte auf diese Weise die beiden Teile auseinandergetrieben. Als der Drachenköpfige mit dem Leib einer Schlange schließlich starb, bildete sich aus seinem Körper die Vielfalt der Erde. Aus seinen Tränen wurden Flüsse, aus seinem Haar und den Augenbrauen entstanden Sterne und Planeten. Zähne und Knochen verwandelten sich in Metalle und Gestein, sein Samen formte sich zu Perlen und sein Knochenmark wurde zu Jade. Sein Schweiß wandelte sich in Regen und die in seinem Haar nistenden Flöhe wurden Menschen. Im »Huai-Nan-Tsu« aus dem 2. Jahrhundert vor Christus steht daher geschrieben: »Alles entstand aus dem Drachen.«

Nun brach die Zeit der Feudalherrschaft an. Fu-Shi und Nü-Kua waren das erste Paar. Fu-Shi, der Erfinder der Trigramme, kam in einem Teich zur Welt, der durch seine Drachen Berühmtheit erlangt hatte. Nü-Kua, die nach der ersten Schöpfung die durch das Schlangenungeheuer Kung-Kung ins Chaos geratene Weltordnung wieder ins Lot gebracht hatte, wurde zudem auch die Schöpferin der Menschen genannt. In einer alten Darstellung sind Nü-Kua und

Fu-Shi als zwei Drachen mit vereinten menschlichen Oberkörpern festgehalten, die Zirkel und Winkeleisen in den Händen halten. Symbole für das Weibliche, Runde und das Eckige, Männliche.

Die Nachfolge von Fu-Shi traten Shennung und Yenti an. Gemeinsam verkörpern sie die »Drei Erhabenen« oder die Urkaiser. Ihnen folgten die fünf legendären Kaiser. Der erste von ihnen, der sogenannte Gelbe Kaiser namens Hwang, suchte eines Tages in der Nähe des Berges Shou nach Kupfer. Beim Gießen eines Dreifußes am Fuß des Berges Ching kam dann ein Drache mit wallendem Barthaar von oben zu ihm hinunter. Hwang bestieg den Drachen und flog mit ihm gen Himmel. Siebzig Höflinge in Begleitung des Kaisers durften ihm fortan als treue Gefolgsleute auch im Jenseits dienen. Einfache Hofbeamte, die es versäumt hatten, den Drachen rechtzeitig zu besteigen, hielten sich an dessen Bart fest. Doch weil sie zu schwer waren und sich nicht halten konnten, stürzten sie auf die Erde zurück.

In den Tsoh-Yen-Bergen hatte Kaiser Hwang einmal versucht, beim Schmelzen von Zinnober das Lebenselixir zu gewinnen. Doch es verwandelte sich in einen Genius, der auf einem Drachen himmelwärts flog.

Chuan-Hsü, Kiu, Yao und Shun waren die Nachfolger von Kaiser Hwang. Yao war der Sohn eines roten Drachens. Mit der Inschrift auf dem Rücken: »Auch dir ist der Schutz des Himmels gewiß«, hatte er die Mutter von Yao aufgesucht. Da wurde es plötzlich finster, und von allen Seiten kam Wind auf. Der Drache berührte die Frau, und nach vierzehn Monaten gebar sie Yao.

Von Shun wird berichtet, daß er auf seinen Kleidern Sonne, Mond und Sterne, Berge und Drachen sehen wollte, mit denen die priesterlichen Gewänder des Gelben Kaisers bereits geschmückt waren. Schon zu jener Zeit gab es Banner,

die das Drachenemblem trugen und dem Feind in Kriegszeiten entgegengetragen wurden.
Kaiser Shun, der Yao ablöste, erhielt einmal den Besuch eines gelben Drachens, der aus dem Loh-Fluß kam. Sein schuppiger Panzer trug die Inschrift: »Shun soll den Thron besteigen.« Als Kaiser befahl dieser dann einer Familie, Drachen für den Kaiserthron zu züchten.
Yü, Sohn des Urenkels von Kaiser Hwang, kam in Gestalt eines geflügelten Drachen zur Welt. Er war der Begründer der ersten (noch vorgeschichtlichen) Dynastie der Hsia.
Hwang, der Gelbe Kaiser, hatte einem geflügelten Drachen befohlen, Yü zu helfen, mit seinem Schwanz Gräben auszuheben und Hochwasser abzuleiten. Eigentlich hätte Kun, Yüs Vater, dafür sorgen müssen, doch trotz neunjähriger Bemühungen blieb seine Arbeit erfolglos. Denn gegen die Verursacher der furchtbaren Überschwemmungen, die vom Ungeheuer Kung-Kung angeführten Drachen, war Kun nicht angekommen. Der schlangenleibige Kung-Kung hatte das Gesicht eines Mannes, rote Haare und Hörner.
Yü fuhr in einem von zwei Drachen gezogenen Wagen in seinen Garten. Mit ihm, dem Gründer der Hsia-Dynastie, hatte diese ihren Zenit erreicht. Als die mühseligen Flußregulierungsarbeiten nach dreißig Jahren beendet waren, tauchten blaue Drachen in der Stadt auf.

Der in unverkennbarem Zusammenhang mit den sagenumwobenen Kaisern stehende Drache weist auf ihren Einfluß und ihre Abstammung hin. Im alten China muß die Drachenvorstellung von einschneidender Bedeutung gewesen sein, wurde doch der Drache schon zu jener Zeit als Herr des Himmels und der Unterwelt verehrt.
Nach den Kaisern der Vorzeit wurde das Drachenmotiv vor allem wieder von den Priestern der Shang- und Chou-Zeit

aufgenommen. Denn ihnen war es anvertraut, die Verbindung mit dem Jenseits herzustellen. Zu ihren wichtigsten Aufgaben gehörte allerdings das Erbitten von Regen. Außerdem mußten sie Krankheiten und Seuchen bekämpfen, die günstigsten Zeiten für kriegerische Auseinandersetzungen, für die Jagd und die Aussaat ermitteln. Wahrscheinlich kamen die Priester ihren Verpflichtungen im Rahmen eines Ritualtanzes nach, in dem sie ihre Bittgesänge und Rufe in tranceähnlichem Zustand und unter dem Wedeln von Zweigen zum Ausdruck brachten. Das durch eine tanzende Figur mit wedelnden Armen dargestellte Symbol des Wu dürfte ein Hinweis darauf sein.

Weil die Wu-Priester hauptsächlich für Regen zu sorgen hatten und der Regen im Zusammenhang mit dem Drachen stand, war die Beziehung der Wu zu den Drachen auch von ganz besonderer Art. Da Drachen die ständige Erneuerung der Natur verkörperten, nahmen sie auch bei den von den Shang-Kaisern angeordneten Opferzeremonien einen besonderen Platz ein. Darüber hinaus war der Glaube verbreitet, die Wu-Priester hätten die Fähigkeit, sich in Drachen zu verwandeln, und sie würden diese mit übermenschlicher Intelligenz ausgestatteten Wesen sogar als Reit- oder Zugtiere benutzen, um auf diese Weise in die oberen Weltregionen oder auch in die Tiefen der Unterwelt zu gelangen.

Als die Shang-Dynastie zu Ende ging, verlor der Drachenglaube zwar an Bedeutung, wenn auch der Bittanz der Wu-Priester in ihrer Eigenschaft als »Regenmacher« in der Chou-Dynastie aufrecht erhalten wurde.

Aus der Chou-Zeit stammt die Legende, der Gelbe Kaiser sei auf einer gelben Schlange, deren aufwärts gekrümmter Schwanz den Kopf berührt habe, zur Erde gefahren. Er hätte die vier Weltgebiete (Himmelsrichtungen) mit seinen

vier Gesichtern überschauen können. (Schlangen und Drachen sind für die Chinesen übrigens dasselbe.)
Es wird überliefert, daß in der Nacht vor der Geburt des Konfuzius zwei blaue Drachen vom Himmel herunter zu seiner Mutter kamen. Sie habe davon geträumt, heißt es, und dann den großen Weisen zur Welt gebracht. Vor der Geburt von Alexander dem Großen soll sich ähnliches zugetragen haben.
Ch'ung-Sr-Hwang-Ti, der sogenannte Einiger des Reichs, ließ die von den Chou unterdrückte Wu-Tradition wieder aufleben. Der Legende nach ließ er 6000 Mädchen und Knaben unter fünfzehn Jahren zur Penglai-Insel, irgendwo im östlichen Meer bringen, um für ihn nach dem Elixir des Lebens zu suchen. Leider erfolglos. Nun wurde dem Kaiser geraten, selbst mit einer Armada auf die Suche zu gehen. Drei Millionen Soldaten begleiteten den Kaiser auf seiner Reise. Sie mußten trommeln und schreien, damit der Drachenkönig auf sie aufmerksam wurde. Dann tauchte der Drachengott mit dem Löwenkopf in Gestalt eines über 150 Meter langen Haies aus den Fluten auf. Als er von den Soldaten mit vergifteten Pfeilen getötet wurde, färbte sich das Meer auf zehntausend Meilen rot von seinem Blut. In der darauffolgenden Nacht träumte der Kaiser, daß er einen Kampf mit dem Drachenkönig hatte. Tags darauf wurde er krank und starb sieben Tage später.
Von Kao-Tsu, dem zwischen 206 und 195 v. Chr. regierenden Begründer der Han-Dynastie, wird berichtet, sein Vater, Tai-Kong, habe beobachtet, wie der Drache Kiao-Lung auf seine Frau herabsank, die am Ufer eines langgestreckten Teiches schlief. Danach kam Kao-Tsu zur Welt.
Als Erwachsener trank Kao-Tsu sehr gern Wein. Dabei wurde er stets von einem Drachen bewacht.

Von diesem Zeitpunkt an wurde der Drache zum endgültigen Emblem der chinesischen Kaiser. Er war das Symbol für ihre Abstammung. Denn so wie der Drache von der Erde zum Himmel aufsteigt, erhebt sich der Kaiser über die gewöhnlichen Menschen. Die ehrfürchtigste Bezeichnung für den Kaiser war der Titel »Der echte Drachen«. So erhielt alles im Zusammenhang mit dem Kaiser Stehende den Namen »Drachen«. Der Thron des Kaisers war der Drachenthron, seine Schreibfeder der »Drachenpinsel«, und die in jedem Tempel vorhandene kaiserliche Tafel war die »Drachentafel«.
Nach alter chinesischer Weltanschauung verläuft die Zeit in Zyklen. Da insbesondere die Han-Zeit als Renaissance des Gelben Kaisers angesehen wurde, lebte die Bedeutung des Drachen erneut auf. Nun wurde der Drache auf der chinesischen Fahne und auf den Staatsroben als Symbol männlicher Kraft und als Wächter über die Geschichte des Reichs dargestellt.
Bei Bittzeremonien war die Verantwortung des Kaisers besonders groß. Weil ihm das Wohlergehen des ganzen Volkes anvertraut war, mußte er bei den in China so häufigen Dürrezeiten die Hilfe der Drachen für Regen anrufen. Denn der Drache galt als Herr des Wassers, im Himmel und auf Erden, als Herr der Wolken, des Donners und des Regens. Er war der Bote der Fruchtbarkeit und der Geleiter heiliger Männer. Es war also die Aufgabe des Kaisers, in der mikrokosmischen Welt der Menschen dem makrokosmischen Sinn der Drachen gerecht zu werden.
714 n. Chr. ließ Kaiser Hsyan-Tsung einen Altar für die mächtigsten Drachen errichten – für die Beherrscher der sogenannten fünf Weltgebiete, gleichzeitig als die bedeutendsten Regenmacher verehrt. In ausgedehnten Ritualen wurden ihnen reiche Opfergaben gespendet. Zeremonien,

die noch weit über die Tang-Zeit hinaus von unübertrefflicher Pracht waren.
Während die Epoche der Sung-Kaiser, 1110 n. Chr., wurden diese fünf mächtigen Drachen, Sheutung genannt, öffentlich zu Beschützern des Reichs ernannt und erhielten zur gleichen Zeit Fürstentitel.
Der mit dem Frühling identifizierte blaue (oder grüne) Drache herrschte im Osten des Kaiserreichs. Der rote und der gelbe Drache bestimmten den Sommer und herrschten im Süden und in dessen Zentrum. Der Herbst wurde vom weißen Drachen im Westen verkörpert und der Winter vom schwarzen Drachen im Norden.
Die Hauptstadt wurde von vier Drachen beschützt: Im Sommerpalast vom Drachen des Sees; in den Westbergen war der schwarze Drache von Heilungtan zuständig; dann war da der Drache vom Jadebrunnen und im Bezirk Mi-Yun der weiße Drache des Sees. Im Auftrag des Kaisers mußten die Prinzen diesen Schutzgeistern entsprechende Ehrungen erweisen.
Da das kaiserliche Wappen in der Ming-Zeit mit einem roten Drachen geschmückt war, wurde rot zur Nationalfarbe. Doch mit der Machtübernahme durch die Mandschu-Kaiser wurde der gelbe beziehungsweise der rote Drache zum offiziellen Wappentier ernannt. Mit der chinesischen Revolution im Jahr 1911 und dem Ende der Kaiserzeit verlor auch die Drachensymbolik ihre Bedeutung.
Allerdings war der Drache nicht nur in China das Symbol höchster Macht. Er nahm auch bei anderen Hochkulturen der Vergangenheit diesen Rang ein. So beispielsweise im Reich der Assyrer, bei den Dakern, den Parthern, Skythen, Persern und Kelten, selbst im oströmischen Reich. Der Drache schmückte nicht nur die Tore von Theben, sondern auch die von Babel. Von großen Staatsmännern wie Alexan-

der dem Großen, Kaiser Augustus und Scipio wird sogar behauptet, sie seien die Söhne einer menschlichen Mutter und eines Vaters gewesen, der ein Schlangengott war.

Eine Methode, die wissenschaftliche, astrologische und intuitive Aspekte in sich vereint, hat es ermöglicht, überall in der Welt sogenannte Zentren der Kraft ausfindig zu machen. Insbesondere in China, wo jedes sakrale Gebäude ausschließlich an solchen Orten der Kraft plaziert wurde.

Die ersten, die mit der chinesischen Geomantie konfrontiert wurden, waren europäische Unternehmer, die vor rund hundert Jahren zur kommerziellen Erschließung des Landes nach China gekommen waren. Ständig stießen sie auf Widerstand bei der Verwirklichung ihrer Pläne. So durften beispielsweise bestimmte Gebiete nicht von Eisenbahnen durchquert und Gebäude nur an sorgfältig geprüften Plätzen errichtet werden. Da die in diesem Zusammenhang vorgebrachten Einwände weder auf ökonomischen, sozialen oder politischen Erwägungen beruhten, waren sie für die Europäer unverständlich. Wenn ihnen zum Beispiel erklärt wurde, diese oder jene Hügelgruppe verkörpere einen Drachen, dessen Schwanz nicht durchtrennt werden dürfe, war das für die westlichen Unternehmer im wahrsten Sinne des Wortes unverständliches »Chinesisch«. Ebenso die Tatsache, daß es verboten war, einen Tunnel durch »Drachenhügel« zu graben und eine Bahnstrecke geradenwegs durch ebenes Gelände zu verlegen, weil dadurch der Ausblick von den Hügeln beeinträchtigt würde. Die obskure Erklärung von »Fen-Shui«-Wissenschaftlern, »Wind und Wasser seien das, was nicht zu sehen und daher auch nicht zu begreifen wäre«, schlug dem Faß sozusagen den Boden aus.

Aber gerade durch das Fen-Shui-System wurde die chinesische Landschaft in atemberaubender Harmonie gestaltet. Denn hier geht es nicht vorrangig um praktische Erwägungen, sondern vielmehr um eine subtile metaphysische Methode, in der sich das Wahre von Wissenschaft und Poesie in Harmonie vereint.

Im chinesischen Kaiserreich wurden Fen-Shui-Wissenschaftler – Geomanten – befragt, wenn es darum ging, ein Gebäude, eine Grabstätte oder was immer es sein mochte, an einer bestimmten Stelle zu errichten. Sogar bei jedem zu setzenden Baum, Pfosten, Gesträuch oder Stein überprüften die Fen-Shui die vorgesehene Stelle daraufhin, ob der Charakter oder die Harmonie der Landschaft nicht beeinträchtigt wurde. Selbst die Erkenntnis, daß die gesamte Erdoberfläche von mächtigen Energieströmen – Magnetlinien – überzogen wird, wurde in die Erwägungen einbezogen. Es war Aufgabe dieser Geomanten, solche Ströme zu ermitteln und zu interpretieren, welchen Einflüssen die von ihnen passierten Landstriche ausgesetzt waren. Im alten China war diese magnetische Kraft unter dem Namen Drachenstrom bekannt. Sie ist positiv und negativ in einem – Yin und Yang – und wurde durch den weißen und den blauen Drachen symbolisiert. Meistens folgen diese Kraftlinien Gebirgskämmen und Hügelketten. Der Yang oder der männliche Strom läuft über steile Gebirge, während der weibliche Yin-Strom vorwiegend an niederen Hügelketten entlangfließt. Als perfekteste Lage wurde der Schnittpunkt beider Ströme betrachtet. Darüber hinaus wurde es besonders geschätzt, wenn die Umgebung Yin- und Yang-Merkmale aufwies.

Da Fen-Shui-Wissenschaftler die Erde aus ganzheitlicher Sicht betrachteten, gehörte auch der Himmel dazu. Also symbolisierten die Berge für sie die Sterne und der Ozean sowie die gewaltigen Ströme die Milchstraße. Von den

Hauptlinien der Drachenwege an den mächtigen Gebirgskämmen entlang zweigen schwächere Ströme wie Adern in die Umgebung ab. Jede dieser Kraftlinien hat ihre ureigene astronomische Bedeutung, Harmonie und Farbe.

Noch vor nicht allzu langer Zeit wurden im ganzen chinesischen Reich alle Gebäude, Steine, Bäume und Sträucher nach einem magischen Prinzip in die Landschaft gesetzt, das mathematische und musikalische Gesetze – System und Schwingung – in der Geometrie der Erdoberfläche zum Ausdruck bringt. Die unglaubliche Schönheit und Harmonie der chinesischen Landschaft war keineswegs dem Zufall überlassen. Alles war durchdacht. Denn die wichtigsten der unter planetarischem Einfluß stehenden Drachenwege waren durch vieltausendjährige Erfahrungen astronomischer Erkenntnisse festgelegt.

Neben ihren lunaren (Yin) oder solaren (Yang) Charakteristiken wurden bestimmte Drachenwege mit einem der fünf Planeten Jupiter, Mars, Venus, Merkur und Saturn in Zusammenhang gebracht. Nach den Fen-Shui stehen die Planeten im Einklang mit Holz, Feuer, Wasser und Erde. Ihre Farben sind gelb, rot, blau, weiß und schwarz. Außerdem stehen sie in Beziehung zum Körper, zu den inneren Organen und zum Schicksal des Menschen.

In weiten Teilen der Welt verkörperte der Drache die Fruchtbarkeit. Die Schöpfung der Erde und die Entwicklung des Lebens wurden als das Resultat einer Verbindung der Elemente angesehen: Die erste Zelle wurde aus der Erde geboren und durch Wasser und Wind vom Himmel befruchtet. Aus dieser Vereinigung von Yin und Yang entsprang die Saat, aus der sich der Drache erhob. Ein sich Jahr für Jahr wiederholender Prozeß. Himmlische Einflüsse befruchteten die Erde, es bildeten sich neue Mineralien, aus denen die gesamte Vegetation ihre Energie erhielt. Am Ende des Jahres, wenn die Mineralien an Kraft verloren, ließ die Fruchtbarkeit nach.

Die mit dem Drachenmythos verknüpften Orte der Kraft haben stets eine Verbindung mit prähistorischen Kultstätten. Auf Hügeln errichtete sakrale Bauten, heilige Brunnen und Quellen wurden als Stätten gekennzeichnet, die mit dem Leben oder dem Tod des Drachen zu tun hatten. Entlang des Drachenwegs liegende Städte oder auch Landzungen erhielten den Namen des Lindwurms, eines drachenähnlichen Ungeheuers.

Unter Berücksichtigung der Tatsache, daß in China Hügel nach dem lung-mei-Prinzip (lung-mei = Drachenweg) angelegt wurden, darf mit ziemlicher Sicherheit vorausgesetzt werden, daß vorkeltische Druiden die prähistorischen Stätten Silbury Hill und die damit verknüpften Steinkreise von Avesbury in England unter Anwendung geomantischer Prinzipien errichtet haben. Im Grunde genommen dürften die chinesischen lung-mei und die geomantischen Energielinien in Europa gleichbedeutend sein. Nach chinesischer Überlieferung ziehen sich diese Drachenwege über den ganzen Erdball hin. In prähistorischen Zeiten wurden an vielen ihrer Schnittpunkte astronomische Kultstätten errichtet; im europäischen Raum besonders in England, Irland und Schottland. Aber auch in der französischen Bretagne markieren steinerne Kultstätten wichtige Kreuzungen der Drachenwege. Ein Musterbeispiel ist die Megalithen-Anlage von Stonehenge auf der windgepeitschten Ebene von Salisbury im südwestlichen England oder der steinerne Ring von Brodgar in Schottland.

In der einheimischen Bevölkerung wird seit Generationen von den in den Steinen verborgenen mystischen Kräften berichtet, dem Volksmund nach sollen sie sich bewegen,

flüstern, Krankheiten heilen, Unfruchtbarkeit beheben und Gottlose verzaubern können.
Der englische Wissenschaftler Paul Devereux und seine Mitarbeiter haben versucht, solche prähistorischen Steinkreise als Orte der Kraft zu identifizieren. Die Teilnehmer dieses sogenannten Drachen-Projekts bedienten sich bei ihren Untersuchungen sowohl physikalischer als auch paranormaler Methoden. Einerseits setzen sie z. B. Elektronenabtaster ein, mit denen die minimalsten Energieausschläge registriert werden können. Andererseits ließ Devereux durch Rutengänger Erdströme ermitteln.
Die Mitglieder des Projekts widmeten sich vor allem einer megalithischen Kultstätte – den Steinen von Rollright, in der Nähe von Oxford. Ein Ort, der seit Menschengedenken immer wieder im Zusammenhang mit sonderbaren Zwischenfällen und übernatürlichen Ereignissen ins Gerede gekommen ist.
Den Untersuchungen des Devereux-Teams war sozusagen von Anfang an Erfolg beschieden. So registrierten die eingesetzten Apparaturen unerwartete Ausschläge, die unerklärlicherweise stets acht bis zwanzig Minuten vor Sonnenaufgang begannen und nach zwei Stunden abrupt stoppten. Diese Ausschläge konnten als Ultraschallwellen identifiziert werden – akustische Schwingungen, die das menschliche Ohr nicht mehr wahrnehmen kann. Die ebenfalls angewendeten Geigerzähler zeigten in der Megalithen-Anlage von Rollright höhere Strahlenmeßwerte an als an anderen prähistorischen Stätten Englands ohne Megalithen.
Ein im Zusammenhang mit dem Erdmagnetismus erzieltes Ergebnis war besonders interessant. Nach Devereux wurden beim Einsatz eines Magnetometers, eines Gerätes zur Messung des irdischen Magnetfeldes, bei einem bestimmten Megalithen ein besonders starkes Magnetfeld und rasche

Veränderungen der Energieausstrahlung festgestellt. Ein Ergebnis, das die Erfahrungen einiger Rutengänger zu bestätigen scheint, daß nämlich bei Megaliten oft starke magnetische Ausstrahlungen registriert werden.
Legt diese Entdeckung etwa Zeugnis ab für den seit langer Zeit in der Bevölkerung vorherrschenden Glauben, daß Megalithen Heilkräfte besitzen? Der Überlieferung nach sollen nämlich Einheimische bei Knochenbrüchen die Steine aufsuchen, um geheilt zu werden. Erstaunlicherweise setzt die Medizin heute elektromagnetische Schwingungen zur beschleunigten Heilung von Frakturen ein.

Interessanterweise deuten Überlieferungen darauf hin, daß sowohl Schamanen als auch Priester, Druiden und Medizinmänner an prähistorischen Kultstätten zu bestimmten Zeiten mit Wesenheiten – Göttern – im Himmel Kontakt aufgenommen haben sollen. Immer wieder wurden Menschen erwähnt, denen es möglich gewesen sein soll, unter bestimmten Voraussetzungen mit einer höherdimensionierten Wirklichkeit in Verbindung zu treten, um deren Botschaften zu übermitteln. Dieses paranormale Phänomen wurde unter den verschiedensten Namen bekannt – »Offenbarung«, »Kommunikation mit Geistern«, Mediumnismus – und hat heute als sogenannte »Channeling-Methode« in esoterischen Kreisen eine enorme Popularität erreicht.

5

Die Wiederkehr des Barden

»Wir wissen zwar, daß es zwischen den Menschen und den Strahlen der Sonne eine Verbindung gibt, aber darüber hinaus existiert auch noch eine Wechselwirkung zwischen uns und allen kosmischen Kräften. Der Mensch bezeichnet den Geist des Schöpfers oft als Seele. Denn die Seele ist unsterblich und der Mittelpunkt unseres wahren Seins. Sobald sie den physischen Körper verläßt, ist er nicht mehr aktiv. Es stimmt also nicht, daß jeder von uns als biologisches Geschöpf nur von der irdischen Stufe mit ihren Wechselwirkungen abhängig ist. Denn jeder einzelne ist vielmehr auch eine Seele und zudem Hüter universaler Kräfte. Selbst wenn wir unseren Körper im Traumzustand verlassen, um uns in die Astralbereiche zu projizieren, bleibt der Körper der Träger der Seele.

Jeder von uns hinterläßt seinen Schatten im Universum. Denn der Kosmos ist auch Geist und Bewußtsein, in dem jeder von uns nichts als eine Projektion ist.

In unserem Universum gibt es viele Lebensformen, und Leben ist weniger eine biologische Funktion als vielmehr ein sich fortpflanzendes Schwingungsmuster der Intelligenz. Es hat sich nicht nur auf anderen Existenzebenen manifestiert, sondern auch auf ähnlichen physikalischen Ebenen wie bei uns und in anderen Planetensystemen. Es gibt nicht nur andere biologische Lebensformen als wir, sondern sogar Wesen aus reiner Energie.

Unsere technologische Entwicklung wird zwar von Lebe-

wesen anderer Welten beobachtet. Aber sie sind nicht darauf aus, die Erde zu isolieren, sondern wünschen vielmehr, daß technische und geistige Werte bei uns in Einklang gebracht werden und alles Leben in Harmonie mit der Schöpfungsstrategie geachtet wird. Denn wenn nicht einmal die eigene Welt respektiert wird, wie kann dann eine positive Beziehung zu anderen Welten zustande kommen?
Das Universum ist die perfekte Balance zwischen allen Dingen – der physikalische Körper des Schöpfers, erschaffen als seine persönliche Ausdrucksform. Um also das Universum begreifen zu können, müssen wir unseren Blick nach innen richten, damit wir uns selbst verstehen lernen ...«
Diese Botschaft erhielt das amerikanische Starmedium Kevin Ryerson über die Channeling-Methode von einem Essener bzw. Essäer-Gelehrten namens Johannes.

Er sitzt am Fuß einer mächtigen, grünenden Esche. Den Kopf von der Fellmütze bedeckt, streckt er sein Antlitz der Sonne entgegen und singt – singt ein Lied zum Klang seiner Harfe, bringt den Wind zum Tanzen und die Bäume zum Lachen – vor langer, langer Zeit, an einem Ort der Kraft in Zentraleuropa.

»Es gibt eine Schöpfungsstrategie, und sie wird erfahrbar durch gelebte Freiheit«, sagt er eindringlich. »Da begegnen sich Himmel und Erde im Menschen, und der geflügelte Drache ist ein Symbol dieser Begegnung. Es liegt an jedem einzelnen, seinen Drachenweg einzuschlagen.

Wenn eure Wissenschaftler behaupten, das Leben auf der Erde sei reiner Zufall, dann wäre auch das Universum zufällig entstanden, und der Zufall käme überall ins Spiel. Aber je bewußter wir leben, um so deutlicher wird das Leben als Segen empfunden. Die Erfahrung vieler Menschen spricht klar dagegen, das Leben als seelenlosen Zustand anzusehen.

Wenn der Mensch nach dem Schöpfer der Schöpfung fragt, muß er die nächste Frage nach dem Schöpfer des Schöpfers stellen. Das führt zu endlosen Spekulationen. Es ist aber möglich, nach dem Wesen des Ganzen zu fragen, ohne vorauszusetzen, daß das Existierende geschaffen wurde. Es kann schon immer vorhanden gewesen sein. Die Frage nach der Schöpfungsstrategie ist also letztlich die nach den grundlegenden Eigenschaften des Seins.

Wissenschaftler haben festgestellt, daß die materielle Welt aus identischen Grundbausteinen, aus sogenannten Quarks, besteht. Die unübersehbare Konsequenz daraus ist die Einheit allen Lebens, und diese Einheit zu erreichen heißt: der Liebe begegnen.«
Auf seiner Innenseite ist der Barde durch die magische Kraft seiner Harfe nun eins mit der Natur, übermittelt ihre Musik als energetische Botschaft zu seiner Wiedergeburt in einer fernen Zukunft...

1990, Frühlingszeit.
In Meditation sitzt der 43jährige Musiker mit geschlossenen Augen vor den Samplern, Synthesizern und Monitoren seines Tonstudios. Er lauscht in sich hinein – horcht auf die Stimme des Barden, auf sein einstiges Ich.
Helmut Grab, Künstlername Shantiprem, ist durch seine vielen Kompositionen für Theater, Film und Hörspiel bekannt geworden. Seine Meditationsmusik vermittelt dem Zuhörer viel von der Kraft der Natur. Sie hilft, die eigene Natürlichkeit zu entdecken, und führt zu einer bewußteren Wahrnehmung der Schönheit der inneren und äußeren Natur.
Für ihn ist die Vergangenheit eine Quelle der Inspiration. Um wichtige Impulse für seine schöpferische Arbeit zu empfangen, berührt er einen inneren Raum der Stille und nimmt dann durch die »Channeling«-Methode Kontakt mit Thorall, dem weisen Barden, auf – also mit seiner einstigen Inkarnation.
»Channeling« wird als ein Phänomen verstanden, das im Zusammenhang mit dem Empfang von Informationen paranormalen Ursprungs steht. In anderen Worten: sogenannte »Channels« berichten, daß sie bewußt Kontakt zu anderen Wesenheiten aufnehmen, beziehungsweise ihnen

als Übermittler von Botschaften dienen. Daher der Name Medium oder Channel = Kanal.
Hier stellt sich nun die Frage, ob die Ausgeburten der Phantasie ihre Blüten treiben, oder ob tatsächlich reale Existenzen aus einer höheren Dimension im Spiel sind. Auch wenn es darauf aus Mangel an Beweismaterial keine Antwort gibt, hat sich »Channeling« mittlerweile zu einer weltweiten Subkultur entwickelt. Doch in letzter Konsequenz ist es völlig belanglos, ob durch diese Methode eine tiefere Bewußtseinsschicht erreicht oder tatsächlich Kontakt zu einer höheren Wesenheit aufgenommen wird. Jedenfalls ist unbestreitbar, daß Meditation, Trance, Hypnose oder Selbsthypnose nicht nur in tiefere Bewußtseinsschichten eindringen, sondern darüber hinaus paranormale Fähigkeiten erschließen können.
Ich war durch die Kompositionen »Klangfelder von Orten der Kraft« auf Shantiprem aufmerksam geworden, und ein Hinweis auf seine »Forschungen in der vordruidischen Tradition« hatte mich neugierig gemacht. Nach einigem Zögern erzählte mir der Musiker die Hintergründe seiner Arbeit.
Den ersten Kontakt hatte er vor sieben Jahren. Von einem Freund wurde er damals mit der Channeling-Methode vertraut gemacht und auf seiner ersten Reise begleitet.
Als sein Körper und Geist die ideale Einstellung gefunden hatten, war der erste Schritt getan. Nun konnte er in Stille versinken, seine Gefühle und Bewußtseinsschichten gezielt auf einen bestimmten Punkt in der Vergangenheit ausrichten. – Plötzlich sah er sich vor einer Hütte auf einer Waldlichtung stehen. Er hörte einen Hund bellen, wußte, daß ein Dorf in der Nähe war. Und lachend kam Thorall auf ihn zu, sein einstiges Ich. Seither ist er, wie er mir schmunzelnd erklärt, bei sich selbst in der Lehre. Thorall lehrte ihn, den

Klang der Natur energetisch und musikalisch zu erfassen. Bei neuen Projekten versenkt sich Shantiprem immer wieder in sich selbst, um Verbindung mit dem Barden aufzunehmen. Die leuchtende Stille seiner Kompositionen legt dafür in der Tat beredtes Zeugnis ab.
Kevin Ryerson, ein bekanntes amerikanisches Starmedium, berichtet sogar, durch seine Trance-Channeling-Methode mit Verstorbenen aus den verschiedensten Epochen und Ländern Kontakt aufgenommen zu haben. Darunter auch mit einem Taschendieb namens MacPherson, der zu Zeiten Shakespeares lebte. Hören wir, was er durch Kevin Ryerson verlautbarte:
»Bin ich immer noch emotional gebunden? Nun, bis zu dem Tag, an dem die Engländer Irland aufgeben, liege ich als Ire in Fesseln. Jeder Mensch hat innere Beziehungen. Das ist eben der Haken mit dem Ego. Bindungen haben vor allem den Sinn, unser Karma – unser Schicksal – nach dem Tod von einem Leben in das nächste mit hinüberzunehmen. Diese Vorstellung verknüpft uns mit dem körperlichen Dasein. Wenn wir erkennen, wie sehr uns unsere Frustrationen behindern und einschränken, können wir sie bezwingen. Um meinen eigenen Frust zu bewältigen, setze ich mich damit auseinander, bis ich zu dem Schluß komme, daß es nicht der Mühe wert ist. Oft spotte ich zum Beispiel darüber, daß es auf der ganzen Welt keinen Platz für meine Wiedergeburt gibt, weil die Engländer überall sind.
Eigentlich ist das dumm, denn schließlich würden sich die Briten revanchieren, indem sie dem alten Tom die Wiedergeburt versalzen und ihn so daran hindern, ihnen einmal gründlich ›den Marsch zu blasen‹. Wenn das kein Handicap ist!
Wenn wir also erkennen, daß unsere Freiheit durch Frustration beschnitten wird, ist es am besten, sich darüber hinweg-

zusetzen«, verabschiedet sich Tom MacPherson aus dem Jenseits.
»Da viele unter uns ihre vergangenen Leben identifizieren können, dürfen wir annehmen, daß wir unsterblich sind – und daß es nach dem körperlichen Tod ein Weiterleben gibt. In diesem Zusammenhang kommt dem Channeling unter Hypnose besondere Bedeutung zu. Denn Forschungsergebnisse lassen darauf schließen, daß wir über außersinnliche Wahrnehmung enormes Wissen erlangen können ...«, stellt Kevin Ryerson fest.
Dagegen argumentiert der amerikanische Psychologe Charles Tart: »Aus meiner Arbeit mit der Hypnose weiß ich, daß ich eine scheinbar selbständig existierende Entität (Wesen) erzeugen kann, deren Charakterzüge ganz meinen Angaben und Instruktionen entsprechen. Und der Hypnotisierte wird das dann so erleben, als spräche jemand außerhalb seines Bewußtseins. Es ist also keine Frage, daß sich einige Fälle von Channeling auf solch konventionelle Weise erklären lassen. Da ist nichts Paranormales im Spiel.«
Die Verfechter von sogenannten Astralreisen behaupten allerdings, Channeling stünde im Zusammenhang mit Erfahrungen, die außerhalb des Körpers liegen. So wurde das Phänomen der Astralreise – also Erfahrungen beim Heraustreten aus dem Körper – von Professor Hornell Hart, Duke-Universität, und von Charles Tart, Universität Kalifornien, erforscht und als Realität nachgewiesen.
Berichte über Astralreisen ziehen sich durch die ganze Menschheitsgeschichte. Besonders im Yoga gehört das Heraustreten aus dem Körper zum integralen Teil des Trainings.
Es wird behauptet, das Ich könne sich in diesem Zustand vom Körper lösen und in einem feinstofflichen »Zweitkörper« alle erdenklichen Orte und Zeitperioden aufsuchen.

Unter Professor Tart wurden beispielweise Laborexperimente mit dem Amerikaner Robert A. Monroe durchgeführt. In seinem Zweitkörper unternahm dieser »Reisen« zu anderen Orten und beschrieb nach seiner Rückkehr in allen Einzelheiten fremde Szenen und Gespräche, die einer Überprüfung standhielten.

Wenn sich Shantiprem also auf seiner Inspirationsreise in die eigene Vergangenheit zu Thorall, dem Barden, begibt, erlebt er nur eine Facette der Wirklichkeit. Obschon wir nicht vergessen dürfen, daß unsere Wahrnehmungen des Kosmos lediglich auf subjektiven Wirklichkeiten beruhen.

Die immer noch recht verschwommenen und ungesicherten Erkenntnisse über unsere sogenannten Bewußtseinsschichten könnten durch neue Beobachtungen und Entdeckungen bei der Erforschung außerkörperlicher Erfahrungen – Astralreisen – revolutionierend erweitert werden. Wenn im lebenden Menschen tatsächlich ein vom Körper unabhängiger Teil existieren sollte, drängt sich die Vermutung auf, ob dieser Teil nicht auch nach dem körperlichen Tod weiterleben könnte. Wird es also gelingen, endgültig den wissenschaftlichen Nachweis für ein Leben nach dem Tod zu erbringen?

Durch die Vergänglichkeit und den Tod werden zwei Seiten des Menschen angesprochen: die Gefühlswelt und die Welt des Verstandes, die beide unterschiedlich reagieren. So steht ein eher gefühlsbetonter Mensch sozusagen dem »Tier« näher und hat daher gegenüber dem Tod eine negative Einstellung. Aber je mehr sich der Mensch geistig vom Tier distanziert, um so eher wird ihm klar werden, daß sein materieller Körper ein an die Raumzeit gebundenes Naturgeschehen ist.

Die Furcht vor dem Tod und den Toten hat die Menschen veranlaßt, sich der Leichen so schnell wie möglich zu entle-

digen – und in vielen Fällen so weit wie möglich von der Behausung entfernt zu begraben.
In der Schilderung vieler Völker entspricht das Jenseits immer dem eigenen Diesseits. Es stellt eine Projektion der materiellen Welt in eine immaterielle Unendlichkeit dar, in der die vom Menschen allmählich entdeckten Begriffe von Raum und Zeit bedeutungslos sind. Als immaterielle Wesen würden dort die Verstorbenen ein Dasein führen, daß im Grunde dem ihres irdischen Lebens entspricht. Aus dieser Überlegung heraus entstand die Jenseitsvorstellung als ein Überschreiten der Bewußtseinsgrenzen. Eine solche Jenseitsvorstellung entwickelte sich nicht aus dem menschlichen Verstand, sondern allein aus der Gefühlswelt. Denn der Selbsterhaltungstrieb zwang den Menschen, sich gegen den personifizierten Tod bis zum Letzten zu wehren.
Um diesen inneren Zwiespalt zu bewältigen, suchte er nach einem Ausweg: Er erklärte sein Ich in Form seiner Seele für unsterblich, damit die seinem Körper versagte Kontinuität auf diese Weise gesichert war. Hier haben die Anfänge des Animismus, in anderen Worten, der Glaube an die Beseeltheit der Natur und an die Existenz von Geistern, ihre Wurzeln. Der Primitive war nicht mehr »Tier« genug, um die Beendigung des Lebens zu ignorieren und als unabänderliche Tatsache zu akzeptieren; aber andererseits war er auch noch nicht Mensch genug, um die Notwendigkeit und Unabwendbarkeit dieses Vorgangs erfassen zu können. Er versuchte also, eine für ihn schwierige beziehungsweise unvermeidbare Situation auf anthropomorphe Art zu klären und dadurch in den Griff zu bekommen. Dabei war ihm voll bewußt, daß er diese Situation selbst nie endgültig meistern konnte. Es ging ihm auch nicht um eine tatsächliche, sondern um eine magische Beherrschung. Denn durch magischen Zauber konnte er die Situation bewältigen und

befreite sich gleichzeitig von einem Schrecken, der ihn sonst ständig begleiten würde. Das heißt, er verdrängte alles Beängstigende in einer Art Selbsthypnose aus seinem täglichen Leben in die zeitlose magische Welt. Wenn er Erfolg hatte, äußerte sich dieser in gesteigerter Lebensfreude und Vitalität, und die für primitive Völker charakteristische Lebensangst wurde nicht noch verstärkt. Da die Schamanen oder Medizinmänner früher Kulturen als Mittler zwischen der diesseitigen und der jenseitigen Welt beziehungsweise der magischen Wirklichkeit galten, kam ihnen eine bedeutende Schlüsselrolle zu. Denn im Trancezustand konnten sie als Astralreisende Götter, Dämonen und andere Wesenheiten befrieden und damit Befürchtungen und Ängste ihrer Stammesbrüder abbauen.

Erste Versuche, dem Geheimnis der sogenannten »Out of the Body-Experiences« (Erfahrungen beim Heraustreten aus dem Körper) auf die Spur zu kommen, gehen auf das 19. Jahrhundert zurück. So versuchten zum Beispiel die Franzosen Dr. H. Durville und Albert de Rochas, den »Astralleib« einer Testperson zum Beweis seiner Existenz auf einer photographischen Platte festzuhalten. Die Forscher Dr. Malta und Zaalberg von Zelst behaupteten sogar, das Gewicht solcher Astralkörper mittels einer recht komplizierten Methode festgestellt zu haben. Danach wandte sich das Interesse allerdings bald wieder anderen paranormalen Phänomenen zu.

Erst 1959, mit Professor Hornell Hart vom soziologischen und anthropologischen Institut der amerikanischen Duke-Universität, wendete sich das Blatt erneut. Er rief nämlich ein Forschungsprogramm ins Leben, das sich mit den Astralreisen befaßte. Zunächst einmal wurden die vorwiegend aus westlichen Ländern stammenden Berichte gesichtet und auf ihre Glaubwürdigkeit hin überprüft.

In den sechziger Jahren gingen dann forschende Einzelgänger daran, das Phänomen der »Erfahrung beim Austritt aus dem Körper«, gegen den heftigen Widerstand des wissenschaftlichen Establishments, in Angriff zu nehmen. Zu diesen »Außenseitern« gehörte u. a. auch der Engländer Dr. Robert Crookhall, der gut belegte Fälle sorgfältig zu analysieren begann. Schon bald stellte sich heraus, daß jeder der von ihm untersuchten über 300 Fälle in fünf charakteristischen Merkmalen übereinstimmte:

– Der »Astralreisende« hatte das Gefühl, seinen Körper durch den Kopf zu verlassen;
– im Augenblick der Trennung des Bewußtseins vom Körper tritt eine kurze Bewußtseinstrübung – eine Art Black-out – auf;
– bevor sich das Erlebnis dem Ende nähert, schwebt der »Astralleib« des Betreffenden über seiner körperlichen Hülle;
– der Wiedereintritt des Astralleibs in seinen angestammten Körper ist mit einem erneuten Black-out verbunden;
– vollzieht sich der Wiedereintritt zu schnell, erleidet der Körper einen Schock.

Im Herbst 1971 begann auch die Forschungsdirektorin der »American Society for Psychical Research«, Dr. Karlis Osis, mit Experimenten auf diesem Gebiet. Unter den vielen Freiwilligen erschien ein junger Künstler und Schriftsteller namens Ingo Swann als besonders geeignet, weil er der Assistentin von Dr. Osis erzählt hatte, daß er jederzeit und an jedem Ort aus seinem Körper heraustreten könne.

Als Dreizehnjähriger hatte Ingo Swann sein erstes Erlebnis dieser Art, als ihm die Mandeln herausgenommen wurden. Denn unter Narkose sah er dem operierenden Arzt zu und konnte später jede Einzelheit beschreiben. Er gab zu Protokoll, daß er als Junge beim Spielen seinen Körper sehr oft verlassen habe und in die Erde eingedrungen sei. In den Rocky Mountains geboren, habe es ihm Freude gemacht, den verschiedenen Metalladern in den Felsen nachzugehen. Mit zwanzig Jahren begann er dann zu üben, ganz nach Wunsch aus seinem Körper heraustreten zu können.

Bei der von Dr. Osis durchgeführten Versuchsreihe mit Ingo Swann war es möglich, Astralreisen erfolgreich nachzuweisen, denn er konnte bestimmte Gegenstände außerhalb des Gebäudes genau identifizieren.

Der Amerikaner Sylvan J. Muldoon gilt als einer der berühmtesten Astralreisenden unserer Zeit. Sein 1929 in Zusammenarbeit mit dem Forscher Hereward Carrington veröffentlichtes autobiographisches Werk »The Projection of the Astralbody« (»Die Projektion des Astralkörpers«) erregte großes Aufsehen.

Der stets kränkelnde Muldoon hatte seine ersten Erfahrungen schon als Zwölfjähriger gemacht: Nachts wurde er plötzlich wach und merkte entsetzt, daß er sich nicht bewegen konnte und auch nicht mehr sah. Doch die Starre ließ bald nach und ging in einen Zustand der Schwerelosigkeit über. Als er wieder sehen konnte, erblickte er sich senkrecht im Zimmer schwebend. Beim Umsehen fiel ihm dann eine silberne Verbindungsschnur zwischen seinem »Astralleib« und seinem Körper auf. Übrigens wird diese silberne Verbindungsschnur schon seit alters her mit diesem Phänomen in Verbindung gebracht.

Die sich bei Muldoon im Lauf der Zeit zu Hunderten anhäufenden Erlebnisse dieser Art wurden für ihn zur Selbstverständlichkeit. Schließlich gelang es ihm sogar, diese Astralreisen bewußt herbeizuführen. Nach seinen eigenen Worten ist dabei das Wichtigste, das Bewußtsein wach zu erhalten. Denn normalerweise schwindet es bei ungeübten Personen schon, bevor das Phänomen einsetzt. Es gehöre

also viel Training dazu, um den Zustand bei vollem Bewußtsein zu erleben.
Es ist erstaunlich, daß Muldoon die Fähigkeit, Astralreisen zu unternehmen, mit seinem sich bessernden Gesundheitszustand nach und nach verlor. Bei seinem Tod 1971 war der einst so berühmte Mann völlig in Vergessenheit geraten.

Bei einem 1989 durchgeführten Experiment gelang es dem englischen Parapsychologen Dr. Arthur Duncan, zwei Versuchspersonen auf eine »Astralreise« zu schicken. Unter Hypnose forderte er sie auf, ihren Körper zu verlassen und einen Auftrag durchzuführen: Sie sollten in der Wohnung eines Kollegen von Duncan auf dessen Schreibtisch nachsehen, was sich dort alles befand. Nach dem Erwachen aus der Hypnose mußten sie unabhängig voneinander und ohne vorherige Verständigung aufschreiben, was sie gesehen hatten. Bis auf kleine Abweichungen waren die Ergebnisse von verblüffender Genauigkeit. Natürlich ist nicht geklärt, ob hier eine hellseherische Fähigkeit im Spiel war, oder ob die beiden tatsächlich eine Astralreise unternommen haben.
Astralreisen und andere paranormale Fähigkeiten werden wahrscheinlich durch einen bestimmten Bereich im Gehirn ausgelöst und gesteuert. Wo und wie sich diese Vorgänge abspielen, ist bis heute nicht geklärt. Tatsache ist, daß der Aufstieg oder auch der mögliche Untergang der Menschheit dem Wunder des Großhirns zu verdanken ist.

6

Abstieg in die Vernunft

Dereinst begann es mit Sammeln, Jagen, Fleischessen und der Anwendung von Werkzeugen; mit aufrechtem Gang, einem größeren Gehirn, der Weiterentwicklung der Sprache und dem Bau von Wohnstätten.

Dann trat eine Wandlung der Lebensgewohnheiten des frühen Menschen ein. Traditionen und ethische Ansichten gingen verloren. In der Regel lebten Sammler und Jäger in kleinen Gemeinschaften; nachts hatten sie sich um einzelne Lagerfeuer geschart und waren nur selten auf Fremde gestoßen. Auch als sich neue Gemeinwesen bildeten, spielte sich das Leben zunächst noch in kleinen Gruppen ab. Eine Anzahl von Hütten gehörte wenigen verschwägerten Sippen, und wenn die Familien größer wurden, teilten sich die Familienverbände oft in zwei Lebensgemeinschaften. Mit der immer dichter werdenden Besiedlung entstanden Handelszentren und Gemeinschaftshäuser, in denen sich die Menschen trafen, um Feste zu feiern. Anfangs nur zögernd, strömten mit der Zeit Hunderte dorthin, um die neue Umgebung zu genießen. Schließlich ließen sich immer mehr Menschen anlocken und sahen sich nach neuen Möglichkeiten der Lebensgestaltung um, die mit ihrer Tätigkeit als Sammler, Jäger oder Landbebauer nichts mehr zu tun hatten.

Nachdem die ersten Dörfer entstanden waren, ließ der Bau der ersten Städte nicht mehr lange auf sich warten; und damit gab es dann die ersten Massenunterkünfte für Men-

schen, die außerhalb eines Familienverbandes lebten. Paradoxerweise bedeutete dieses Zusammenleben für die Menschen zur gleichen Zeit eine Trennung, die außerhalb ihres bisherigen Erfahrungsbereiches lag. Es bildeten sich nämlich die ersten Stätten für »wichtige Leute« – also für eine Elite mit entsprechendem Pomp, arrogantem Gehabe, Förmlichkeiten und der Zurschaustellung angehäuften Besitzes.

Mit dem Bevölkerungswachstum wurde auch die Natur verändert. Siedler errichteten Höfe, bauten Bewässerungsanlagen und zeugten eine zahlreiche Nachkommenschaft. In den vergangenen zehntausend Jahren ging es vorwiegend darum, das Gleichgewicht zwischen einer unentwegt anwachsenden Bevölkerungsdichte und einer immer ausgeklügelteren Bodenbearbeitungsmethode aufrechtzuerhalten. Das Bevölkerungswachstum blieb in diesem Kampf stets der Sieger.

Die Entstehung der ersten Städte und Stadtstaaten ist in der Hauptsache auf den Einfluß von Religionen zurückzuführen. Denn die Menschen gehorchten den Befehlen ihrer Götter, die ihnen ihre Könige bescherten, bevor sie selbst zu Göttern aufstiegen.

Die Entwicklung vom affenähnlichen Wesen zum Menschen wäre allerdings ohne die erstaunliche Evolution des Großhirns nicht möglich gewesen.

5

6

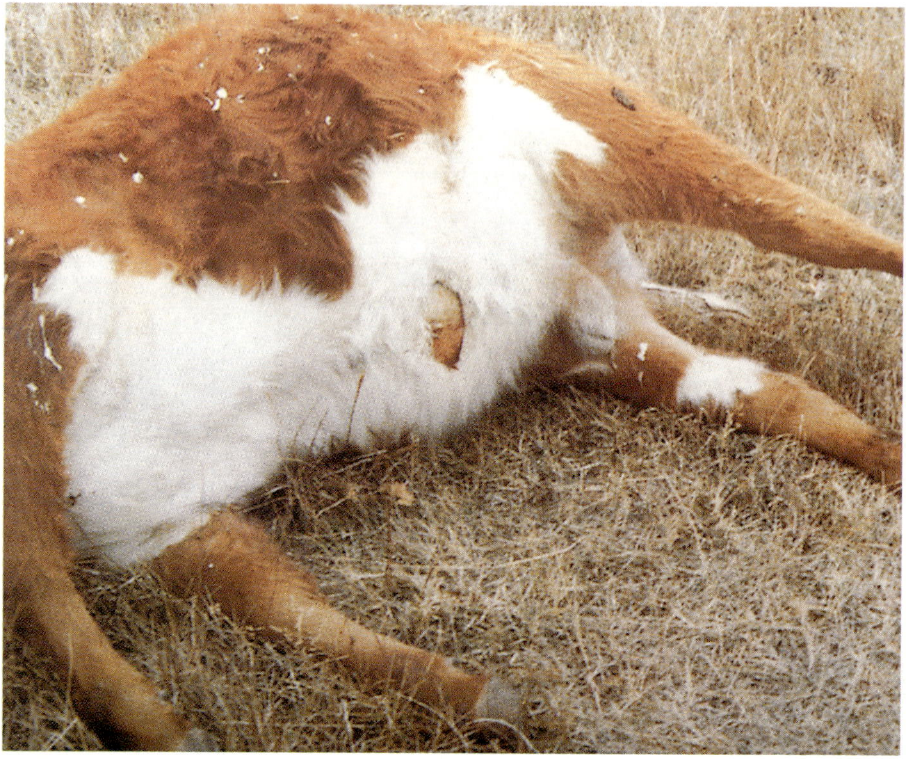
7

8

9

5 »Es gibt eine Schöpfungsstrategie, und sie wird erfahrbar durch gelebte Freiheit.« Gespräch zwischen dem Barden und dem Autor.

6 Der »Drachengraben« in der Steinkreis-Anlage von Avebury.

7 Rätselhafte Viehverstümmelungen in den Vereinigten Staaten. Organentnahmen mittels einer Art von Laser-Chirurgie durch Außerirdische? Die runde Öffnung im Leib des toten Rindes ist deutlich zu erkennen.

8 In Verbindung mit den blutleer aufgefundenen, verstümmelten Rindern entdeckte Spuren. Landespuren eines außerirdischen Raumschiffs?

9 Phantastische Welten. Mikroskopaufnahme von Mondgestein. Aufnahme: Manfred Kage.

10 Reiserouten der Außerirdischen – Drachenwege zu anderen Welten.

Was ist der Mensch? Es gibt eine Reihe von Möglichkeiten, dieses spärlich behaarte, aufrecht gehende Säugetier zu definieren: als soziales Wesen; als vernunftbegabtes Individuum, das durch sein differenzierendes Gehirn und die Fähigkeit, gedachte Worte in Sprache umzusetzen, gegenüber den Tieren eine Sonderstellung einnimmt. Zudem ist der Mensch zur Distanzierung in der Lage – er kann also seine Umwelt als Subjekt in Augenschein nehmen und sie sich aneignen. Darüber hinaus ist er fähig, sich außerhalb seiner Instinktsteuerung zu entschließen.

Genaugenommen war dieses – vielen anderen Tieren körperlich unterlegene – tierische Wesen ungeeignet, die Erde zu beherrschen. Dennoch hat es sich die absolute Macht auf seinem Planeten angeeignet. Befähigt dazu wurde der Mensch durch die manuelle Geschicklichkeit und die funktionelle Differenzierung seines Großhirns. Denn erst das ihm eigene Anpassungs- und Imitationsvermögen, seine Auffassungsgabe und das Improvisationstalent versetzten ihn in die Lage, zum genialen Opportunisten und Schmarotzer an der Natur zu werden. Sein Anpassungsvermögen an die verschiedenartigsten Lebensbedingungen, nicht zuletzt auch seine Neugier und sein Wandertrieb waren dem Menschen behilflich, den ganzen Globus in Besitz zu nehmen.

Die Menschen bewältigten schon in ihrer Frühzeit gewaltige Entfernungen. Zwar noch in geringer Anzahl, hatten sie sich doch weit verbreitet. Vor rund einer Million Jahren noch in Afrika seßhaft, hatte sie ihr Wandertrieb bereits 200 000 Jahre später nach Java verschlagen. Vor rund 400 000 Jahren entfalteten sie sich fächerförmig in nördlicher Richtung, westlich von Europa und östlich von China begrenzt.

Die im Norden seit Jahrmillionen ausgeglichenen klimatischen Bedingungen änderten sich ausgerechnet mit der Ansiedlung des Homo erectus in Nordeuropa und China in drei aufeinanderfolgenden Eiszeiten. Wie aus Funden nachgewiesen werden konnte, wußte der in Höhlen lebende »Peking-Mensch« schon vor 400 000 Jahren mit Feuer umzugehen. Natürlich war mit dem sich dreimal in südlicher Richtung ausbreitenden und wieder zurückweichenden Eis eine drastische Veränderung der Umwelt und des Klimas, demzufolge auch der Lebensbedingungen verbunden.
Als die zweite Eiszeit vor mehr als 200 000 Jahren beendet war, tauchte eine inzwischen ausgestorbene Nebenlinie des Homo sapiens auf, der sogenannte Neandertaler. Er wird nicht für eine der späteren Entwicklungsformen des Menschen als Stammvater in Betracht gezogen.
Der spitzgesichtige Neandertaler mit dem fliehenden Kinn, der flachen Stirn und den wuchtigen Augenbrauen hatte bereits ein verhältnismäßig großes Gehirn. Seine Glaubensvorstellungen waren offenbar mit dem Kannibalismus und dem Bärenkult verknüpft. Bis heute blieb ungeklärt, warum er ausgestorben ist. Vermutlich hat ihn sein späteiszeitlicher Zeitgenosse, der ihm sprachlich überlegene Cro-Magnon-Mensch, ausgerottet, da er auch »waffentechnisch« fortschrittlicher war.
Alles in allem muß dieser mit seinen fast zwei Metern übergroße Cro-Magnon-Mensch gut ausgesehen haben.

Unter einer hohen, breiten Stirn lagen ausgeprägte Backenknochen und ein energisches Kinn. Er hatte (man höre und staune!) eine größere Gehirnschale als der heutige Europäer. Seine erstaunliche Kreativität ist in handwerklich vorzüglich gearbeiteten Steinwerkzeugen und Höhlenmalereien festgehalten, die mit unglaublicher Sicherheit und Einfühlungsvermögen dargestellte Tier- und Jagdbildnisse zeigen. Der Cro-Magnon-Mensch hatte sich in den verschiedensten Gegenden Europas, Asiens und Afrikas niedergelassen.

Prähistorische Höhlenmalereien lassen erkennen, daß sich die Evolution der Gattung Mensch nicht gleichmäßig vollzogen hat. Denn im Überlebenskampf zwischen stärkeren und schwächeren Kulturen blieben sehr oft die mit dem besseren Anpassungsvermögen die Sieger. Zudem haben im Konkurrenzkampf zwischen Artverwandten im gleichen Lebensraum anscheinend die Anpassungsfähigsten gerade die ihnen ähnlichsten und genetisch nächsten Verwandten verdrängt. Andere, nicht im Wettstreit miteinander stehende, entfernt verwandte Arten hatten daher eine viel größere Überlebenschance. In diesem Kampf ums Überleben wurde der Besiegte vom Sieger entweder ausgerottet oder sie vermischten – kreuzten – sich untereinander.
In einem begrenzten Lebensraum waren die Menschen gezwungen, sich einem außerordentlich harten Lebenskampf zu stellen, der mit einer relativ kurzen Lebensspanne bezahlt werden mußte. Sie bildeten einzelne Gruppen, die kaum in Verbindung zueinander standen. So entwickelten sich zahlreiche zunächst selbständige Sprachgruppen, die unabhängig von anderen existierten. Die Notwendigkeit zur Verständigung, also zum Austausch der Sprachen, ergab sich erst mit der Kontaktaufnahme zu Menschen mit anderen

Sprachen und Sitten. Nach kriegerischen Auseinandersetzungen übernahm der Sieger oft die Kultur und Sprache des Unterlegenen, weil das stärkere Volk in vielen Fällen auch das primitivere und jüngere war. Mit zunehmender Kontaktaufnahme zwischen verschiedenen Völkern vertieften sich auch die Kenntnisse über andere Sitten, Sprachen und Lebensgewohnheiten. Später trugen dazu auch noch wirtschaftliche, rechtliche und kriegerische Beziehungen bei. Die heute erkennbaren Hauptsprachgruppen sind wohl aus verschiedenen Ursprachen entstanden, ohne einen gemeinsamen Ursprung zu haben.

Die schmale Brücke, auf der das menschliche Wesen seiner Verwirklichung entgegenschritt, wird von den Grundpfeilern der Menschwerdung – dem Wort, dem Gedanken und der individuellen Trennung von seinesgleichen – getragen. Und damit wurde erstmals die menschlichste aller Fragen in den Raum gestellt, die Frage nach dem Warum. Denn der Denkprozeß führte den Menschen zur Selbstreflexion. Mit dieser grundlegenden Frage wurden weitere Probleme aufgeworfen, nämlich die Frage nach der Ursache, die zweifellos die Trennungslinie zwischen Mensch und Tier kennzeichnet. Mit der Überwindung der Instinktschranke wurde die Frage nach dem Warum erst möglich.
Bereits der frühe Steinzeitmensch entdeckte die unterschiedliche Härte und Kerbfähigkeit von Steinen, verfertigte dann sogenannte Faustkeile, durchbohrte sie, befestigte sie an Stöcken, nutzte also erstmals *bewußt* die Hebelwirkung und schuf Hammer und Beil. Schon hier kommt eine echte Kausalreihe zur Anwendung. Denn nach dieser wohlüberlegten Fertigungsmethode wurde aus dem hinlänglich bekannten Knüppel und dem Faustkeil ein neues, vielseitig verwendbares Werkzeug.

Die Menschenaffen waren nicht in der Lage, aufgrund einer solchen Kausalreihe neue Werkzeuge herzustellen. Allerdings benutzte der Mensch die Kausalität nicht nur im Zusammenhang mit seiner realen Welt, sondern er wandte sie auch auf seine Gefühlswelt an. So übertrug er tatsächliche Gegebenheiten und Notwendigkeiten seiner Alltagswelt auf die seiner Vorstellungen.
Phänomene, die für ihn keinen ersichtlichen Zusammenhang von Ursache und Wirkung hatten – also keine Kausalreihe bildeten –, versuchte er durch mystisch-magische Vorstellungen zu erklären. Da der Mensch alles Nützliche mit »gut« und alles Schädliche mit »böse« gleichsetzte, stellte er sogenannte Moralbegriffe wie gut – böse auf eine Stufe mit den rein materiellen Kategorien nützlich – schädlich. Subjektive Überlegungen, die mit dem reinen Sachverhalt nicht mehr übereinstimmen konnten. Der Mensch fing an, die Welt von seinem Standpunkt aus zu beobachten und einzuteilen, und schuf sich gleichzeitig eine von den Tatsachen deutlich abweichende Vorstellungswelt. So war es ihm beispielsweise nicht möglich, die wahren Zusammenhänge natürlicher Ereignisse, wie Gewitter und Sturm, Hitze, Blitze oder Kälte zu erkennen. Und da nur seine Sinneseindrücke für ihn zählten, hielt er solche Phänomene für die Botschaften unbekannter Mächte, ihm weit überlegener Götter und Dämonen. Die in seiner Phantasie entstehende zweite Welt war daher viel gewaltiger als seine eigene. Wenn auch unerreichbar, war sie doch mit seiner eigenen verbunden.

Wenn wir hier schon vom Menschen sprechen, ist eine grundsätzliche Frage erlaubt: Warum wurde er Mensch und nicht Menschenaffe? Scheinbar eine überflüssige Frage, beim Vergleich seines äußeren Erscheinungsbildes mit dem

seiner haarigen Vettern, den Orang-Utans, Gorillas und Schimpansen. Wenn aber die Paläonthologen im Recht sind, haben Menschen und Menschenaffen einen gemeinsamen Urahnen. Wer dieser Stammvater gewesen sein könnte, ist allerdings bis heute noch nicht gesichert. Eines steht jedenfalls unumstößlich fest: Biologische Untersuchungen von Menschen und Schimpansen haben eine 99prozentige Übereinstimmung ihrer Proteinketten an den Tag gebracht! Also muß sich seit jenem gemeinsamen Urvater eine Wandlung im Genmaterial vollzogen haben – entweder durch Mutation, Selektion oder beides. Der kaum nennenswerte Unterschied von einem Prozent in der Erbmasse von Menschen und Menschenaffen hat zum Ergebnis, daß sich der Mensch das Prädikat »das intelligenteste Wesen auf Erden« zulegen konnte.
Mensch und Schimpanse nebeneinander betrachtet, lassen diese kleine Abweichung abwegig erscheinen. Aber hier trügt der Schein. Denn beim Vergleich der Körpermaße eines Babyschimpansen mit denen eines erwachsenen Menschen ist der Gegensatz schon wesentlich geringer. Anscheinend steuert dieser kleine genetische Unterschied das Wachstum sowie die körperliche und geistige Entwicklung. Danach verkörpert der Mensch so etwas wie einen körperlich zurückgebliebenen Menschenaffen, sozusagen ein Affenkind. Ein Phänomen, das Neotenie genannt wird.

Schon vor mehr als 50 Jahren erkannten Biologen die Neotonie als ein Prinzip der Menschwerdung. In anderen Worten, auch nach dem Eintritt in die Geschlechtsreife werden kindliche Merkmale beibehalten. Diesem Grundsatz zufolge hat das Kind des Schimpansen Ähnlichkeit mit dem erwachsenen Vormenschen, und dessen Sprößling

gleicht demnach dem erwachsenen Menschen von heute. Neotenie sorgt also für die Erhaltung jugendlicher, ja sogar kindlicher Charakteristiken bis ins Erwachsenenalter.
Infolge der Neotenie kann das menschliche Gehirn die Größe von 1350 bis 1450 Gramm annehmen, wenn auch nicht im Mutterleib, da der dementsprechende große Kopf des Kindes die Mutter bei der Geburt töten würde. Das Gehirnwachstum setzt also erst nach der Geburt ein, und der sogenannte schnelle Wachstumsprozeß zieht sich dann über sechs Jahre hin. Aber vollständig ausgewachsen ist das menschliche Gehirn erst nach 23 Jahren! Nach der Geschlechtsreife wächst das Gehirn also noch zehn Jahre lang weiter. Bei den Schimpansen-Vettern verhält es sich wesentlich anders. Deren Gehirnwachstum ist bereits sechs bis sieben Jahre *vor* der Geschlechtsreife vollendet. Die Neotenie hat also ein jahrelanges Gehirnwachstum zur Folge, und das bedeutet für Kinder und Jugendliche eine ständige Wissensbereicherung. Es kann nicht von der Hand gewiesen werden, daß sogar die Anpassungsfähigkeit des modernen Menschen mit dem Phänomen Neotenie zusammenhängt.

Im Verlauf der letzten Jahrzehnte wurde es allerdings notwendig, die wissenschaftliche Auffassung vom Gehirn eingehend zu überprüfen. Ist doch die Struktur des Hirns noch weit komplexer, als sich Neurologen jemals vorgestellt haben. Heute ist der Mensch in der Lage, sein Gehirn durch das Hirn »sezieren« zu lassen. Eine Tatsache, die allein schon den Unterschied zum Tier deutlich macht. Dieses über das Hirn grübelnde Gehirn ist das großartigste Phänomen einer Schöpfungsstrategie.
Streng genommen sind im menschlichen Kopf vier Hirne plaziert, nicht nur eines. Unterschiedlich in ihrer Struktur,

Funktion, und Biochemie, läuft ihre Zusammenarbeit jedoch relativ harmonisch ab. Da die Evolution des menschlichen Gehirns Jahrmillionen gedauert hat, konnte es mit wachsender Vielschichtigkeit auch immer mehr Informationen verarbeiten und speichern. Die vier Abschnitte des Gehirns – Stammhirn, Kleinhirn, Zwischenhirn und Großhirn – sind jeweils mit einer höheren Stufe der Evolutionsleiter gleichzusetzen.

Gegenüber der Evolution der Tierwelt haben sich die menschlichen Charakteristiken in relativ kurzer Zeit entwickelt. Allerdings basieren die wesentlichen Strukturen des menschlichen Körpers auf den urtümlichen Lebensformen. So ist der Mensch zum Beispiel zweiseitig symmetrisch aufgebaut, das heißt, seine Glieder und Organe sind meistens paarweise angeordnet – zwei Beine, Füße, Arme, Lungenflügel, Nieren, Augen, Ohren, zwei Hirnhemisphären und so fort.

Lassen wir vor unserem geistigen Auge einen Zeitrafferfilm über die auf ein Jahr zusammengedrängte Evolutionsgeschichte des Lebens ablaufen, um das Alter unserer stammesgeschichtlichen Erbanlagen überhaupt begreifen zu können:

1. Januar:	Einzeller zeigen sich.
Ende April:	Die ersten Mehrzeller tauchen auf.
Ende Mai:	Die Entwicklung der ersten Fische beziehungsweise der ersten Wirbeltiere vollendet sich.
August:	Die ersten Amphibien kriechen an Land.
Mitte September:	Die ersten Reptilien tauchen auf.
Oktober und November	sind den Dinosauriern vorbehalten, aber schon zeigen sich auch die ersten Säugetiere.

Dezember:	Die Vorläufer der Tier- und Menschenaffen folgen.
31. Dezember, um die Mittagszeit:	Die ersten Vorfahren der Menschen zeigen sich in den afrikanischen Steppen.
31. Dezember, rund eine Stunde vor Mitternacht:	Die ersten Menschen sind dabei, Werkzeuge anzufertigen.
31. Dezember, 23 Uhr 45:	Die ersten primitiven Anfänge des Akkerbaus werden in Angriff genommen.
31. Dezember, 23 Uhr 59:	Im Zweistromland, in Südostasien und Ägypten entstehen die ersten komplexen menschlichen Kulturen.
31. Dezember, eine Sekunde vor Jahresschluß	vollzieht sich der größte Teil aller intellektuellen und technologischen Errungenschaften des Menschen.

In dieser auf ein Jahr komprimierten Evolutionsgeschichte des Lebens füllt die menschliche Existenz nur ungefähr die letzten zwölf Stunden aus.

Vermutlich hatten die ersten Hominiden von Anfang an ein weit größeres und komplexeres Gehirn als die Vorfahren gleich großer Menschenaffen. Und bis zum sogenannten Homo sapiens, dem »weisen Menschen«, hat sich daran auch nichts geändert. Ein Gorilla wiegt zwar fast dreimal soviel wie ein Durchschnittsmensch, aber das menschliche Gehirn ist dreimal so groß wie das eines Gorillas. Allerdings darf nicht vergessen werden, daß Aufbau und Vernetzungen des Hirns wesentlich wichtiger sind als seine Größe.
Die bereits im Primatenhirn vorhandenen evolutionären Anlagen wurden durch das Gehirn des frühen Hominiden gewaltig verstärkt. Mit der Erweiterung der zweckgebundenen Hirnrinde ergab sich nicht nur eine Verlagerung vom

Geruchssinn auf das Sehvermögen, sondern darüber hinaus auch eine hervorragende Koordination zwischen Auge und Hand.

Äußerlich gleicht das menschliche Gehirn einer riesigen, zerklüfteten Walnuß, deren zwei Hälften zusammengewachsen sind. Die durch einen dicken Strang aus Nervenfasern – dem sogenannten Stiel – verbundenen Hemisphären stellen den derzeit letzten Stand der Gehirnevolution dar. Damit die etwa 10 bis 15 Milliarden Nervenzellen im verhältnismäßig begrenzten Schädelraum Platz finden, ist die Hirnrinde beziehungsweise der Kortex in vielfältige Windungen zerklüftet.

Nach dem amerikanischen Neurologen Paul McLean muß sich die Evolution des Gehirns in drei deutlich voneinander abgegrenzten Phasen vollzogen haben: So gab es im Reptilienhirn – der ersten Phase – noch keine der uns heute bekannten Emotionen. Alles war noch auf die Befriedigung unmittelbarer Bedürfnisse und Triebe ausgerichtet. Alle Ereignisse waren gegenwartsgebunden, da das »Gehirn« unfähig war, Gestern und Morgen zu unterscheiden. Die schwankenden Verhaltensweisen entsprangen keiner Überlegung. Im Reptiliengehirn jedes Menschen sind Eigenschaften erhalten, die bei seinen Reptilienvorfahren vor einigen hundert Millionen Jahren zur Entwicklung kamen: Aggressionen, Sozialhierarchie und Revierverhalten.

Mit dem Schritt zum einfachen Säugerhirn vollzog sich die zweite Phase. Hier sind Angst und Wut die maßgebenden Gefühlsäußerungen. Das Verhalten wird nicht mehr allein vom Instinkt bestimmt, und Reaktionen werden weniger automatisch und unmittelbar ausgelöst.

Die dritte Phase vollzog sich mit dem auf dem menschlichen Hirn beruhenden Kortex. Darüber hinaus haben sich

weitere Emotionen entwickelt und geplante Handlungen zugenommen.
Strukturell gesehen, gingen die Evolutionsphasen sozusagen von innen nach außen vor sich: Tief im Schädelinneren liegt der älteste Teil, der sogenannte Hirnstamm. Er ist für die lebensnotwendigen Stoffwechselfunktionen, die Regulierung des Herzschlags und die Atmung verantwortlich. Da alle Nervenleitungen den Hirnstamm durchlaufen, wird hier auch der Informationsfluß überwacht und notfalls der Kortex alarmiert. Das im Hinterkopf liegende Kleinhirn mit seinem sogenannten Lebensbaum koordiniert wiederum alle bewußt oder automatisch ausgeführten Muskelbewegungen. Da beim Erlernen neuer Fertigkeiten bewußtes Denken gefragt ist, tritt zuerst der Kortex in Kraft. Später, wenn die Hirnrinde den Handlungsablauf an das Kleinhirn weitergeleitet hat, laufen alle Vorgänge automatisch ab.
Das Zwischenhirn, die nächste Stufe in der Gehirnevolution, verkörpert die Basis unserer gesamten Verhaltensweisen, unseres Gefühls- und Trieblebens. Im Thalamus, einem bestimmten Teil des Zwischenhirns, erfolgt eine Verknüpfung aller aufgenommenen Sinneseindrücke wie zum Beispiel Freude, Lust, Schmerz, Angst oder Wut. Hier werden alle eintreffenden Informationen aus den verschiedenen Hirnregionen mit früheren Erfahrungen verglichen und nach der Auswertung an andere Gehirnbereiche weitergeleitet. Der untere Teil des Thalamus, der sogenannte Hypothalamus, ist nicht nur für Hunger- und Durstgefühle verantwortlich, sondern auch für eine ausgeglichene Körpertemperatur und die reibungslose Zusammenarbeit der Hormondrüsen. Durch den Hypothalamus werden also unsere Körperreaktionen mit den Anforderungen der Umwelt in Einklang gebracht. Allerdings ist dafür hauptsächlich die das Wachstum und fast den gesamten Hormonhaushalt

regulierende Hirnanhangsdrüse – die Hypophyse – zuständig. Darüber hinaus werden die im Verbund mit Gedanken, Erinnerungen und Eindrücken aufgenommenen und an die grauen Hirnzellen zurückgeleiteten Gefühle gleichzeitig als Bewußtseinsinhalte gespeichert und mit anderen Informationen verbunden.
Mit dem Großhirn hat sich der vorläufig letzte und großartigste Schritt der Gehirnevolution vollzogen. So ist in der Großhirnrinde mit ihren mehr als zwei Dritteln der Gehirnmasse die Region der Intuition und der kritischen Analyse gelagert. Hier entstehen neue Ideen und Inspirationen. Hier befindet sich das Rechen-, Lern-, Schreib- und Lesezentrum. Hier unterscheidet sich der Mensch vom Tier. Denn sein bewußtes Dasein wird von der Großhirnrinde gelenkt. Hier offenbart sich der grundlegende Unterschied zwischen dem Gehirn des Menschen und dem aller anderen Wirbeltiere.

Es stimmt nicht, daß die eine Hirnhemisphäre das Spiegelbild der anderen ist. Denn in beiden Gehirnhälften sind grundverschiedene Kapazitäten gelagert. Sie unterscheiden sich voneinander wie ein Computerprogrammierer und ein Kunstmaler. Denn die linke Hemisphäre regelt das logisch-analytische Denken, die Sprache, das Rationale, das Intellektuelle und das Praktische. Die rechte Hemisphäre ist dagegen für die künstlerische Veranlagung des Menschen zuständig, für die Vorstellungskraft und das Kreative. Erstaunlicherweise besteht eine Beziehung zwischen der rechten Körperhälfte und der linken Hemisphäre und umgekehrt zwischen der linken Körperhälfte und der rechten Gehirnhälfte. Bisher konnte die Ursache diese sonderbaren Wechselbeziehungen noch nicht geklärt werden.
Obwohl eine der beiden Hemisphären ständig dominiert, kommt es beim gesunden Menschen dennoch zu einer

Kooperation. Das erklärt auch, warum sich die bei jedem Menschen unterschiedlichen Anlagen, Talente und die Persönlichkeit aufgrund dieser Gehirnhälften durchsetzen.
Das Großhirn ist sozusagen eine Verkörperung des kühlen, vorausschauenden, planenden Gehirns, von dem Handlungsresultate ausgewertet werden. Dem »hitzigen« Zwischenhirn entstammen dagegen Liebe und Haß, Zuneigung und Abneigung, Angst, Wut und Freude, nicht zuletzt auch das Streben nach Macht, beruflichem Ehrgeiz und nach Besitz.
Immer wieder kommt im Menschen die Tiervergangenheit zum Durchbruch; beispielsweise, wenn er vor dem Überqueren einer Straße automatisch nach links und rechts schaut, steuert ihn das Kleinhirn. Dagegen ist bei der Verfolgungsjagd während eines Autorennens der vom limbischen System des Zwischenhirns gesteuerte Jagdtrieb erwacht. Der eingezäunte Besitz und das Namensschild an der Tür bringen wiederum das Revierverhalten der Tiervergangenheit an den Tag.
Charakteristisch für den Menschen ist das zwischen Vernunft, Gefühl und Instinkt bestehende Spannungsverhältnis. Dafür ist nicht nur der verhältnismäßig kurze Zeitraum verantwortlich, den objektives Denken in der Evolution des Menschen einnimmt, sondern auch die Tatsache, daß Vernunft und Gefühl einfach unterschiedlich auf Vorgänge reagieren. Rationales Denken wurde gewissermaßen noch »vorgestern« abgelehnt, nicht zuletzt aus ethischen und moralischen Gründen. Andererseits wären naturwissenschaftliche Erkenntnisse und Fortschritte ohne rationales Denken und dessen Anwendung nicht möglich gewesen.

Evolution setzt Dynamik – Wandlung voraus. Wie wird also die Weiterentwicklung des Menschen von Morgen

verlaufen – wenn er überlebt? Würde sich sein Aussehen infolge der Neotenie zum Kindlichen wandeln? Hätte der Mensch von Morgen – der homo superior – dann etwa Ähnlichkeit mit dem Kind von Heute?
Kommt das Prinzip der Neotenie etwa auch auf anderen Welten zum Tragen? Diesen Rückschluß lassen Geheimdokumentationen aus Ost und West sowie Augenzeugenberichte zu, in denen nach sogenannten Begegnungen der dritten Art, also mit außerirdischen Besuchern, von kleinen humanoiden Wesen berichtet wird, die Kindern gleichen: Schmächtige Körper von etwa 1,40 Meter mit großen, haarlosen Köpfen, riesigen Augen, kaum sichtbarer Nase und winzigem Mund. (Über Einzelheiten wird später noch berichtet.) Jedenfalls sind diese Beschreibungen, vom Standpunkt der Neotenie gesehen, einleuchtend.
Wenn die Menschheit im Sinne der Schöpfungsstrategie die Wege des Drachen einschlagen will, muß sie sich von einer schweren Last der Vergangenheit befreien: von der ihr innewohnenden ererbten Urangst...

7

Anatomie der Angst

Politische Kurzsichtigkeit und Machtstreben haben bewirkt, daß eine kraß materialistisch orientierte Gesellschaftsordnung mit ihrer gnadenlosen, umweltfeindlichen Überindustrialisierung den Lebensraum der Menschheit immer mehr zerstört. Es ist nicht überraschend, daß viele Politiker diese Erkenntnis gern verdrängen. Selbst wenn seit kurzem wissenschaftliche Überlegungen und Methoden in bezug auf unsere Umwelt und Lebensqualität in ihre Überlegungen einbezogen werden, ist es doch fast schon zu spät.

Politiker interpretieren ihre sogenannte politische Fertigkeit als eine Art magischer oder transzendenter »Kunst«, die dem Apriori entstammt, nämlich der »Begabung« für politisches Denkvermögen. Bei dieser Einstellung kann auch die Einbeziehung der Wissenschaften und ihrer Methoden, beispielsweise der Datenverarbeitung, den wirklichen Zustand nicht verändern. Denn Tölpeleien, selbst wenn sie Computern entstammen, bleiben nun einmal Tölpeleien. Die Befriedigung persönlicher Egoismen, selbst Betrug, Korruption und Machtstreben sowie die Wunschvorstellung einer den Emotionen entspringenden Wirklichkeit können niemals zur Einigung und Gerechtigkeit führen.

Die Schwierigkeit des Menschen im Zusammenhang mit seiner subjektiven Vorstellungswelt, die er ganz unterschiedlich mit den Realitäten der Welt des Alltags in Ein-

klang zu bringen versucht, geht nicht zuletzt auf seine Herkunft zurück, das Land, in dem er lebt, und seine Milieuprägung. Zwischen den verschiedenen Völkern der Erde und ihren Repräsentanten bestehen nach wie vor enorme Vorurteile. In anderen Worten: Die unbestreitbaren Unterschiede im Denken, Handeln und Fühlen der einzelnen Menschengruppen sind oft genug auch auf ihre verschiedenartige Rassenzugehörigkeit zurückzuführen.

Dieses Thema ist vor allem deswegen so schwierig, weil bei der Beurteilung gegenseitiger Standpunkte immer wieder Antagonismen, Voreingenommenheiten, beiderseitige Fehlurteile und vor allem Angst ins Spiel kommen. Und weil all das im Gefühlsdenken verankert ist, äußert es sich auch so kraß. Denn bei den einzelnen Völkern ist das Gefühlsdenken in seiner Differenzierung völlig unterschiedlich. Es ist nun einmal Tatsache, daß es auf der Welt Menschen gibt, die sich nicht nur in der Hautfarbe unterscheiden, sondern vor allem in ihrer Gefühlswelt und Tradition, in der entwicklungs- und geschichtsgebundenen Anschauung der Welt, in der sie leben, und nicht zuletzt durch ihre Religion.

Die meisten Konflikte in der Welt sind auf ein Übel zurückzuführen: auf Angst, oft genug auf ungerechtfertigte Angst.

Es gibt keinen Menschen auf der Welt, der nie Angst hatte oder nie Angst haben wird. Denn Angst ist eine der fundamentalsten Lebensäußerungen des Menschen. Vielleicht wirkt die Bezeichnung Lebensäußerung in diesem Zusammenhang etwas überspitzt, weil Angst ja durchaus nicht immer im Gesicht ablesbar ist. Aber es gibt auch Lebensäußerungen, die äußerlich nicht wahrnehmbar sind, jedenfalls nicht für Dritte, die trotzdem Äußerungen des Lebens darstellen. Die Angst ist solch ein Zustand. Sie ist einfach da. Bei allen Lebewesen, deren Gehirnevolution bereits zu emotionalen Reaktionen führt, ist Angst nichts anderes als eine Triebkraft, die der Erhaltung des Lebens dient. Ihrem Wesen nach muß es sich um einen Ur-Zustand handeln, da sie praktisch niemals direkt durch äußere Einflüsse ausgelöst wird, sondern vielmehr eine Art seelische Veranlagung ist.

Vielleicht wird sie deshalb von Psychologen und Psychiatern als eine Haupttriebkraft des Menschen bezeichnet. Rein physiologisch gibt es den Begriff Seele nicht, wenigstens nicht in dem von Fachleuten verstandenen Sinn. Die Seele ist vielmehr eine Summierung körperlicher Koppelfunktionen energetischen Ursprungs und Ablaufs, die unter dem Komplex gesehen werden müssen, den sich der Mensch zur »Verbildlichung« der Seele ausgedacht hat. Hierbei stellt die Urangst eine Funktion dar, die im Verbund mit allen anderen Wahrnehmungen und Reaktionen ein Grundagens des menschlichen Lebens ist. Jedoch nicht nur beim Menschen, sondern auch bei den Tieren, zumindest bei den höher entwickelten. Ob ein einfaches Lebewesen, wie zum Beispiel ein Regenwurm, Angst spüren und als solche empfinden kann, wissen wir nicht. Es dürfte auch kaum möglich sein, den Beweis dafür zu erbringen. Aber zweifellos haben auch höher entwickelte Insekten – vor allem aber die Lurche, Wirbeltiere, Fische und Säugetiere – die Fähigkeit, Angst zu empfinden und zum Ausdruck zu bringen. Für den Beobachter sind diese Äußerungen der Angst oft merkwürdig und unbegreiflich. Aber in der Programmierung des betreffenden Lebewesens dienen sie dem Zweck, nicht nur den Verteidigungswillen, wie zum Beispiel bei der Furcht, sondern den gesamten Lebenswillen bis zum Letzten zu aktivieren. Denn zur Erhaltung des Lebens ist jedes Mittel recht. In diesem Sinne ist Angst zweifellos eine der stärksten Triebkräfte im Menschen.

Angst läßt sich hervorrufen, steigern und als Mittel zum Zweck benutzen. Zudem gab es in der Menschheitsgeschichte nicht wenige Fälle, in denen sich der Mensch aus Angst zu unbegreiflichen Wahnsinnstaten hinreißen ließ. Der Zustand der Angst ist eben ein Krieg zur bedingungslosen Selbstverteidigung und Erhaltung des Lebens. Darüber hinaus ist der Angst mit Vernunftgründen und Analysen nicht beizukommen, und je weniger fortgeschritten die verstandesmäßige Entwicklung ist, um so weniger kann die Vernunft auf die immanente Angst einwirken. Sie löst Aktionen aus, aber im Gegensatz zu einer aus definierter Furcht ausgelösten Aktion ist die aus der Angst herrührende völlig ohne erkennbare Ursache. Da sie aus der Tiefe der »Seele« kommt, ist ihre Beseitigung besonders schwierig. Unter solchen Umständen kann sich Angst zur Psychose, ja sogar zur Massenpsychose entwickeln.

Auch bei höher entwickelten Tieren, wie zum Beispiel bei Rindern, Schafen, Pferden, gibt es Massenpsychosen. Alle Herdentiere haben einen verhältnismäßig geringen Intelligenzgrad, aber große Sensibilität, und ihre Fähigkeit zur Selbstverteidigung ist vorwiegend auf die in der Herde beschränkt. Dagegen neigen Raubtiere weit weniger zu solchen Massenpsychosen. Denn durch ihre Fähigkeit zur Selbstverteidigung sind sie Gefahren gegenüber besser gewappnet. Angst bringt sie also nicht so leicht aus der Ruhe. Darüber hinaus sind sie es, die in der Tierwelt Angst einflößen. Im Gegensatz zu den Herdentieren stärken sie ihr Selbstbewußtsein durch Imponiergehabe, Grimassen, Drohlaute und -gebärden, um auch die in ihrem Unterbewußtsein lauernde Angst abzureagieren.

Beim Menschen liegen die Dinge wesentlich schwieriger. Da er sich seinen programmierten Instinkten widersetzen kann, ist er gewissermaßen instinktunsicher geworden. Während das Tier seinem Instinkt blind vertraut und in der Ausführung dieser Instinktbefehle nur durch eigene Erfahrung geschickter und erfolgreicher wird, ist der Mensch dem eigenen Instinkt gegenüber mißtrauisch – um so mehr, je höher er entwickelt ist und ihn seine Vernunft Instinktimpulse erkennen läßt.

Im großen und ganzen ist die Lebensangst ein Grundprinzip allen Lebens. Wie weit dieses sich in einfachen Systemen darstellen und beweisen läßt, ist fraglich und muß erst erforscht werden. Zweifellos ist aber die Lebensangst bei höher entwickelten Lebewesen in einer Bewußtseinstiefe gelagert, daß sie sich sozusagen als Fernsteuerung auswirkt. Dieses immanente Steuerungssystem ist so wirkungsvoll, daß es, wenn überhaupt, nur zeitweise durch Tiefenhypnose unterdrückt, aber nicht ausgeschaltet werden kann. Auch

Alkohol und Drogen können die Lebensangst nicht auf die Dauer eliminieren.
Furcht ist also lange nicht so gefährlich wie Angst. Die größten Dummheiten und Verbrechen in der Menschheitsgeschichte wurden nicht aus Furcht, sondern aus Angst begangen. Wie sich Angst im Wachbewußtsein ausdrückt, ist hier nicht von Bedeutung. Ungezählte Vorurteile, unglaublich viel Haß, Mißtrauen und Abneigung sind letztlich nicht auf Furcht zurückzuführen, sondern haben ihre Wurzeln in der Lebensangst; insbesondere zum Beispiel der Fremdenhaß, Vorurteile gegenüber anderem Aussehen, anderen Lebensgewohnheiten und Denkvorstellungen.
In ihrer überwiegenden Mehrheit wollen die Menschen heute den Frieden, der »Ruhm« des Krieges hat sich überlebt. Die Zeit, in der der Krieger als Prototyp der Männlichkeit galt, ist vorbei: Eine Menschheit, die den Krieg ablehnt, kann auch keine Krieger wollen.

Im Verlauf ihrer Geschichte waren die Menschen einer ganzen Reihe von Naturkatastrophen ausgesetzt, durch die ihre Existenz immer wieder bedroht wurde. Darauf deuten viele Sagen und Überlieferungen hin. Aller Wahrscheinlichkeit nach haben sich diese überlieferten Ereignisse in verhältnismäßig naher Vergangenheit abgespielt und nicht in vorgeschichtlicher Zeit. Auch in der Jahrmillionen alten Lebensgeschichte der Menschheit gab es vermutlich eine Reihe von Phänomenen, die wir heute als vernichtende Naturkatastrophen bezeichnen würden, die aber mit keiner »direkten Erinnerung« verbunden sind. Es scheint jedoch einen Zusammenhang zwischen der unbestreitbar latent vorhandenen Lebensangst und jenen furchtbaren Ereignissen zu geben, denen der frühe Mensch ausgesetzt war. Da er zu jener Zeit noch nicht die Fähigkeit hatte, logische Schlußfolgerungen zu ziehen, ist es auch nicht verwunderlich, daß er schwerwiegende Vorgänge begrifflich nicht festlegen und infolgedessen auch nicht schriftlich festhalten konnte, und daher wurden unverständliche Vorgänge auch nicht unmittelbar und klar überliefert.

Seit Menschengedenken hat es sicher auf dieser Erde noch keine »Zeitenwende« gegeben wie die, in der wir heute leben. Erstaunlich ist nur, wie wenige diesen Höhepunkt als Gesamtereignis wahrnehmen, und die noch wesentlich geringere Anzahl derer, die sich der Größenordnung und Auswirkung dieser Klimax bewußt werden: Diese Zeitenwende vollzieht sich weder in der Zeit noch in der Umwelt, sondern im Menschen selbst. Deswegen wird sie auch nur von jenen verstanden, die sich von ihrem eigenen Wesen distanzieren können.

Heute befindet sich die Menschheit in folgender Situation: In bezug auf die zivilisatorische Entwicklung beherbergt die Erde neben dem Steinzeitmenschen unter vielen anderen Experten der Raumfahrt, der Elektronik, der Gentechnik und der Informatik. Die bunte Palette von Verhaltensweisen geht vom »primitiven« Eingeborenen bis zum modernen Individuum, das teilweise auf alte Vorstellungen zurückgreift, wie zum Beispiel Astrologie, Mystik, Magie, Geistheilung, Animismus, Wahrsagerei und alle Formen der Orakel sowie der Prophezeiung. Dem stehen nüchternste und rationalste Systemführungen entgegen.

Von den Industriestaaten werden Satelliten in den Erdorbit und Sonden in den interplanetarischen und interstellaren Raum geschickt, um die Planeten unseres Sonnensystems und deren Monde zu photographieren, zu kartographieren und zu analysieren. Während Astronomen mit gewaltigen computergesteuerten Radioteleskopen und dem Hubble-Space-Teleskop in die Frühzeit unseres Universums vorsto-

ßen, streichen nackte, kleine, dunkelhäutige Jäger mit Blasrohr und Giftpfeil beziehungsweise mit Bogen und feuergehärteten Pfeilspitzen oder mit Leichengift beschmierten Beinspitzen durch den Urwald, um ihr kärgliches Leben zu fristen. Auf der einen Seite gibt es auf der Erde Kulturvölker, die ihre Existenz in voller Kontinuität auf 5000 Jahre zurückführen können; andererseits leben Menschen unter uns, deren Zählvermögen nicht über drei hinausgeht. Während in der Kernforschung, in der Molekularbiologie, in der Gerätemedizin Resultate erzielt wurden, die noch vor wenigen Jahren unvorstellbar waren, sitzen die Beschwörer und Medizinmänner gar nicht weit weg von ihnen, um ihre Kranken mit magischen Sprüchen und Tänzen zu heilen.
Während etwa ein Drittel der Weltbevölkerung im Überfluß lebt, können sich die übrigen zwei Drittel kaum über Wasser halten oder sterben an Mangelerscheinungen. Daran ist unter anderem auch die Tatsache schuld, daß heute noch etwa 50 Prozent der Erdbevölkerung aus Analphabeten bestehen. All diese nur kurz umrissenen Gegensätze führen natürlich zu außergewöhnlichen Spannungen zwischen den einzelnen Individuen, Volksgruppen, Nationalitäten und Staaten.
In einem ist der Mensch jedoch allen anderen Lebewesen auf der Erde voraus: Er hat den Krieg institutionalisiert! Und der Hintergrund dieser Erfindung ist schon eine recht merkwürdige Geschichte: Wie wir wissen, gehört der Mensch seiner Entwicklung nach zu den Primaten. Wenn auch vielen unter uns diese Abstammung suspekt erscheint, ist an dieser Tatsache nicht zu rütteln. Allerdings unterscheidet sich der Mensch von den noch heute lebenden Menschenaffen – Orang Utan, Gorilla und Schimpanse – durch seine Nahrungsaufnahme. Denn insgesamt gesehen ist der Mensch kein Pflanzen-, sondern ein Fleischfresser;

wenn es auch auf der Welt sehr viele Menschen gibt, die selten oder nie Fleisch zu sich nehmen. Seinem Gebiß, den Verdauungsorganen und der Länge seiner Därme nach ist der Mensch ein Gemischtfresser. Er hält sich also im großen und ganzen sowohl an Fleisch-, als auch an Pflanzenkost. Demnach muß er einer Primatenlinie entstammen, die beides war, Fleisch- und Pflanzenfresser, oder die von der Fleischnahrung zur teilweisen Pflanzennahrung übergegangen ist. Die Tatsache, daß der Mensch ein Fleischesser ist, klassifiziert ihn zum »Raubtier«.

Wie bekannt ist, werden die höher entwickelten Säugetiere in zwei Gruppen aufgeteilt: in die Pflanzenfresser – die Herdentiere – und in die Fleischfresser – die Raubtiere. Während sich die friedlichen Pflanzenfresser zum Schutz vorwiegend im Herdenverband aufhalten, verteidigen oder notfalls flüchten, greifen die intelligenteren Raubtiere an. Um sich am Leben zu erhalten, müssen sie ihre Opfer überlisten, jagen und töten. Das Raubtier muß also seine Intelligenz und körperliche Überlegenheit bewußt einsetzen, um ans Ziel zu kommen. Da die Menschen gewissermaßen einen einprogrammierten Raubtierinstinkt haben, ist ihnen auch die den Raubtieren angeborene Aktionsbereitschaft und Aggressivität zu eigen. Selbst wenn sie friedliche Tiere züchten und mögen, töten sie diese kaltblütig, um ihren Fleischbedarf zu decken. Verfolgen, Überlisten und Töten sind also fundamentale, an den Instinkt gebundene Eigenschaften des Menschen, das Erbe seiner Urahnen, von dem er sich bisher nicht lösen konnte. Denn: Alle dem Zwischenhirn entstammenden Emotionen und aus dem Reptiliengehirn herrührenden Instinktreaktionen zwingen ihn, zur Selbsterhaltung wie ein Raubtier zu handeln, nämlich zu töten.

Aufgrund seiner mit außerordentlicher Anpassungsfähigkeit, Aggressivität und Tötungslust gepaarten Intelligenz hat sich der Mensch praktisch alle Tiere unterjocht – selbst die ihm körperlich weit überlegenen Großtiere dieser Erde. Einen ganz erheblichen Teil von ihnen hat er sogar schon ausgerottet. Darüber hinaus zeichnet er sich vor allem als rücksichtsloser Verwüster und Ausbeuter des ökologischen Gleichgewichts seines Planeten aus. Das Schlimmste jedoch ist, daß er außer seinesgleichen keinen Feind mehr hat, der ihm die Stirn bieten kann.

Wie schon gesagt, hat der Mensch den Krieg institutionalisiert. Heutzutage haßt er nichts mehr als den Krieg, kann sich aber dennoch nicht ganz von ihm lösen. Er wünscht sich den Frieden, bei dem es sich aber im Gegensatz zum Begriff Krieg nicht um ein Geschehen, sondern um einen ganz bestimmten Zustand des friedlichen Zusammenlebens zwischen divergenten Kräften handelt.
Wie läßt sich eigentlich der Begriff Frieden definieren, den alle Menschen sich ständig wünschen und der nie wirklich erreicht worden ist? Im wohl ältesten Buch der Menschheit, das etwa 3000 Jahre vor unserer Zeitrechnung – also vor rund 5000 Jahren – in seinen Urelementen in China entstanden ist und als »I-Ging«, »Buch der Wandlungen«, bekannt wurde, gibt es eine solche Definition. Ein Buch, das heute noch lebendig und für jeden interessant ist, der sich mit der Frage der Wandlungen des Menschen in der Wirklichkeit auseinandersetzt.
In einer Kombination aus insgesamt 64 Symbolfiguren, aus ganz einfachen Strichelementen, wird im Buch der Wandlungen der Verlauf beziehungsweise der Weg der Wandlungen des Menschen in seinem Schicksal geschildert. Das elfte ist das Bild des Friedens. Hierzu der Bildtext aus dem I-Ging: In einer Symbolzeichnung (wie bei allen Figuren des I-

Ging aus sechs Strichelementen zusammengesetzt) wird das Schöpferische, also der Himmel, unter die Erde, das Hingebende, gestellt. Die Erde wird also vom Himmel getragen. Und dieses Bild, das nach europäischen Begriffen den Himmel auf Erden darstellt, wird im Sinne der altchinesischen Yin-Yang-Philosophie erläutert. Nach diesem Yin-Yang-Prinzip – dem Männlich-Weiblichen beziehungsweise dem Positiv-Negativen – ist die Welt ein dynamischer Vorgang zwischen zwei Polen eines großen Kraftfeldes. Mann und Frau sind nach altchinesischer Vorstellung die Prototypen dieses Prinzips.

Im Bild des Tai (Friede) wird dargestellt, daß der Friede ein Zustand ist, wenn auch nur ein vorübergehender, wie alle Zustände der Wandlung. Er wird durch die vollkommene Vereinigung und Identifizierung des Schöpferischen mit dem Hingebenden hervorgerufen. Diese höchste Übereinstimmung divergierender Kräfte wird nicht als Ruhezustand, sondern als erfüllte Harmonie eines Spannungsfeldes, vielleicht sogar mehrerer Spannungsfelder, betrachtet. Es ist also kein statischer Zustand, sondern ein dynamischer Vorgang.

Der Mensch ist nicht nur unentwegt damit beschäftigt, seine Umwelt zu formen, sondern gestaltet sich selbst auch immer wieder nach dieser Umwelt. Der Einfluß der Wechselwirkung richtet sich in seiner Stärke nach den Situationen, denen er ausgesetzt ist und die er überstehen muß, ohne auf sie einwirken zu können.

Wenn die Menschheit überleben will, muß sie ein neues Bewußtsein entwickeln, um für die Welt, in der sie lebt, die Verantwortung bedingungslos zu übernehmen. Das heißt, daß der Mensch vor allem seine Selbstherrlichkeit, seine Vergewaltigung der Umwelt unverzüglich aufgeben muß.

Nach allen bisherigen Fehlern, die auf rücksichtslosem Egoismus beruhen, ist es nun an der Zeit, sich darauf zu besinnen, daß der Mensch Teil des Ganzen – des gesamten Universums – ist und sich dementsprechend verhalten muß. Weltweit werden derzeit nur wenige in Führungspositionen diesem Anspruch gerecht. Vielleicht ist die Idee eines neuen Bewußtseins für die meisten ja nur eine Utopie. Und Utopien werden im allgemeinen nicht bekämpft, sondern nur belächelt. Genau wie viele naturwissenschaftlichen und technischen Konzepte zukunftsweisender Geister noch Anfang des Jahrhunderts lächelnd als Phantastereien abgetan wurden. So griff die »New York Times« zum Beispiel noch 1920 den berühmten Physiker und Raketenpionier Robert H. Goddard wegen seiner Vermutung an, Raketen würden im luftleeren Raum funktionieren: »Er scheint keine Ahnung zu haben, was Schwerkraft ist, auch wenn jeder Gymnasiast Bescheid weiß«, mokierte sich der Leitartikler. 49 Jahre später, am gleichen Morgen, als Neil Armstrong in seiner Rakete auf dem Weg zum Mond war, adressierte die »New York Times«, wenn auch verspätet, eine formelle Entschuldigung an den längst verstorbenen Raketenpionier.

Heute sind solche Utopien von gestern bereits weit überholt. Man mag das neue Bewußtsein mit der idealen Synthese von Vernunft und Gefühl als Phantasterei betrachten, aber die ersten Schritte zur Verwirklichung zeichnen sich bereits bei einigen Bewegungen, wie zum Beispiel »Greenpeace«, und im politischen Umdenken einer Reihe von Nationen ab.

Die großen Ideale, wie Gleichheit, Brüderlichkeit, Einigkeit, Recht, Frieden und Freiheit, können nur dann verwirklicht werden, wenn sie sich in die Realität umsetzen lassen. Dazu ist das harmonische Gleichgewicht *der* Kräfte Voraussetzung, die den Menschen bewegen – Vernunft und Gefühl. Es ist also seine Aufgabe, im Sinne der Schöpfungsstrategie ständig um dieses Gleichgewicht zu ringen und es aufrecht zu erhalten.

Zum »neuen Menschen« gehört selbstverständlich ein neues Ethos: die Wirklichkeit vorurteilslos mit Verstand zu erfassen, danach zu leben und zu handeln, gleichzeitig die Welt seiner Gefühle durch die Liebe zur Schöpfung mit all ihren Lebensformen zum Ausdruck zu bringen. Es ist eine alte Erkenntnis, daß der echte Altruismus die subtilste Form des Egoismus ist. Nicht nur gefühlsmäßig, sondern auch verstandesmäßig handelnde Altruisten wissen, daß jede Hilfe, die sie anderen angedeihen lassen, ihnen selbst wieder zugute kommt.

Nach einer Vorstellung der Chassidim, einer jüdischen Sekte, die etwa im 17. Jahrhundert im osteuropäischen Raum entstanden ist und die sich wohl als die stärkste mystische Richtung des mosaischen Glaubens erwiesen hat, ist der kommende Messias der Prophet Elias: Er wird am Freitagabend bei der Sabbathfeier in Gestalt eines alten Mannes als Gast in das Haus eines gläubigen Juden kommen. Dort wird er an den Tisch gehen und die beiden großen Tischleuchten, die Makifim, umstellen: den rechten nach links und den linken nach rechts. Dies ist das Zeichen für das Erscheinen des Messias.

Nach dem Chassidismus versinnbildlicht der eine Leuchter das Herz, der andere das Gehirn. Der Mensch hat beides, wenn es ihm auch bisher fast nie gelungen ist, sie ins Gleichgewicht zu bringen. Das Umstellen der Mafikim bedeutet, daß der Mensch, zu dem der Messias gekommen ist, mit dem Herzen denkt und mit dem Gehirn fühlt.

Drachenwege zu beschreiten bedeutet nicht nur, neue ethische Wertvorstellungen zu entwickeln, die eine Identifikation und Verantwortung für alle Aspekte der Schöpfung beinhaltet, sondern auch eine grundlegende Verbesserung der Lebensgrundlagen für den Menschen. Dazu gehört unter anderem auch die Möglichkeit einer wesentlichen Verlängerung der zur Zeit noch tragisch kurzen Lebensspanne des Menschen.

Noch vor kurzem belächelten Wissenschaftler die Bemühungen der Alchimisten um das »Elixier des Lebens« und die Versprechungen Heilkundiger der Vergangenheit über eine mögliche Verlängerung der natürlichen Lebensspanne. Die meisten Mediziner lehnen Begriffe wie Lebensverlängerung oder Verjüngung kategorisch ab. Vielleicht billigen sie eine Behandlung gegen vorzeitiges Altern oder gar eine Art Revitalisierung; aber eine Kontrolle des Alterungsprozesses – niemals. Denn für sie sind Altern und Tod unabänderlich. Nur Dummköpfe oder Scharlatane können es wagen, von einer Umkehrung oder gar Aufhebung dieser Prozesse zu reden. Haben sie recht? Oder ist die Unabänderlichkeit »Tod« nur ein Vorurteil?

8

Die siebte Genesis

»13. August 1491. Nachdem ich die üblichen Obliegenheiten etwa um die zwanzigste Stunde des Tages erledigt hatte, erschienen sieben Männer bei mir. Sie trugen seidene Gewänder, griechischen Togen ähnlich, und leuchtende Schuhe. Die Hemden unter ihren gleißenden Brustharnischen schienen gewirkt zu sein, waren von karmesinroter Farbe und von außerordentlicher Kostbarkeit und Schönheit.
Aber nur zwei von ihnen, anscheinend von höherem Rang als die anderen, waren so gekleidet. Der größere von beiden, mit kupferner Hautfarbe, hatte zwei Begleiter, während drei Männer in Begleitung des Kleineren, Hellhäutigen waren. Sie alle waren etwa 40 Jahre alt, sahen aber nicht älter als 30 aus. Als ich sie nach ihrer Herkunft fragte, antworteten sie: ›Wir sind Wesen, aus der Luft gekommen, aber von Geburt und Tod abhängig.‹ Sie sagten, es sei wichtig, daß ihr Leben viel länger währt als unseres und bis zu 300 Jahren zählen könnte.
Als mein Vater sie fragte, warum sie den Menschen, die sie kennen, ihr Wissen vorenthalten, antworteten sie, daß es ihnen nach einem besonderen Gesetz verboten sei, dieses Wissen an Menschen weiterzugeben, und eine Zuwiderhandlung mit schwersten Strafen geahndet würde.
Sie verweilten über drei Stunden bei meinem Vater. Als er jedoch mit ihnen über den Ursprung des Universums sprach, widersprachen sie ihm. Der Größte bestritt, daß

Gott die Welt aus dem Nichts erschaffen habe. Und der Kleinere fügte hinzu, das Gegenteil sei der Fall. Denn Gott habe die Welt von Augenblick zu Augenblick erschaffen, würde ER auch nur eine Sekunde damit aufhören, ginge sie sofort unter ...« So war es nach dem Bericht.
Dieses Erlebnis ist in den Schriften des Mathematikers, Arztes und Okkultisten Jerôme Cardan festgehalten, der im 15. Jahrhundert in Mailand lebte. In seinem Buch »De subtilitate« erklärt er, daß er oft zugehört habe, wie sein Vater, Facus Cardan, von diesem besonderen Vorfall berichtet habe, und daß er selbst schließlich nach den Aufzeichnungen im Nachlaß seines Vaters gesucht habe.
Wer diese langlebigen Fremden waren, ist bis heute ein Rätsel geblieben. Erstaunlicherweise ist jedoch in diesem 500 Jahre alten Bericht bereits von einer 300jährigen Lebensspanne die Rede, die sich erst heute durch sensationelle Erkenntnisse in der Biomedizin als reale Möglichkeit abzeichnet. Wann wird es also auf der Erde eine Gesellschaft der 200- bis 300jährigen geben?

Die Möglichkeit, das Leben zu verlängern, ist ein uralter Traum – wohl so alt wie die Menschheit selbst. Über Jahrtausende bemühten sich Gelehrte, die Hintergründe des Alterungsprozesses zu ergründen. Doch ihre Jagd nach dem »Lebenselixier« blieb leider erfolglos.

Der Alterungsprozeß setzt schon mit der Geburt ein, dem ein »lebenslanges Sterben« folgt, das mit dem Tod endet. Wenn auch der Selbsterhaltungstrieb, der Lebenswille einer der primären Naturtriebe ist, folgt doch jeder in diese Welt Hineingeborene einer festgelegten Bahn.

Kein Mensch wird vor den traurigen Auswirkungen des Alters bewahrt. Als Jugendlicher hat der Mensch bereits den Zenit seiner Vitalität erreicht. Schon nach der Pubertät beginnt unmerklich der Abstieg. Dann beschleunigt sich dieser Vorgang, bis ihm der Tod früher oder später ein Ende setzt.

Die Lebenserwartungen des Menschen waren noch nie sehr hoch. Statistiken zufolge werden von 100 Menschen nämlich nur vierzehn 80 Jahre alt, und höchstens sechs erreichen das 85. Lebensjahr. Nur zwei von 100 werden 90 Jahre alt, und das 95. Lebensjahr erleben nur vier von 1000 Menschen. Wenn auch die Aussichten auf eine höhere Lebenserwartung innerhalb der vergangenen 2000 Jahre angestiegen sind – denn heutzutage liegt die durchschnittliche Lebenserwartung immerhin schon bei 75 Lebensjahren –, so wird die natürliche Lebensspanne von 120 Jahren von einer verschwindend geringen Anzahl erreicht.

Welche Ursache ist nun für diese begrenzte Lebensspanne verantwortlich? Wie läßt sich beispielsweise erklären, daß unter Gleichaltrigen die Haare bei dem einen schneller grau werden als beim anderen?

Warum bringt es die amerikanische Grannenkiefer auf 5000 Lebensjahre, die Galapagos-Schildkröte auf 300 und die Maus nur auf armselige zweieinhalb Lebensjahre? Obwohl am Ende alle sterben müssen, enthält jeder Organismus eine Substanz, die anscheinend »unsterblich« ist. Diese Substanz wird durch die Desoxyribonukleinsäure (DNS), die Befehlszentrale im Zellkern, verkörpert, der Ursprung allen irdischen Lebens.

Das einzigartige Merkmal dieser DNS ist ihre Fähigkeit, sich fast unbegrenzt vervielfältigen zu können, solange das in der Zelle vorhandene Baumaterial dazu ausreicht. Nach den durch ihre biochemische Struktur festgelegten genetischen Instruktionen produziert sie aus dem Baumaterial ihrer Umgebung weitere DNS und Proteine, um den sie beherbergenden Organismus am Leben zu erhalten.

Das menschliche Leben läuft im allgemeinen nach einem bestimmten Muster ab: Geburt, Heranwachsen, Nachwuchs zeugen, Altern und Sterben. Wobei die DNS der Zellen des Menschen höchstwahrscheinlich mit ihm altert – bis auf die Keimzellen. Sie sind eine Ausnahme und unsterblich. Die DNS hat nämlich zum Überleben einen genialen Ausweg »gefunden«: Sie vollzieht ihre ständige Erneuerung durch die Verschmelzung weiblicher und männlicher Keimzellen, das heißt, die Zeugung neuer Individuen. Und diese Erneuerung ist für die DNS gleichbedeutend mit Unsterblichkeit.

Es sieht beinahe so aus, als benutze die DNS die von ihr »bewohnten« Zellen beziehungsweise Organismen zum eigenen Fortbestand, um sie abzustoßen – wie eine Schlange ihre alte Haut –, wenn sie ausgedient haben. Verfolgt die Schöpfung etwa nur das eine Ziel: die DNS am Leben zu erhalten?

Der renommierte Biologe und Altersforscher Leonard Hayflick vom Oakland Medical Center in Kalifornien bewies schon vor Jahren, daß die Teilungsfähigkeit menschlicher Bindegewebszellen nach 50- bis 60maliger Teilung aufhört. Als die Gewebezellen eines Embryos bei einem Experiment nach der zwanzigsten Teilung für einige Jahre auf »Eis gelegt« wurden, teilten sie sich – trotz der Pause im Tiefkühlschrank – hinterher noch dreißigmal.
Bei jeder Teilung folgen die Zellen den Instruktionen des Erbprogramms, das durch die Gene der Chromosomen in der DNS gespeichert ist. Das erlaubt ihnen, sich immer wieder genau und funktionsfähig zu kopieren – bis das Programm zwischen der fünfzigsten und sechzigsten Zellteilung allem Anschein nach unleserlich, also abgelaufen ist. Damit ist das Ende des Organismus gekommen.
Hayflick erbrachte den endgültigen Beweis dafür, daß die entscheidenden Befehle tatsächlich vom Zellkern stammen, durch einen sensationellen Versuch: Ihm und seinem Team gelang es, die Zellkerne einer jungen und einer älteren Zelle mit Hilfe einer aus Schimmelpilzen gewonnenen Substanz namens »Cytochalasim B« zu isolieren. Anschließend manipulierten die Wissenschaftler den jüngeren Zellkern in das Plasma einer alten Zelle. Diese reagierte umgehend auf die Befehle des jüngeren Zellkerns und teilte sich entsprechend oft.
Der sogenannte Hayflick-Effekt, also die auf fünfzig- bis sechzigmal begrenzte Teilungsfähigkeit menschlicher Gewebezellen, ist höchstwahrscheinlich auf den mit der Zeit immer schadhafter werdenden DNS-Doppelstrang zurück-

zuführen. Das heißt, wenn sich die Zelle durch die Teilung nicht mehr erneuert, ist sozusagen der »Lebensfaden« gerissen.

Aufgrund von Forschungsergebnissen kamen Gerontologen inzwischen zur Schlußfolgerung, daß der Prozeß des Alterns auf den verschiedensten Faktoren beruht. Die Hauptursache für den Alterungsprozeß muß dabei der DNS, dem Erbprogramm des Menschen, zugeschrieben werden. Damit ist auch eine Chance gegeben, Ursache und Wirkung dieses Prozesses zu eliminieren. Auf diese Weise ist die Kontrolle des Alterungsprozesses keine Zukunftsvision mehr, sondern liegt in greifbarer Nähe. Die nächste Stufe auf der Evolutionsleiter des Menschen dürfte mit einer Lebensspanne verbunden sein, die nicht nach Jahrzehnten, sondern nach Jahrhunderten zählt.

Im großen und ganzen stimmen Gerontologen darin überein, daß nicht mehr zur Debatte steht, *ob* die menschliche Lebensspanne verlängert werden kann, sondern nur noch *wann*.

In aller Welt widmen sich über 200 Forschungsobjekte der Aufgabe, eine Verlängerung der vitalen, aktiven Lebensjahre des Menschen zu erreichen. Forscher der amerikanischen Michigan-Universität konnten bereits einen bahnbrechenden Erfolg verzeichnen. Durch einen Eingriff in die Homöostase – den Gleichgewichtszustand – von Mäusen ist es ihnen gelungen, deren Lebensspanne über das Doppelte hinaus zu verlängern. Das heißt, der Organismus wird durch Nahrungsaufnahme, die Wach- und Schlafzyklen, Atmung, Reproduktion und einen bestimmten Wärmehaushalt – also durch die Reaktion mit seiner Umwelt – aufrechterhalten. Dieser für die Existenz unerläßliche Gleichgewichtszustand ist ein Wunderwerk der Natur.

Beim Menschen erfolgt die Regulierung dieser Homöostase

durch ein wichtiges, kirschgroßes Organ namens Hypothalamus. Es ist direkt mit der Hirnanhangdrüse, der sogenannten Hypophyse, verbunden und hat seinen Sitz an einem besonders geschützten Ort im Kopf, nämlich etwa in Nasenhöhe unterhalb des Großhirns.
Der Hypothalamus ist vor allem dafür verantwortlich, den Wärmehaushalt des Körpers zu regulieren und die Körpertemperatur, unabhängig von Klimaeinflüssen, ständig auf etwa 37 Grad Celsius zu halten. Zusätzlich ist diese Drüse für geregelte Wach- und Schlafphasen zuständig, den Fett- und Wasserhaushalt, den Blutdruck, die Atmung und das Sexualleben. Darüber hinaus hat der Hypothalamus auch noch die Aufgabe, die von der Medizin so lange vernachlässigte Thymusdrüse zu regulieren.
Ein nicht minder wichtiges Organ des menschlichen Körpers ist die zu 85 Prozent aus Wasser bestehende und mit dem Hypothalamus verbundene Hirnanhangdrüse. Von weniger als einem Gramm Gewicht, ist es auch eben dieses Organ, das all die Hormone herstellt, die für den Ablauf der inneren Funktionen des Organismus zuständig sind.
In Verbindung mit der Hirnanhangdrüse, insbesondere aber dem Hypothalamus, beschäftigt sich ein Forscherteam der amerikanischen Universität Michigan unter Leitung von Professor Barmelt Rosenberg mit der Entwicklung eines geradezu sensationellen Medikaments, das es ermöglichen soll, die menschliche Lebenserwartung auf wenigstens 200 Jahre auszudehnen.

Daß eine geringere Körpertemperatur das Leben verlängert, war bereits 1917 bekannt. Denn schon damals entdeckten Wissenschaftler in einer Reihe von (inzwischen klassischen) Experimenten, daß die Lebensspanne von Fruchtfliegen durch die Herabsetzung ihrer üblichen Körpertemperatur

von 25 Grad Celsius auf 19 Grad beträchtlich verlängert werden konnte.
Inzwischen ist es in Versuchen gelungen, die Körpertemperatur von Affen durch Injektionen minimaler Dosen von Calcium-Ionen in den Hypothalamus um sechs Grad zu senken. Der körpereigene Thermostat im Thalamus der Tiere hat sich daraufhin auf eine niedrigere Körpertemperatur eingestellt. Rosenberg und sein Team entwickelten nun eine Schluckkapsel, die beim Menschen den gleichen Effekt bewirken soll. Mit einer Senkung der Körpertemperatur wäre eine ungeheure Veränderung der Lebenserwartung des Menschen verbunden, da der im Körper »eingebaute Verbrennungsmotor« damit langsamer – niedertouriger – laufen könnte, aber der Organismus dennoch weiterhin ganz normal und ohne negative Nebenwirkungen funktionieren würde.
Nach Rosenberg wäre bei einer Neueinstellung des Hypothalamus – also einer Herabsetzung der Körpertemperatur von 37 Grad Celsius auf 33 Grad – eine Lebenserwartung von etwa 700 Jahren durchaus möglich. Da die Körpertemperatur durch ein solches Medikament nicht abgestellt, sondern nur justiert würde, wäre damit auch keine Änderung des Befindens verbunden. Denn da alle biochemischen Prozesse des Körpers durch Fermente – Enzyme – katalysiert werden, wickeln sie sich ohnehin durch niedere Antriebsenergie ab. Wenn das Rosenbergsche Mittel nun rechtzeitig, als zwischen dem 35. und 60. Lebensjahr angewendet würde, würde der Alterungsprozeß wesentlich langsamer ablaufen – und das hieße: eine wesentliche Verlängerung der aktiven Lebensjahre des Menschen.

Professor Allen Goldstein von der Universität Texas arbeitet dagegen mit Hormonen. Genau genommen, mit Hormo-

nen der Thymusdrüse. Forschungsergebnissen zufolge bleibt die Thymusdrüse während des ganzen Lebens von ausschlaggebender Bedeutung. Auch in der Altersforschung gewinnt sie zunehmend an Bedeutung, da sie im körpereigenen Abwehrsystem eine Schlüsselrolle spielt. Aber leider bildet sie sich nicht nur bei Erkrankungen zurück, sondern auch mit zunehmendem Alter. Denn kaum ist der Mensch über die Pubertät hinaus, läßt ihn diese Drüse bereits im Stich: Sie beginnt zu verkümmern. Die Folgen sind schwerwiegend, da die Abwehrkräfte des Menschen allmählich nachlassen. Das Immunsystem funktioniert um so besser, je größer die Thymusdrüse ist. Der neugeborene und der neunzigjährige Mensch haben die geringste Widerstandskraft, daher sind ihre Thymusdrüsen auch gleich klein.
Wissenschaftler gehen nun davon aus, daß die den Thymus passierenden weißen Blutkörperchen, die Lymphozyten, gewissermaßen von seinen Hormonen, vor allem dem Thymushormon Thymosin, aufgeladen werden. In der Abwehr von Krankheiten und bösartigen Zellen kommt ihnen also die Trägerrolle zu.
Schon nach statistischen Erhebungen gehören Krebs, Arthritis und Diabetis zu den Altersleiden. Da auch Infektionskrankheiten im Alter öfter auftreten als in der Jugend, kommen immer mehr Forscher zur Überzeugung, daß das körpereigene Immunsystem mit den Jahren zusammenbricht. Denn wie alle anderen Zellen altern auch die T-Lymphozyten, die Polizei des Organismus. Dabei geht ihre Fähigkeit verloren, kranke oder alte Zellen zu ermitteln und zu beseitigen.
Goldstein geht es bei der Erforschung der Thymusdrüse vor allem um ein bestimmtes Molekül, das Thymosin-Alpha genannt wird. Er hofft, damit Krebserkrankungen erfolgreicher bekämpfen zu können.

Wissenschaftler suchen natürlich vor allen Dingen nach einer Lösung, um das alt gewordene Immunsystem wieder zu »verjüngen«. Bei Tierversuchen haben sich in dieser Richtung auch schon einige Erfolge abgezeichnet: zum Beispiel im Zentrum für Altersforschung der Veterans Administration in Los Angeles. Dort injizierte eine Forschergruppe älteren Mäusen Vorläuferzellen von T-Lymphozyten und die aus jüngeren Artgenossen entnommenen Thymusextrakte. Dadurch wurde das Abwehrsystem der älteren Tiere für ein halbes Jahr ganz unerwartet revitalisiert. Ein Zeitraum, der auf den Menschen übertragen fünfzehn bis zwanzig Jahren entspricht! Nach Ansicht des Projektleiters, T. Makinoden, könnten einem jungen Menschen T-Lymphozyten entnommen, dann tiefgefroren und in einem zehnjährigen Zyklus immer wieder injiziert werden. Dem Menschen würden auf diese Weise lebensbedrohliche Krankheiten erspart bleiben.

Im Zusammenhang mit der Thymusdrüse wurden auch im Altersforschungsinstitut Baltimore aufsehenerregende Erfolge mit Tierversuchen erzielt. So wurde nicht nur das Immunsystem alter Mäuse durch die auf sie verpflanzten Thymusdrüsen und durch das Knochenmark junger Artgenossen verjüngt, sondern ihre Lebensspanne um rund 30 Prozent erhöht. Die an den Versuchen beteiligten Mäuse waren nicht nur bis zu ihrem natürlichen Tod »rund herum« gesund, sondern überlebten sogar eine unter den Tausenden von Versuchstieren wütende Epidemie. Dieses Ergebnis auf den Menschen übertragen hieße: ein Sechzigjähriger hätte wieder die Abwehrkraft eines Zwanzigjährigen.

Zu allen Unbilden, denen der Mensch mit Krankheiten und Alter ausgesetzt ist, zieht der namhafte Biologie Dr. D. Denckla nun auch noch ein »Todeshormon« in Erwägung, das in der Tierwelt offensichtlich eine entscheidende Rolle spielt. Hat beispielsweise der australische Wüstenmäuserich seinen Nachwuchs gezeugt, stirbt er augenblicklich. Dafür ist eine seiner Hirnanhangdrüse entstammende »Todessubstanz« verantwortlich. Den Lachsen ist ein ähnliches Schicksal bestimmt, da auch ihre Tage nach dem Laichen gezählt sind. Sobald der Nachwuchs gesichert ist, wird die Hirnanhangdrüse durch einen genetischen Befehl veranlaßt, ein Hormon abzustoßen, das die absolut gesunden Fische jäh vom Leben zum Tod befördert. Welchen Grund hat die Natur, genetisch ein Todeshormon zu programmieren? Könnte dieses Gen blockiert werden, sobald seine Isolation gelungen ist? Und könnte es vielleicht gar zu einem Unsterblichkeitsgen »umgepolt« werden?

Denckla gelang in Verbindung mit dem »Todeshormon« ein vielversprechendes Experiment. Er entzog der Hirnanhangdrüse eines Rindes eine Substanz und schaltete die Wirkung der Drüsenhormone aus. Es handelt sich hierbei um Kriterien, die Denckla auch bei einem möglichen menschlichen »Todeshormon« in seine Überlegungen einbezieht. Die Entwicklung eines synthetischen Gegenhormons wäre also möglich, *wenn* dieses Hormon ausfindig gemacht worden ist.

Wenn der Mensch auf der Höhe der Funktionstüchtigkeit seines Hormonhaushalts zwischen dem zehnten und zwölften Lebensjahr anfangen würde, eine Pille gegen das Altern zu schlucken, könnte er zweifellos mit einer Lebenserwartung von 200 bis 300 Jahren rechnen.

Unabhängig von Denckla stieß auch Professor Jerome Wodinsky durch Zufall auf ein »Todeshormon«. Während seiner Versuche operierte er Tintenfischweibchen nach dem Laichen. Dabei entfernte er hinter den freigelegten Augenhöhlen zwei Hormondrüsen. Auch Kraken bleiben nach dem Laichen nur noch wenige Tage am Leben. Sobald diese Weichtiere ihre etwa 150000 Eier gelegt haben, vergeht ihnen der Hunger, sie altern rapide und sterben nach dem Schlüpfen des Nachwuchses. Der von Wodinski operierte Krake war auch dabei, sein Leben auszuhauchen. Doch nach Entfernung der Hormondrüsen erwachte in ihm neuer, ungeahnter Lebenswille. Ungehemmte Freßlust setzte ein, und er starb erst sieben Monate nach der Operation. Das Tintenfischweibchen hatte es auf eine Lebensspanne gebracht, die siebenmal länger war als die jedes anderen weiblichen Kraken vor ihm. Die operative Entfernung der beiden Hormondrüsen schien zufällig einen »Selbstzerstörungsmechanismus« außer Kraft gesetzt zu haben. Weitere Versuche Wodinskis brachten ihm die Erkenntnis, daß die beiden Drüsen neben anderen Sekreten ein »Todeshormon« zur Selbstzerstörung produzieren. Diese Entdeckung führte den Forscher zu neuen Theorien über die biochemischen Vorgänge des Alterns. Er geht davon aus, daß es keinen biologischen Grund gibt, das in Weichtieren existierende Todeshormon bei Säugetieren in irgendeiner Form in Zweifel zu ziehen. Wenn Wodinski also auf der richtigen Spur ist, wäre der Tod nicht die Folge einer langsam nachlassenden Hormonproduktion, sondern würde vielmehr durch ein zusätzlich produziertes Sekret ausgelöst.

Dem amerikanischen Biologen C. Williams von der Harvard-Universität bleibt wohl die frappierendste Entdeckung auf dem Gebiet der Hormone vorbehalten. Ein von ihm aus dem Gehirn bestimmter Insekten im Raupenstadium isoliertes Hormon namens Juvenil ist sofort mit einem stark verjüngenden Effekt verbunden, wenn es auf die »Haut« eines Insekts aufgetragen wird. Mäuse reagieren auf dieses

Hormon ebenso stark, denn der Alterungsprozeß scheint zum Stillstand zu kommen.
Aus einer Reihe von Einzelergebnissen und Fakten ergibt sich also langsam ein Bild des Alterungsprozesses und erfolgversprechender Möglichkeiten zu seiner Bekämpfung. Der Genetiker Professor Klaus Bayreuther von der Universität Stuttgart-Hohenheim experimentierte zum Beispiel mit dem aus dem Pflanzenwachstumshormon Auxin und der Substanz Acetylcholin gewonnenen Stoff Zentrophenoxin, um damit die Zelle von unerwünschten Ballaststoffen, wie Lipofuszin, zu säubern. Bayreuther konnte das Leben von Versuchsratten und -mäusen durch die Anwendung von Zentrophenoxin bereits ganz erheblich verlängern. Darüber hinaus ergab sich aus elektronenmikroskopischen Untersuchungen des Wissenschaftlers, daß diese Substanz die Funktionsfähigkeit menschlicher Gehirnzellen länger aufrechterhält.
Unlängst gelang es, für die Fruchtfliege ein lebensverlängerndes »Mittel« in Form eines einzigen Biomoleküls zu entdecken, das von den Biologen »Elongationsfaktor« (EF-1a) genannt wurde. Amerikanische Genetiker hatten schon seit längerem herausgefunden, daß bei Fruchtfliegen die Herstellung von Körpereiweißen mit zunehmendem Alter nachläßt. Verantwortlich dafür ist der bei der Proteinsynthese so wichtige, aber immer größer werdende Mangel an EF-1a im Körper der Fruchtfliegen.
Die Erkenntnisse der amerikanischen Genetiker regten Professor Walter Gehring vom Biozentrum der Universität Basel dazu an, den Versuch zu machen, den Elongationsfaktor der Fruchtfliegen zu steigern, um auf diese Weise gegebenenfalls die Eiweißproduktion zu erhöhen. Wenn nämlich das Altern und der Tod der Insekten aufgrund mangelhaft funktionierender Proteine ausgelöst würde, müßte es

möglich sein, ihr Leben durch eine erhöhte Protein-Produktion zu verlängern. Aus diesem Grund manipulierte Gehring für den Elongationsfaktor ein zusätzliches Gen in die Erbmasse einiger Fruchtfliegen und aktivierte zudem die Erhöhung der Körpertemperatur der Insekten.

Der Wissenschaftler erzielte erstaunliche Ergebnisse. Mit dem verdoppelten EF-1a-Gen lebten die Fruchtfliegen nun bei ihrer normalen Körpertemperatur bereits 45 Tage statt der üblichen 38. Damit war eine Lebensverlängerung von 18 Prozent erreicht. Eine Erhöhung der Temperatur bei den Fruchtfliegen regte das zusätzliche Gen sogar zu einer Leistungssteigerung an, die mit einer um 41 Prozent erhöhten Lebenserwartung verbunden war. Das entspräche einer menschlichen Lebensspanne von 162 Jahren.

Mit diesen Versuchen war es also zum erstenmal gelungen, einen Alterungsprozeß rückgängig zu machen, der offensichtlich nur auf Eiweißmangel beruhte. Ein Ergebnis, das die Fachwelt aufhorchen ließ. Denn die Baseler Forscher könnten damit auf dem richtigen Weg sein, den »Jungbrunnen des Lebens« auch für den Menschen zu entdecken. Der vom Alter ausgelöste Mangel an EF-1a wurde nämlich nicht nur bei Fruchtfliegen und Mäusen nachgewiesen, sondern auch in menschlichen Fibroblast-Kulturen (Fibroblast = Vorstufe des spindelförmigen Bindegewebes).

Bei einem Schimmelpilz, der Podospora anserina genannt wird, ist der »Traum vom längeren Leben« zur Wirklichkeit geworden, und zwar seit 1976, als der Biologe Professor Karl Esser von der Ruhr-Universität Bochum im Freien auf eine Mutation dieses Pilzes stieß, die nicht, wie üblich, nach 25 Tagen abstirbt. Diese Schimmelpilz-Mutation hat aber die übliche Lebensspanne der Podospora anserina bisher schon um das 205fache überschritten. Im Zusammenhang mit diesem Pilz entdeckten französische Wissenschaftler zu ihrer Verblüffung bereits vor 30 Jahren, daß sein Alterungsprozeß übertragbar ist. Sobald nämlich eine Berührung zwischen jungen und alten Pilzfäden stattfindet, beginnt bei den jungen umgehend der Zerfall.

Als Professor Esser in den Zellen dieses Schimmelpilzes einen freibeweglichen, in sich geschlossenen DNS-»Ring«, Plasmid genannt, ausmachte, war er auf den Spuren des »ewigen Lebens«. Das Plasmid entstammt den Mitochondrien, von denen die Zelle mit Energie versorgt wird. Wie sich herausstellte, wird von zwei der im Genom des Pilzes verankerten Genen die Freisetzung des Plasmids (der Altersgene) gesteuert. Große Mengen behindern jedoch die Zellatmung. Die Zellen altern und sterben schließlich an Energiemangel. Essers Mutante verloren schließlich die Kraft, Plasmide freizusetzen. Diese Entdeckung erklärt auch die Übertragbarkeit des Alterungsprozesses.

In den Anstrengungen um die Verlängerung des menschlichen Lebens ist jedoch der entscheidende Schritt der Genetik vorbehalten. Ein Gebiet, auf dem sich revolutionierende Entwicklungen abzeichnen. Es kam zu grundlegenden Erkenntnissen über die ungewöhnlichen Restruktionsenzyme von Bakterien, die scheinbar unentwirrbare Molekülketten der Erbinformation auf biochemischem Weg – wie mit einem Skalpell – in ihre Einzelteile, also Gene, zerlegen können. Demgegenüber steht die Entdeckung des Lygase-Enzyms, das fähig ist, einzelne Gene wieder zu Ketten zu verknüpfen. Ein gefährliches Instrument, das jederzeit genchirurgische Manipulation zuließe. Vielleicht ist es sogar in absehbarer Zeit möglich, den Befehl zur »Unsterblichkeit« genetisch zu programmieren.

Sowjetrussische Genspezialisten konnten inzwischen bereits ganze DNS-Abschnitte als Ersatz für schadhafte Gene in Mäusezellenkulturen einschleusen. In diesem Zusammenhang ist der Gerontologe Professor G. D. Berdigshev der Ansicht, daß die Manipulation fremder und künstlicher Gene in den Organismus mit unausdenkbaren Zukunftsaussichten verbunden ist. »Auf diese Weise ließe sich die Ungerechtigkeit der Natur bezüglich der kurzen Lebensspanne des Menschen korrigieren. Darüber hinaus könnten durch diesen Eingriff auch bestimmte Erbkrankheiten geheilt werden«, sagt Berdigshev.

Die Sowjetrussen beschränkten sich nicht nur auf die Methode, intakte DNS in Zellen einzuschleusen, sondern entdeckten zudem ein Enzym, das den geschädigten DNS-Strang von einer Zellteilung zur anderen laufend repariert. In einer Reihe von Versuchen gelang es ihnen, solch ein »Reparaturenzym« in die Zellen von Säugetieren einzuschleusen.

Altern und Tod sind wohl die größte Bedrohung in der Evolution des Menschen. Aber immerhin zeichnen sich jetzt Möglichkeiten ab, dieser Gefahr entgegenzuwirken.

Wissenschaftler betrachten das Problem des Alterns von jeder nur möglichen Perspektive und warten ständig mit neuen Erkenntnissen und möglichen Gegenmaßnahmen auf. Die Verlängerung des Lebens gehört heutzutage nicht mehr in den Bereich der Utopie, sondern wird der nächste Schritt in der Evolution – und damit im Sinne der Schöpfungsstrategie – sein. Und wenn der Mensch sich und seinen Planeten bis dahin nicht vernichtet hat, hält die Zukunft für ihn eine Lebenserwartung von einigen Jahrhunderten bereit.

Altern und Tod könnten dann als »historisches Ereignis« erst einmal zu den Akten gelegt werden. Ein längeres Leben gäbe dann auch jedermann die Chance und die Zeit, gelassen den Interessen nachzugehen, für die sich die jetzige Lebenserwartung als zu kurz erweist. Denn die dem Menschen vergönnte allzu kurze Vitalitätsspanne reicht doch im allgemeinen höchstens zur nackten Selbsterhaltung aus.

Die Moleküle, aus denen unser Körper besteht, sind so komplex, daß sie ständig zerfallen und erneuert werden müssen. Wie aber ist es möglich, daß sich die Moleküle aufs Haar genau so erneuern, wie sie vorher waren? Eine Frage, die sich aus der Tatsache ergibt, daß sich der Körper vorwiegend aus ständig in Bewegung befindlicher Flüssigkeit zusammensetzt, die unterschiedlichste Nahrung aufnehmen kann, die nach kaum vorstellbaren chemischen Vorgängen zur richtigen Zeit und am richtigen Platz in noch vielfältigere Moleküle verwandelt wird.
Trotz dieser ständigen Veränderung bleibt der Körper als Ganzes erstaunlich konstant. Wenn wir beispielsweise einen Bekannten nach sechsmonatiger Trennung wiedersehen, erkennen wir ihn sofort, obwohl die Proteine seines Gesichts ausgewechselt wurden. Dort ist kein einziges Molekül von denen mehr vorhanden, die vor sechs Monaten sein Gesicht ausmachten. Unser Körper muß also über einen erstaunlichen »Mechanismus« verfügen, der nicht nur seine Form durch endlose stoffliche Veränderungen aufrecht erhält, sondern auch seine Stabilität unter vielen variierenden Bedingungen und Notfällen garantiert.
Dieser »Mechanismus« ist nun entdeckt worden, obwohl die Kunde bisher noch nicht zu vielen wissenschaftlichen Kreisen vorgedrungen ist. Dieser während der letzten 30 Jahre sorgfältig studierte »Mechanismus« ist ein wichtiger Durchbruch und Beitrag zur Medizin und Biologie dieses Jahrhunderts. Denn es geht hier um eine Grundentdeckung von höchster Bedeutung und vielen potentiellen Anwendungsmöglichkeiten in vielen Zweigen der Medizin und Biologie.

Kurz gesagt: Nach dieser Entdeckung sind allen Lebensformen – ob Menschen, Tieren, Bäumen oder niederen Lebensformen – elektrodynamische beziehungsweise elektromagnetische Felder zu eigen, die sie erhalten und steuern. Bei diesen sogenannten L-Feldern (Lebensfeldern) handelt es sich um die Organisations-»Mechanismen«, die jede Art von Leben durch unentwegten »Materialwechsel« in Form halten, aufbauen, unterhalten und reparieren.

Der Schlüssel zur biologischen Weiterentwicklung des Menschen liegt im Potential seiner DNS. Mit der Verlängerung der menschlichen Lebensspanne wäre ein Schritt getan, der unglaubliche Perspektiven eröffnet. Besonders für die Weltraumfahrt ergäben sich dann phantastische Möglichkeiten. Denn die Eroberung des Weltraums hängt in hohem Maße von einer Verlängerung der aktivsten Lebensjahre des Menschen ab. Weil Zeit für den Menschen der begrenzende Faktor für interstellare Reisen ist. Existieren etwa außerirdische Zivilisationen, deren Lebensspanne die menschliche weit übertrifft? Besuchen ihre Abgesandten bereits die Erde, um diesen Planeten und seine Lebensformen emotionslos zu untersuchen? »Ernten« sie zu diesem Zweck die DNS irdischer Lebensformen?

9

Unheimliche Ernte

Für uns ist es gegenwärtig unmöglich, Raumschiffe auf interstellare Reisen zu schicken. Wir können nicht einmal bemannte Raumfahrzeuge zu einem anderen Planetensystem auf den Weg bringen. Hochentwickelte Zivilisationen mit einer revolutionierenden Technologie aber könnten interstellare Raumreisen betreiben, etwa im Stil des irdischen Flugverkehrs. Wenn in unserer Galaxie, der Milchstraße, zahllose hochentwickelte Zivilisationen existieren, wäre es nicht abwegig anzunehmen, daß Besucher von verschiedenen Planetensystemen in unser Sonnensystem kämen, um die Menschheit – eine für sie fremde Intelligenz – zu beobachten und zu überprüfen.

Da die UFO-Sichtungen parallel zur technologischen Fortentwicklung in den letzten 40 Jahren stark zugenommen haben, stehen Skeptiker auf dem Standpunkt, daß die meisten UFO-Sichtungen zweifelsfrei die Verwechselung mit irdischen Flugobjekten bestätigen. Ihrer Meinung nach handelt es sich bei den UFOs um ein modernes Phänomen, das mit Hubschraubern, Flugzeugen, Stratosphärenballons und Satelliten leicht gedeutet werden kann. Allerdings scheint ihnen die Tatsache entgangen zu sein, daß UFOs nicht erst im 20. Jahrhundert aufgetaucht sind, sondern bereits unsere Ahnen und Urahnen verwirrten:

»Zwei Objekte flogen bald aufwärts, bald abwärts, entfernten sich voneinander und waren dann wieder ganz nahe. Ihr Anblick und die plötzlich wechselnden Flugbahnen, die sie

beschrieben, waren so schreckerregend, daß man sie mit einem Löwen und einem Drachen verglich, die wild und ungestüm gegeneinander kämpften. Nach einer Weile spie der Drache Feuer. Zuletzt vereinigten sich beide zu einem Objekt, das alsbald verschwand. Auch sah man gleichzeitig viele runde Objekte, die meisten klein, nur eines davon etwas größer. Ein kleines Objekt war allseitig von einer grauen Hülle umgeben.«

So heißt es in einer englischen Chronik aus dem 17. Jahrhundert, deren Titel vier Zeilen einnimmt und beginnt: »Strange Signs from Heaven ...« Es wird darin von Himmelserscheinungen berichtet, die wir heute UFOs nennen würden. Der obige Bericht bezieht sich auf einen Vorgang, der zwischen dem 21. und 31. Mai 1664 über England und Holland beobachtet wurde.

Der Rancher Harry King ging am 7. September 1967 abends noch einmal auf die im San Luis-Tal, im Süden des US-Staates Colorado, gelegene Weide, um nach seinen Zuchtpferden zu sehen. Sein ganzer Stolz darunter war die dreijährige Appaloosa-Stute »Lady«, versprach sie doch, ihrer preisgekrönten Mutter »Snippy« in nichts nachzustehen. Als er sah, daß alles in Ordnung war, ging er wieder nach Hause.

Als King am nächsten Tag wieder zur Pferdekoppel ging, hielt er vergebens nach seiner Lieblingsstute Ausschau. Erst am Tag darauf fand er sie nach langem Suchen zwischen einigen Chico-Büschen. Tot. Sie lag auf der Seite und war vom Hals aufwärts nur noch ein Skelett aus weißen, ausgebleichten Knochen, die aussahen, als wären sie tagelang einer unbarmherzigen Sonne ausgesetzt gewesen. Unverständlich für King, da er »Lady« noch am vorletzten Abend beim Galoppieren bewundert hatte. Noch mysteriöser war die Tatsache, daß ihr Körper vom Hals abwärts völlig intakt war. Unmöglich, daß sie Parasiten oder Aasfressern zum Opfer gefallen war. Bei genauer Untersuchung des toten Tieres bemerkte der Züchter, daß das Fleisch am Hals »sauber wie mit einem scharfen Jagdmesser abgetrennt war«, wie er beteuerte. »Es gab keine Spuren von Bißwunden.«

Als er einen Tag danach seiner Schwester Nellie und deren Mann Berle Lewis den grausigen Fund zeigte, konnten diese seine Beobachtungen nur bestätigen. Nellie Lewis fiel allerdings ein sonderbarer Geruch in der Luft auf – »wie in einem Krankenhaus«, meinte sie verstört.

Als die drei dann die Umgebung nach Hufspuren absuchten, stellten sie fest, daß diese 30 Meter von der toten Stute entfernt abrupt endeten. »Es sah so aus, als hätte Lady die ganze Strecke im Sprung zurückgelegt«, meinte Harry King dazu. Zwischen diesen Abdrücken und dem Fundort des Pferdes gab es keinerlei Hufspuren mehr. Dafür fanden King und seine Verwandten etwa 15 Meter vom Kadaver entfernt einen zweifellos flachgedrückten Chico-Busch, umgeben von einem etwa 90 Zentimeter breiten Kreis von sechs oder acht bis zu acht Zentimeter tiefen in den Boden gedrückten Löchern, die jeweils zehn Zentimeter breit waren. Einige Wochen später wurden die Spuren von Wissenschaftlern der Universität Colorado untersucht und erhöhte Radioaktivität durch einen Geigerzähler gemessen. Außerdem wurden in unregelmäßigen Abständen Brandspuren gefunden, die ebenfalls erhöhte Radioaktivität aufwiesen.

Dr. med. John Henry Altshuler von der McGill-Universität untersuchte den Kadaver der Stute als einer der ersten Wissenschaftler. Seit Anfang 1967 arbeitete er als Pathologe und Hämatologe am Rose Medical Center in Denver, Colorado, und ist heute assistierender Professor für Pathologie und Hämatologie am Health Science Center von Colorado in Denver. Altshuler erklärte der Journalistin Linda Howe 1988:

»Der Schnitt am Hals der Stute war außerordentlich sauber ausgeführt. Am Schnittrand fiel mir eine leichte Verdunkelung auf, die aussah, als sei das Fleisch mit einem chirurgischen »Brennschneider« durchtrennt worden. Die Ränder waren so glatt, als sei der Schnitt mit einem modernen chirurgischen Laser ausgeführt worden. Aber 1967 gab es diese Technik noch nicht, und wenn die Brenntechnik heute angewendet wird, um die Blutung unter Kontrolle zu halten, ist das Fleisch nach der Behandlung noch geschmeidig. Bei der Stute war es steif, ledrig und verhärtet. Ich habe am harten, dunklen Schnittrand einige Proben entnommen, die ich später mikroskopisch untersuchte. Ich stieß auf eine für Verbrennungen typische Verfärbung und Zerstörung der Zellen. Am meisten hat mich die völlige Blutleere der Stute erschüttert. Im Lauf meiner Karriere habe ich Hunderte von Autopsien durchgeführt. Ich weiß also, daß in einem Körper kein Schnitt ohne Blutung vorgenommen werden kann. Aber weder auf dem Fell des Kadavers noch am Boden waren Blutspuren zu finden. Nirgendwo. Dann entdeckte ich, daß alle Organe aus dem Pferderumpf entfernt wurden. Herz, Lunge und Schilddrüse waren entnommen, ihr Mediastinum war völlig leer und trocken. Wie kann man ein Herz entfernen, ohne daß es blutet? Unglaublicherweise waren hier Organe ohne die geringste Blutung entnommen worden.«

Harry King und seine Schwester hatten Ben Phillips, den lokalen Sheriff, benachrichtigt, einen einfachen, erdgebundenen Menschen, der auf dem Land groß geworden war. Als er von dem seltsam zugerichteten Pferdekadaver erfuhr, gab es für ihn nur zwei Alternativen: Coyoten oder Blitzschlag. Da Coyoten aber sichtlich nicht in Frage kamen, blieb es beim Blitzschlag. Allerdings weigerte sich der gute Sheriff, auch nur einen Blick auf den Kadaver zu werfen. Die sonderbare Geschichte ging sichtlich über seinen Horizont. Also unterrichtete Nellie Lewis die Lokalzeitung »The Pueblo Chieftain«. Ein recherchierender Reporter erkundigte sich bei den benachbarten Rangern, ob ihnen in der fraglichen Nacht etwas Außergewöhnliches aufgefallen sei, und

überraschte die verdutzten Leser mit der Schlagzeile: »Rätsel um totes Pferd Anlaß für UFO-Fieber.«
Seit sechs Wochen, so stand im »Chieftain« zu lesen, hätten lokale Ranger geheimnisvolle Lichter im San Luis-Tal beobachtet, einige davon zigarrenförmig, andere wie ein amerikanischer Fußball geformt. Auch die 87jährige Mutter von Harry King erinnerte sich, in der bewußten Nacht ein »großes Objekt« über dem Farmhaus gesehen zu haben. Der ortsansässige Duane Martin hatte sehr kleine »Jets« beobachtet, die in etwa 25 Metern Höhe nahe der späteren Fundstelle der Stute ungeheuer schnell »herumgeschwirrt« seien. »Sie sahen anders aus als gewöhnliche Jets. Sie waren dunkel und schimmerten olivfarben«, sagte Duane aus.

Als der geheimnisvolle Vorfall um die Stute Lady landesweit durch die Presse ging, wurden ähnliche Fälle bekannt. So war bereits im August 1967 innerhalb des Sarcee-Reservats bei Twin Bridges in Alberta, Kanada, ein totes Pferd nach der Sichtung eines kuppelförmigen Flugobjekts gefunden worden. Am 6. November desselben Jahres wurden in der Nähe von Livingston im kanadischen Ontario zwei weitere tote Pferde aufgefunden. Eines mit einem deutlich erkennbaren Längsschnitt am Hals, dem anderen war die Halsschlagader durchtrennt worden. Blutspuren waren nirgends zu finden. Einem Bericht zufolge soll am vorhergehenden Tag in der Nähe von Livingston ein großer unbekannter Flugkörper gesichtet worden sein; als er verschwand, hinterließ er einen schwefelartigen Geruch in der Luft.
Aber diese Vorfälle sind nur die Vorläufer zu einem Phänomen unserer Zeit, das inzwischen in Form unheimlicher »Cattle-Mutilations« (Viehverstümmelungen) aufgetaucht und in seiner Grausamkeit nicht zu überbieten ist. Hunderte von derartigen Fällen wurden bisher aus dem Mittelwesten

der USA und Kanada gemeldet, aus Puerto Rico, Mexico, Mittel- und Südamerika, ebenso aus Australien, England und von den Kanarischen Inseln.

Schon in den Jahren 1974/75 wurden allein in Colorado über 130 Viehverstümmelungen registriert. Grund genug für die Landespolizei, das FBI, die amerikanische Bundespolizei, einzuschalten. Wie sich herausstellte, verliefen diese Fälle alle nach dem gleichen Muster:

1. Unidentifizierbare Flugkörper, in den meisten Fällen schwarz und ohne erkennbare Identifikationsmerkmale, wurden beobachtet. Hin und wieder sind es auch schwarze »Hubschrauber«.
2. Pferde und Rinder werden verstümmelt aufgefunden und weisen meistens äußerst präzise ausgeführte, glatte Schnittwunden, manchmal auch Verbrennungsspuren auf, die den Einsatz von Lasern vermuten lassen. Die blutleeren Kadaver sind in der Regel sozusagen ausgeweidet. Die verschiedensten Organe wurden entnommen. Am häufigsten fehlen die Geschlechtsorgane. Aber auch Herz, Leber, Nieren, Euter, Hoden, Muskelfasern, Gebärmutter, Gehirn, Augen, Zunge, Nüstern, Lippen sind herausgenommen. In einigen Fällen fehlt sogar der ganze Unterkiefer.
3. Manchmal ist in den verstümmelten Tieren jeder Knochen gebrochen. So, als seien sie aus einiger Höhe zu Boden gestürzt.
4. Die Fundstellen weisen kreisrunde Abdrücke oder verhältnismäßig tiefe Eindrücke wie von Landefüßen auf. Rings um den Fundort sind unerklärliche Brandstellen, die oft höhere radioaktive Werte aufzeigen.

Einer der interessantesten Fälle trug sich am 27. Dezember 1974 in Meeker County des amerikanischen Bundesstaats Minnesota zu: Ein ortsansässiger Farmer fand auf einer Weide, mitten im kreisrund niedergedrückten, von Neuschnee umgebenen Gras ein verstümmeltes, totes Kalb, dem die Augen, das linke Ohr, die Zunge und Teile des Mauls entnommen waren. Fünfhundert Meter davon entfernt stellte der Farmer weitere Kreise fest. Spätere Luftaufnahmen zeigten, daß diese Kreise ein Muster ergaben. Als Terrance Mitchell von der Universität Minnesota den Fall untersuchte, äußerte er die Überzeugung, daß Außerirdische im »Rahmen einer wissenschaftliche Studie« in Meeker County gelandet seien, um dem Kalb Organe zur Untersuchung zu entnehmen. Als Mitchell die Kreise überprüfte, stellte er seltsame Magnetfelder fest, die sich zur Mitte hin verstärkten. Im Neuschnee wurden weder Fußspuren noch Hufabdrücke des Kalbes gefunden.

1975. In einer Oktobernacht gingen zwei Rancharbeiter morgens um 4 Uhr südwestlich von Sterling, Colorado, auf Streife, weil in der vorhergehenden Woche drei verstümmelte Tiere auf dem Weideland der Ranch gefunden worden waren. Beim Näherkommen fanden sie die Weide in helles Licht getaucht und sahen gleichzeitig zwei Gestalten über den Zaun »gleiten«. Die Männer benachrichtigten umgehend den Sheriff. Als sie wenig später mit zwei Polizeiwagen zur Weide zurückkehrten, war der »Spuk« bereits vorbei. Trotz des Dauerregens während der Nacht waren auf der Weide keine Fußabdrücke zu finden. Im Gebüsch wurden nur ein paar verbrannte Zweige entdeckt.

Am 20. April 1979 wurde in Albuquerque, New Mexico, eine Konferenz zum Thema der Viehverstümmelungen abgehalten, die kein geringerer als der Ex-Astronaut Harrison Schmitt einberufen hatte, damaliger Senator des US-Bundesstaates New Mexico. Das FBI in Washington D. C. erhielt einen fünfseitigen Abschlußbericht dieser Konferenz. Für den vom US-Bundesstaatsanwalt R. F. Thompson unterstützten Senator Schmitt war das Ziel dieser Konferenz, »das Spektrum des Problems zu definieren und für eine staatliche Unterstützung eine Grundlage zu schaffen«. Außerdem kamen die verschiedensten Theorien über die möglichen Verantwortlichen dieser Untaten zur Sprache. Wer waren die Schuldigen: Coyoten, geheime Regierungsprojekte, Sadisten, Satanische Kulte, UFOs?

Nach der Untersuchung von über 90 Viehverstümmelungen erklärte Gabe Valdez von der Landespolizei New Mexico in Dulce, Coyoten und andere Aasfresser seien dafür nicht verantwortlich. Denn die zur Organentnahme ausgeführten Schnitte seien dafür viel zu präzise. Aasfresser würden sich keinesfalls nur mit Organen und Genitalien begnügen, das Fleisch aber unberührt lassen.

Professor Peter van Arsdale, Universität Denver, und Richard Sigismund, Universität Colorado, sehen den Ursprung der Viehverstümmelungen im Zusammenhang mit UFO-Aktivitäten. Tom Adams aus Paris, Texas, ging vor allem dem Problem der »schwarzen Hubschrauber« nach, die in Verbindung mit den Viehverstümmelungen immer wieder beobachtet wurden: »Diese mysteriösen Helikopter tragen so gut wie keine Identifikationszeichen. Nach Berichten fliegen sie oft ungewöhnlich hoch und halten sich in für Hubschrauber nicht erlaubten, unsicheren Höhen auf. Sobald Zeugen oder die Polizei auftauchen, entfernen sie sich mit außerordentlicher Geschwindigkeit. Aus anderen Berichten geht hervor, daß sie Zeugen attackiert, niedrig überflogen und verfolgt haben. Bezeichnend ist, daß sie stets in der Nähe von Fundstellen verstümmelter Tiere beobachtet werden. Oft schweben sie sogar dort, wo später verstümmeltes Vieh entdeckt wird.«

Und Dr. Paul W. Ulrich, der Leichenbeschauer des County El Paso in Texas erklärte: »Auf jeden Fall müssen sich die Täter in weiten Bereichen der Biologie ebenso auskennen wie in der Pharmakologie, der Anatomie und Chirurgie, und vor allem auf Veterinärchirurgie spezialisiert sein. Ihre Kenntnisse in der Veterinäranatomie sind ausgezeichnet. Hier war jemand am Werk, der genau weiß, was er tut, einer, der jeden Schnitt richtig ansetzt.«

Dem fügte Carl Whiteside von der Staatspolizei Colorado hinzu: »Nicht nur, daß hier absolut professionelle Chirurgie angewandt wird, sie findet auch noch im Dunkel der Nacht statt. Unter solchen Bedingungen effektive Arbeit zu leisten, ist für jeden normalen Tierchirurgen undenkbar.

Daß solche Operationen normalerweise unmöglich sind, beweist Deputy Sheriff Keith Wolverton aus Great Falls, Montana, an einem Fall, der in seinem Bezirk passiert ist: Einem 600 Pfund schweren Pferd wurde das Blut »abgezapft«, also rund 30 Liter. Unter normalen Umständen sind rund 90 Minuten dafür nötig. Angenommen, der Vorgang hätte sich so abgespielt, würden die Adern kollabieren, wenn ein Drittel des Blutes abgeflossen ist. Um den Kollaps der Adern zu vermeiden, muß eine Salzlösung injiziert werden, damit auch das restliche Blut noch entnommen werden kann.«

»Es kann nicht ausgeschlossen werden, daß Wesen von einer anderen Welt dahinter stecken«, erklärte Sheriff Lou Girodo aus Trinidad, Colorado, der Dutzende von Verstümmelungsfällen für den Distrikt-Staatsanwalt untersuchte. »Vielleicht sind diese mysteriösen Hubschrauber nur ihre getarnten Raumschiffe.«

Zur gleichen Schlußfolgerung kam auch die amerikanische Fernsehjournalistin Linda Moulton Howe, die für den US-Fernsehsender CBS 1979 die zweistündige Reportage »A strange Harvest« (»Eine seltsame Ernte«) produzierte. »Anfangs dachte ich, es mit einem Umweltskandal zu tun zu haben, glaubte, gewisse Chemikalien aus Geheimprojekten, die versehentlich freigesetzt wurden, seien im Spiel. Und jetzt würde in verschiedenen Landesteilen das Vieh in aller Heimlichkeit nachts und unter Tarnung untersucht, um zu überprüfen, wie weit die Schäden gehen«, erklärt Linda Howe in der Dokumentation zu ihrem Film »An Alien Harvest«.

»Das war die Ausgangsbasis, unter der ich zu recherchieren begann. Aber bald erfuhr ich aus den Zeitungen, daß weltweit Viehverstümmelungen gemeldet wurden. Außerdem wäre es unsinnig von der Regierung gewesen, die verstümmelten Kadaver zurückzulassen und damit der Öffentlichkeit preiszugeben. Als ich einen Monat lang Dutzende Rancher, Gesetzeshüter und Journalistenkollegen interviewt hatte, die zwischen 1975 und 1976 die intensiven Verstümmelungsaktionen untersucht hatten, wurde unter vorgehaltener Hand eine UFO-Geschichte nach der anderen erzählt. Ein Rancher sagte mir, er habe eine orangeleuchtende Scheibe von der Größe eines Fußballplatzes gesehen, als er gerade ein Gerstenfeld wässerte. Kurz darauf habe er zwei seiner Kühe verstümmelt aufgefunden.

»Immer wieder hörte ich dieselben Beschreibungen von orangefarbenen oder gleißend weißen Lichtern und/oder Lichtstrahlen, die aus einem lautlos über die Weiden schwebenden ›Ding‹ kamen. Der Schwerpunkt der Dokumentation änderte sich: von der Theorie einer Umweltkatastrophe hin zu einer Sammlung von Zeugenberichten, die auf eine außerirdische Herkunft der Viehverstümmler hindeutete.«

Linda Howes erste Theorie wurde bereits durch den logischen Einwand des Direktors vom Landeskriminalamt Colorado, Carl Whiteside, entkräftet. Er argumentierte nämlich: »Wenn die CIA oder eine andere Regierungsstelle dafür verantwortlich wären, ergäbe es keinen Sinn, warum

sie auf Privatfarmen wahllos Vieh untersuchen sollten. Sie hätten genügend Möglichkeiten, dies unter kontrollierten Bedingungen durchzuführen, also zu vermeiden, daß auch nur das geringste öffentlich bekannt würde.«
Durch die Aussage einer Zeugin unter Hypnose wurde Linda Howe aber letztlich von der Verwicklung Außerirdischer in diese entsetzlichen Vorgänge vollkommen überzeugt. Folgendes hatte sich zugetragen: Als Judy Doraty im Mai 1973 mit ihrer Mutter, ihrer Tochter Cindy, Schwägerin und Schwager von einem Bingo-Abend in Houston, Texas, nach Hause fuhren, fiel ihnen in der klaren Mondnacht ein helles Licht am Himmel auf. Die fünf diskutierten eine Weile, was es wohl sein könnte – ein Stern, ein Hubschrauber oder ein UFO. Schließlich hielt Judy am Straßenrand an und stieg aus, um das Objekt besser beobachten zu können.
Von dem Augenblick an konnte sich die ganze Familie an nichts mehr erinnern. Judy wußte nur noch, daß sie schrecklichen Durst hatte und ihr schlecht war, als sie zum Wagen zurückging. In den nächsten Tagen litt sie unter schrecklichen Kopfschmerzen und Angstgefühlen. Schließlich mußte sie sich in psychiatrische Behandlung begeben. 1978 wurde ihr von ihrem Psychiater schließlich empfohlen, sich einer Hypnose-Behandlung zu unterziehen. Das Ergebnis zeichnete sie auf und schickte es zusammen mit einer Skizze an Dr. Leo Sprinkle von der Universität Wyoming in Laramie, da sie gelesen hatte, daß dieser sich mit Menschen befaßte, die infolge von UFO-Begegnungen unter physischen und psychischen Störungen litten. Sie beschrieb Sprinkle den Ausgang ihrer ersten Hypnosesitzung: »In der fraglichen Nacht habe sie gesehen, wie ein Tier in einem gelben Lichtstrahl in das Objekt ›gehoben‹ wurde.«
Da Dr. Sprinkle von Linda Howes Filmprojekt wußte und

Judy Doraty sich einverstanden erklärte, versetzte er sie vor der Kamera noch einmal in Hypnose. Die am 13. März 1980 stattfindende Tiefenhypnose förderte Einzelheiten ans Licht, die zur Lösung des Rätsels der Viehverstümmelungen – dieser »seltsamen Ernte« – wesentlich beitragen könnten:
Sprinkle: Was haben Sie in jener Nacht gesehen, Judy?«
Doraty: »Das Heck meines Wagens wird wie von einem Scheinwerfer angestrahlt. Das Licht ist sanft, ein bleiches Gelb. Es ist, als hätte es Substanz ... wie Staubpartikel, wie wenn man durch einen Sonnenstrahl schaut. Es kommt näher. Ich sehe, wie es sich bewegt... bewegt... rotierend ... Ein braunweißes Kalb wird in dem Strahl aufwärts gesogen ... Es wird von einer Art Kammer aufgenommen. Es ist ein kleiner runder Raum. Ich ekle mich, mir wird übel. Ich sehe wie sie die Teile entfernen. Alles geht sehr schnell. Das Kalb stirbt nicht sofort. Aus irgendeinem Grund nehmen sie das Herz des Kalbes nicht heraus. Sie arbeiten sehr schnell. In verschiedene Körperteile führen sie Sonden ein: in die Haut, die Zähne, unter die Zunge. Da sind die Augen... die Ohren... der Schwanz... die Fortpflanzungsorgane ... die Euter ... Sie machen das nicht nur mit Vieh ... Sie machen das mit jedem nur denkbaren Tier.«
Sprinkle: »Wird Ihnen diese Information irgendwie vermittelt oder wird es Ihnen gezeigt?«
Doraty: »Sie wird mir geistig übermittelt. Ich war neugierig... Ich fragte sie wegen des Kalbes, und sie waren gekränkt ... Sie wollten mir wohl zu verstehen geben, daß es der Mühe wert ist, ein Tier zu opfern, wenn man dadurch das Wissen bereichern kann.«
Sprinkle: »Was haben sie Ihnen noch mitgeteilt?«
Doraty: »Sie führen Untersuchungen durch... Sie sind schon seit geraumer Zeit hier. Sie überprüfen den Boden, unser Wasser, unsere Tiere und die Vegetation ... Viel

hängt mit Giften zusammen ... und nicht nur mit Umweltverschmutzung ... Sie sind besorgt ... wollen Leben schützen. Durch diese Geschichte kommen aber viele ums Leben ... Sie sind hier (?) stationiert und wollen durch ihre Testversuche Veränderungen feststellen.«
Sprinkle: »Welche Teile der Tiere brauchen sie für ihre Versuche?«
Doraty: »Kommt ganz darauf an ... Am wichtigsten sind die Fortpflanzungsorgane. Daran sind sie besonders interessiert, weil daran am besten ersichtlich ist, wie fortgeschritten (die Vergiftung) ist ... Sie sagen, mit jeder Generation ist die Verbreitung größer.«
Schließlich schildert Judy Doraty, wie das Kalb wieder auf die Erde »befördert« wird:
Doraty: »Es ist bereits tot, als es die Erde berührt ... Ich sehe, daß es sich nicht mehr bewegt. Als ich es ansehe, wird mir schlecht. Ich durfte es mir anschauen, weil ich alles zufällig entdeckt hatte. Ich weiß jetzt wieder, daß sie mir lachend sagten, ich würde mich an nichts mehr erinnern. Ich hätte nicht dort sein sollen, aber weil ich nun mal da war, wurde mir auch erlaubt, alles mit anzusehen.«

Linda Moulton Howes Filmdokumentation wurde am 25. Mai 1980 landesweit über den US-Sender CBS ausgestrahlt. Als Höhepunkt wurde die Hypnosesitzung mit Judy Doraty gezeigt. Daraufhin wurde die Fernsehreporterin wochenlang mit Anrufen und Zuschriften eingedeckt. Allein in den USA war die Anzahl der Viehverstümmelungen inzwischen auf über 10 000 angestiegen.
Der gigantische Erfolg ihres Films und ihr mutiges Bekenntnis zur zwar phantastisch anmutenden, aber immerhin folgerichtig erscheinenden These, daß die »Viehverstümmelungen auf Außerirdische zurückzuführen seien«, veran-

laßte immer mehr Forscher, sich mit diesem Phänomen auseinanderzusetzen. Auch Linda Moulton Howes setzte ihre Recherchen fort, deren Ergebnisse sie 1989 in »An Alien Harvest« veröffentlichte:
So hatte der Sheriff eines Dorfes an der Grenze von Colorado im November 1982 einen Tierarzt aus Wyoming mit der Untersuchung einer verstümmelten Kuh beauftragt. Der Veterinär berichtete Linda Moulton Howe: »Ich war nie richtig davon überzeugt, daß an der Sache mit den Verstümmelungen etwas dran ist – bis ich diese Kuh untersuchte. Man hatte ihr einen Augapfel, die Sehnerven und das Augenlid so sorgfältig und sauber entfernt, daß ich mich heute noch frage, wie das gemacht worden ist.« Im Schädel der Kuh war der Tierarzt auf ein zwei Zentimeter großes Loch gestoßen, daß keinesfalls auf eine Gewehrkugel zurückzuführen war, da alle Merkmale eines Schußtraumas fehlten. Der Arzt vermutete vielmehr, daß auf diese Weise eine Art Droge ins Gehirn injiziert wurde.
1985 waren die Viehverstümmeler aufs neue in Colorado am Werk. Myron Scott, ein junger Rancher, berichtete, er habe südwestlich von Trinidad, Colorado, nachts Lichter beobachtet, die über einer etwa drei Kilometer entfernten Weide schwebten. Am nächsten Tag fand er dort einen jungen Ochsen – tot und verstümmelt. Am 23. Dezember 1985 berichtete die Tageszeitung »Rocky Mountain News« aus Denver:
»Scott sagt, er sei mit totem Vieh vertraut, da er in jedem Jahr ein paar Rinder durch Blitzschlag und Krankheit verliert. Aber so etwas sei ihm noch nie vor Augen gekommen: Der 600 Pfund schwere Ochse sei gehäutet worden, ›als hätte man Zigarettenpapier zusammengerollt‹. Seine Zunge war herausgeschnitten, Hörner und Rückgrat waren gebrochen, als sei er aus ziemlicher Höhe herabgestürzt. Weder

Blutspuren noch Fußabdrücke wurden gefunden. Coyotenspuren hörten zehn Meter vor dem Kadaver auf.«
Am 10. März 1989, an einem Freitagmorgen, wurden auf der Ranch von L. C. Wyatt, in Hempstead County, Arkansas, fünf trächtige Küche, in einer Reihe liegend, tot aufgefunden. Bei einer Kuh waren die Beine angewinkelt, als hätte sie vor dem Einfangen davonlaufen wollen. Dreien war der Mastdarm durch saubere, ovale Schnitte ohne Blutspuren entfernt worden. Einer weiteren Kuh war ein Auge entnommen worden und der Jüngsten ein 45 × 55 Zentimeter großes Stück ihres Oberbauches. Juanita Striplins, die Redakteurin der lokalen Tageszeitung »Little River News«, berichtete in diesem Zusammenhang: »Auf den ersten Blick sah es so aus, als seien die bereits toten Kühe aus der Höhe abgeworfen worden. Eine Kuh lag mit geöffneter Bauchhöhle auf der rechten Seite, und neben ihr, immer noch in der Gebärmutter, lag ihr Kalb. Der Schnitt war gekonnt ausgeführt, aber weder Blut noch Körperflüssigkeit waren auf ihrem Fell oder am Boden zu sehen. Jim Williams, ein weiterer »Little River News«-Redakteur, berichtete, daß er in der Nacht des 9. März unweit der Fundstelle »goldgelb schimmernde Lichter« beobachtet hatte. Er unterrichtete Linda Howe über den Vorfall, die daraufhin mit weiteren Nachforschungen begann.
Sie bat Dr. Altshuler, der 1967 die verstümmelte Stute Lady untersucht hatte, um Unterstützung bei der mikroskopischen Untersuchung der Schnittstellen der Arkansas-Kühe. Wenige Tage später hielt die Journalistin den Bericht von Dr. Altshuler in Händen, dazu fünf durch ein Reichard Microstar IV-Mikroskop aufgenommene Farbphotos. Nach Dr. Altshuler beweisen diese Aufnahmen, daß »die Schritte mit einem heißen Instrument, welcher Art auch immer, ausgeführt wurden. Sie weisen Charakteristiken

auf, die Laserchirurgie vermuten lassen.« Die Veränderung der Gefäßstruktur der Haut deutet auf Temperaturen von über 300 Grad Fahrenheit (= über 100 Grad Celsius) hin. Die Operation müsse sehr schnell durchgeführt worden sein, da die dunklere Collagenschicht der Haut zwar verletzt wurde, aber keine Veränderungen durch eine Entzündung aufweist. Gewebe reagiert auf Verletzungen durch eine Entzündung der Zellen, die aber so gut wie nicht vorhanden war.

Daraus folgert Dr. Altshuler: »Aus allen mikroskopischen Untersuchungen ergibt sich die Schlußfolgerung, daß der an den Tieren vorgenommene Eingriff sehr schnell abgewickelt wurde – wahrscheinlich in ein bis vier Minuten und unter Einsatz von Hochtemperaturschneidern, zum Beispiel Lasern.«

Die heutige irdische Lasertechnologie ist aber noch weit davon entfernt, leicht transportable Geräte anzubieten. Größere Operationen werden nach wie vor mit dem Skalpell oder einem chirurgischen elektrischen »Brennschneider« durchgeführt. Jim Williamsom von den »Little River News« erkundigte sich bei einem der großen US-Produzenten von Laser-Equipment, der Firma Questek in Billeria, Massachusetts. Von einem Verkaufsingenieur wurde ihm erklärt, daß für die an den Kühen vorgenommenen Schnitte ein Laser von der Größe eines Büroschreibtisches nötig wäre, der rund 280 Pfund wiegen würde. Mit der heute verfügbaren Technologie würde ein Schnitt, wie er an einer der Kühe vorgenommen wurde, im Krankenhaus etwa eine Stunde dauern.

Das bedeutet: Wer immer für diese Viehverstümmelungen verantwortlich ist, muß über eine Technologie verfügen, die der irdischen weit überlegen ist. Als das »Albuquerque Journal« am 13. Dezember 1978 berichtete, das verstümmelte Vieh sei mit einer nur in ultraviolettem Licht erkennbaren Substanz markiert worden, verdichtete sich bereits der Hinweis auf außerirdische Verursacher.

Im Sommer 1978 hatte ein chemisches Labor in Albuquerque Untersuchungen auf der Ranch des Farmers Manuel Gomez durchgeführt. Sie liegt in der Nähe von Dulce, New Mexico, und wurde zum Mittelpunkt der Viehverstümmelungs-Aktivitäten. Der Rancher und der die Untersuchung leitende Kriminalbeamte Gabe Valdez sperrten 120 Rinder von Gomez' Herde in ein Gatter und ließen sie der Reihe nach durch eine Schleuse mit ultraviolettem Licht gehen:
»Während dieses nächtlichen Experiments entdeckten wir, daß fünf der Rinder mit einer glänzenden Substanz markiert waren: an der rechten Halsseite, am rechten Ohr und am rechten Bein.« Die an diesen Stellen entnommenen Hautproben wurden zur Analyse in die »Schoenfeld Klinischen Laboratorien« gebracht. Ergebnis: Die Substanz bestand aus Potassium und Magnesium. Die Potassium-Konzentration war 70mal höher als normal. Der Chemiker Bob Schoenfeld bezweifelte dem »Albuquerque-Journal« gegenüber einen natürlichen Ursprung. »Aber wie es an die betreffenden Stellen kam, weiß ich nicht«, meinte er.
Zu diesem Zeitpunkt wußten weder Schoenfeld, noch Valdez oder Gomez, was sich vier Nächte vorher im nahegelegenen Ort Taos in New Mexico ereignet hatte. In dieser Nacht, kurz nach 24 Uhr, beobachteten drei Familien ein sehr helles, orangefarbenes Licht am Himmel. Frau Elias Vargas, deren Haus am Ortsrand steht, berichtete dem »Albuquerque Journal«, das Licht hätte ihr schreckliche Angst eingejagt. »Ich war gerade zu Bett gegangen, als das ganze Zimmer plötzlich in helles, orangefarbenes Licht getaucht war. Im ersten Moment dachte ich, daß es ein

Feuerwerk der Nachbarn ist, bis mir klar wurde, daß es dafür viel zu hell war. Als ich zum Fenster ging, sah ich, daß die ganze Gegend taghell erleuchtet war. Vielleicht brennt es in der Nachbarschaft, dachte ich und ging zu einem anderen Fenster. Da sah ich dann dieses Gebilde, keine feste Struktur. Es war rund und viel größer als zwei Autos. Das Gebilde selbst war nicht orangenfarben, sondern sah grau aus. Es blieb etwa zwei Minuten lang in der Luft stehen und verschwand dann innerhalb von Sekunden als rotes Licht am Horizont. Vor Angst konnte ich erst gegen 5 Uhr morgens einschlafen.«

Die beiden Nachbarfamilien von Frau Vargas bestätigten diese Beobachtung. Sie berichteten, das Gebilde habe offenbar zwischen zwei Häusern direkt über einem 500-Gallonen-Öltank und einem Kleinlieferwagen gestanden. Das Dach dieses Wagens war am nächsten Morgen von einer dünnen Schicht Pulver bedeckt. Frau Vargas sammelte es in einem Glas und brachte es in die Schoenfeld-Laboratorien. Wie sich aus der Analyse ergab, bestand das Pulver größtenteils aus Magnesium und Pottasium – den gleichen Substanzen, die auf den Rinderkörpern entdeckt wurden. Schoenfeld fand darüber hinaus Spuren von Calcium, Sodium, Aluminium, Eisen, Barium, Wismuth, Platin, Vanadium und Strontium.

»All diese Elemente treten natürlich auch im Boden auf, wenn auch normalerweise nicht in der Luft. Wenn Sie sagen, Sie hätten das Pulver auf dem Dach eines Kleintransporters gefunden, ist es zumindest rätselhaft, wie es dorthin gekommen ist«, erklärte Schoenfeld.

Tatsache ist, daß verstümmeltes Vieh in der Regel auf der rechten Seite liegend aufgefunden wird – also auf der Seite, auf der die Kühe der Gomez-Herde markiert waren. Tatsache ist auch, daß sehr häufig Schnitte an Hals, Ohren und

Genitalien vorgenommen wurden. Sind es also wirklich Außerirdische, die für die rätselhaften Viehverstümmelungen verantwortlich sind? Suchen sie möglicherweise nach genetischem Material?
Einer Theorie zufolge könnten Außerirdische am DNS-Material interessiert sein, um zu klonen, Roboter und Hybriden zu konstruieren. Das Gen-Material von Kühen ähnelt nämlich dem des Menschen, wie der Genetiker Dr. James Womack von der Universität Texas 1984 in der Fachzeitschrift »Genetic Maps« ausführte. In einigen Chromosomen gehören menschliche und Rinder-Gene zur selben Kategorie. Das menschliche Erbmaterial besteht aus 23 Chromosomen-Paaren, das des Rindes aus 30 Paaren. »Wir haben mit den Rindern mehr gemeinsam, als bisher angenommen wurde«, erklärte Dr. Womack. 1986 fand Dr. Maruo Feola von der Technischen Universität Texas heraus, daß das Hämoglobin von Kühen im Notfall auch zur Transfusion für Menschen verwendet werden kann, da es in seiner Struktur dem menschlichen Blut fast gleicht.
Nun ist Blut nicht nur »ein ganz besonderer Saft«, wie es Goethe im »Faust« bezeichnet, sondern auch Träger genetischen Materials. Unsere Vorfahren scheinen das »geahnt« zu haben, denn in antiken Kulten und Mysterien spielt Blut eine wichtige Rolle.

Am 24. April 1989 berichtete das amerikanische »Time-Magazin« von einer mexikanischen Sekte, die offenbar noch heute die Blut- und Menschenopfer der Azteken und Tolteken zelebriert. Auf der Suche nach einem Drogenring stießen mexikanische Behörden an der mexikanisch-texanischen Grenze auf einen grausigen Fund: 13 verstümmelte männliche Leichen zeugten von einer Blutorgie, und Blutschalen, Kerzen und ein blutüberströmter Altar von einer

Kulthandlung. Alle Spuren deuteten auf die Sekte der »Xipetoteken« hin, die sich selbst für Abkömmlinge des letzten Azteken-Häuptlings Motecuhzoma Xokoyotzin halten, von den Spaniern »Montezuma« genannt. Nach Angaben der mexikanischen Behörden treffen sich die »Xipetoteken« heute noch an den Kultplätzen ihrer Vorfahren, um bei ihren Zeremonien Blutopfer darzubringen. Menschen und Tiere werden umgebracht und buchstäblich »ausgesaugt«. In anderen Worten, das Blut wird getrunken oder den Göttern geopfert, allen voran der »geflügelten Schlange«, »Quetzalcoatl«, deren Rückkehr die »Xipetoteken« 1979 erwartet hatten – ausgerechnet in dem Jahr, das den Höhepunkt der Viehverstümmelungen brachte.

Es wäre also einfach, Geheimsekten wie die Xipetoteken hinter den Viehverstümmelungen zu suchen. Aber der Unterschied zwischen ihren primitiven Schlachtungen und den mit höchster und für uns unerreichbarer wissenschaftlicher Präzision vorgenommenen Operationen ist viel zu groß.

In den verschiedensten Kulturen verkörpert die »fliegende Schlange« oder der »fliegende Drache« das Symbol für Besucher, die vom Himmel kommen. Und zu eben diesen Kulturen gehören blutige Tier- oder Menschenopfer. Der phönizische Historiker Sanchuniathon erwähnt in seiner »Geschichte Phöniziens« fliegende Schlangen. Ein Land, das für seine Baal und Marduk dargebrachten Menschen- und Tieropfer bekannt war.

»Könnten die Tier- und Menschenopfer der verschiedensten Religionen eine Inspiration außerirdischer Intelligenzen gewesen sein? Dachten die Menschen in ihrer Unwissenheit, sie würden damit die Götter befriedigen?« spekuliert Linda Howe. Verfolgen die »Schlangen- beziehungsweise Drachengötter« etwa unsere Evolution?

Die Indizien für die Existenz außerirdischer Besucher häufen sich. Als die sogenannten fliegenden Untertassen in den vierziger Jahren auftauchten, wurden sie als neuartige geheime Flugkörper gedeutet. Während des sogenannten kalten Krieges vermuteten die Amerikaner dahinter neue sowjetrussische Flugmaschinen, und umgekehrt nahmen die Sowjets an, daß es sich bei diesen UFOs um Geheimwaffen der Amerikaner handelt. Doch nachdem zunehmend UFOs registriert und ihre exotischen Flugeigenschaften analysiert wurden, lag der Schluß nahe, die Herkunft dieser rätselhaften Flugkörper außerhalb der Erde zu suchen.
1989 soll es dann in der Kalahari-Wüste zu einem unglaublichen Zwischenfall gekommen sein, der die außerirdische Herkunft der unbekannten Flugobjekte zu bestätigen scheint.

10

Zwischenfall in der Kalahari

Wir müssen uns damit abfinden, daß sich das Phänomen der unbekannten Flugobjekte nicht durch unseren heutigen wissenschaftlichen Erkenntnisstand erklären läßt. Wenn es sich dabei tatsächlich um außerirdische Raumschiffe handeln sollte, ist auch nicht zu erwarten, daß sie sich nahtlos in den Rahmen unseres relativ begrenzten physikalischen und psychologischen Wissensstandes einfügen lassen.
Für den Besuch außerirdischer Intelligenzen auf der Erde gibt es vier mögliche Gründe: wissenschaftliche Neugier, freundliche Kontaktaufnahme, feindliche Kontaktaufnahme oder Einflußnahme auf die Entwicklung der Menschheit.
In jedem Fall müssen die Besucher erst einmal sorgfältige wissenschaftliche Erkundungen durchführen. Unter Erkundung ist die Erforschung eines Systems und/oder die planmäßige Überprüfung eines Geländes zu verstehen. Es handelt sich also um eine wissenschaftliche Methode. Diesem Prinzip zufolge müssen nicht nur Vorsichtsmaßnahmen getroffen werden, sondern es müssen auch das Beobachtungsinstrumentarium und die Erkundungsmethoden so ausgerichtet sein, daß jede unnötige Beeinflussung des zu beobachtenden Systems vermieden wird. Andernfalls könnten die Ergebnisse verfälscht und das System nicht richtig beurteilt werden. Diese Vorgangsweise muß ganz besonders bei der Untersuchung soziologischer Systeme berücksichtigt werden. So weiß beispielsweise der Anthropologe

sehr genau, daß er sich verstecken muß, um die geheimen Riten eines unerforschten Eingeborenenstammes zu beobachten, da ihm sonst höchstwahrscheinlich bedeutungslose Scheinrituale vorgeführt würden.
Im allgemeinen kann also gesagt werden, daß eine Beobachtung ohne Beeinträchtigung des zu beobachtenden Systems unmöglich ist. Die daraus resultierende Beeinträchtigung verfälscht die Ergebnisse gegenwärtiger oder auch zukünftiger Beobachtungen. Aus diesem Grund wird ein Beobachter stets versuchen, die Beeinträchtigung des zu beobachtenden Systems auf ein Minimum zu beschränken.
Aus den angeführten Gründen werden wissenschaftlich fortgeschrittene außerirdische Intelligenzen mit größter Wahrscheinlichkeit keinen offiziellen Kontakt aufnehmen, nicht zuletzt, um sich selbst nicht in Gefahr zu bringen.
Je größer der Unterschied zwischen den Außerirdischen und uns ist, um so vorsichtiger müssen sie vorgehen. Auch wir Menschen verhalten uns ja besonders vorsichtig, wenn wir mit dem Unbekannten konfrontiert werden.

Es war ein klarer, kalter Wintermorgen im Dezember 1978. Auf einer Routinefahrt durchquerten der britische Polizeioffizier Anthony Dodd und ein Kollege die Hügellandschaft der »Yorkshire Moore« im nördlichen England. Dodd traute seinen Augen nicht, als er plötzlich aus dem Bodennebel, der hie und da über dem Gelände lag, ein kuppelförmiges Flugobjekt auftauchen sah. Etwa zehn Meter im Durchmesser, zog es in rund 35 Metern Höhe über den Polizeiwagen hinweg. Als ehemaliger Angehöriger der Royal Air Force sah Dodd sofort, daß es sich um keinen konventionellen Flugkörper handelte. Grund genug für ihn, seine Freizeit von nun an darauf zu verwenden, dem Ursprung des mysteriösen Flugobjekts auf die Spur zu kommen.

Seinem Ziel, das Rätsel der unbekannten Flugobjekte zu lösen, schien er in der ersten Juli-Woche 1989 nahe gekommen zu sein, als er einen Anruf aus Südafrika erhielt. Ein Mitarbeiter, der seine Forschungen am Kap unterstützt, informierte ihn, daß er aus Geheimdienstkreisen einen Tip erhalten habe: In der Kalahari-Wüste sei am 7. Mai 1989 ein scheibenförmiges Flugobjekt von zwei Abfangjägern der südafrikanischen Luftwaffe abgeschossen worden. Es sei völlig intakt, mit zwei noch lebenden außerirdischen Besatzungsmitgliedern an Bord, geborgen worden.

Durch einen ihm bekannten Captain des Luftwaffengeheimdienstes habe er sogar ein Exemplar des Geheimdoku-

ments über den Vorfall zugespielt bekommen. Er würde Todd eine Kopie des sechsseitigen Berichts übermitteln.
Einige Wochen später erhielt Dodd einen Brief mit dem Poststempel von Johannisburg, Südafrika. Inhalt: das angekündigte Dokument. Das Deckblatt war mit dem Hoheitszeichen der Südafrikanischen Luftwaffe, einem Adler, und dem Aufdruck »South African Air Force« versehen. Darunter der Vermerk: »Streng geheim eingestuft vom Luftwaffengeheimdienst. Weitergabe untersagt.« Die Abteilung für besondere Nachforschungen (DSIR) des Luftwaffen-Nachrichtendienstes (DAFI) hatte den Geheimbericht erstellt.
Adressat in der Hauptstadt Pretoria war eine Kommission mit dem Decknamen »Illuminated Nine« (»Die Erleuchteten Neun«). Es könnte sich hier möglicherweise um »Leute« handeln, um eine Untersuchungskommission, die, wie 1947 nach einem UFO-Absturz in Roswell, New Mexico, auch hier ins Leben gerufen wurde.
Die nächsten sechs Seiten erwiesen sich als das brisanteste Geheimdokument in bezug auf das Phänomen der unbekannten Flugobjekte, das Dodd je vor Augen gekommen war. Bestenfalls vergleichbar mit den »Majestic-12«-Dokumenten von 1952 sowie dem Einweisungsbericht in das »Projekt Aquarius« (1976) an Präsident Carter oder den »PI 40«-Dokumenten von 1986, über die bereits in meinem Buch »Zeitriß« ausführlich berichtet wurde.

Folgendes hatte sich am 7. Mai 1989 zugetragen: Die Marinefregatte »SA Tafelberg« meldete dem Marinehauptquartier in Kapstadt um 13.45 Uhr GMT, ein unidentifizierbares Flugobjekt sei auf dem Radarschirm geortet worden. Es bewege sich mit einer berechneten Geschwindigkeit von 10421 Stundenkilometern in nordwestlicher Richtung auf den afrikanischen Kontinent zu. Die Meldung wurde vom

Marine-Hauptquartier registriert und gleichzeitig bestätigt, daß Luftradar, militärische Bodenradarstationen und die Luftüberwachung des Internationalen Flughafens D.F. Malan in Kapstadt das Objekt ebenfalls geortet hätten.
Um 13.52 Uhr tauchte das unbekannte Flugobjekt in den Südafrikanischen Luftraum ein. Versuche, Funkkontakt aufzunehmen, blieben erfolglos. Die Valhalla-Luftwaffenbasis beorderte nun zwei »Mirage-FII G«-Abfangjäger, die Verfolgung aufzunehmen. Das Objekt reagierte darauf mit einem plötzlichen Kurswechsel und einer Geschwindigkeit, die außerhalb der Reichweite jedes konventionellen Kampfflugzeuges liegt.
Um 13.59 Uhr meldete Staffelkommandant Goosen, das Objekt sei sowohl gesehen als auch auf Radar geortet worden. Der Befehl, mit der an Bord befindlichen experimentellen Thor 2-Maserkanone auf das Objekt zu feuern, wurde ausgeführt.
Staffelführer Goosen meldete danach helle, von diesem Objekt ausgehende Lichtblitze. Hin und her geschleudert, hielt es dennoch den eingeschlagenen Nord-Kurs ein. Um 14.02 Uhr meldete die »Mirage-FII G«-Staffel, das Objekt verliere 1000 Meter Höhe pro Minute. Dann wurde beobachtet, wie es in einem Winkel von 25 Grad rasend schnell erdwärts stürzte und 80 Kilometer nördlich der Grenze von Botswana in der Kalahari-Wüste aufschlug. Staffelführer Goosen erhielt den Befehl, das Aufschlagsgebiet bis zur Bergung des Objekts zu umkreisen. Ein Bergungstrupp, der sich aus Offizieren des Luftwaffengeheimdienstes sowie medizinischem und technischem Hilfspersonal zusammensetzte, wurde umgehend zur Absturzstelle transportiert, um Untersuchungen und Bergungsarbeiten durchzuführen.
Folgendes wurde vorgefunden:
a) Ein 12 Meter tiefer Krater von 150 Metern Durchmesser.

b) Ein im Winkel von 45 Grad in einer Seite des Kraters steckendes silbrig schimmerndes, scheibenförmiges Objekt.
c) Rings um das Objekt durch intensive Hitze ineinander verschmolzener Sand und Felsgestein.
d) Ein starkes Magnetfeld und radioaktive Strahlung im Umkreis des Objekts führten zum elektronischen Versagen der Luftwaffengeräte.
e) Der Leiter des Bergungstrupps veranlaßte eine sofortige Überführung des Objekts in die Sicherheitszone einer Luftwaffenbasis.

Nach den Bergungsarbeiten wurde der Krater mit Sand und Geröll aufgefüllt und damit jeder Hinweis auf den Vorfall sozusagen eingeebnet.

Die Beschreibung des Objekts im Geheimbericht lautet wie folgt:

»Flugzeugtyp und Ursprung:	Unbekannt – vermutlich außerirdischer Herkunft.
Identifizierbare Hoheitszeichen:	Keine. Seitlich, in das Metall des Objekts, seltsame Markierung eingearbeitet.
Format:	Durchmesser – etwa 18 Meter. Höhe – etwa 9,5 Meter. Gewicht – etwa 50000 Kilogramm.
Herstellungsmaterial:	Unbekannt. Laborergebnisse werden erwartet. Oberfläche des Objekts makellos poliert, glatt, silberfarben. Keine sichtbaren Schweißnähte innen oder an der Außenfläche des Objekts festgestellt. Peripherie des Objekts zeigt in ungleichmäßigen Abständen zwölf

	ovale, mit der Oberfläche planverarbeitete Bullaugen.
Antriebssystem:	Unbekannt. Laborergebnisse werden erwartet.

Anmerkungen:

a) Eine Art hydraulische Landevorrichtung war voll ausgefahren und läßt vermuten, daß der Absturz durch eine elektronische Fehlfunktion verursacht wurde. Möglicherweise ist dafür die auf das Objekt abgefeuerte Maserkanone verantwortlich.

b) Während das Untersuchungsteam das Objekt auf der als geheim eingestuften Luftwaffenbasis beobachtete, hörten die Beteiligten ein lautes Geräusch. Dann bemerkten sie, daß sich an der Unterseite des Flugkörpers eine Luke oder Eingang geringfügig geöffnet hatte. Später mußte diese Luke mit Hilfe mechanischer Geräte aufgestemmt werden.

c) Zwei humanoide Wesen in enganliegenden grauen Overalls kamen heraus. Sie wurden umgehend in eine behelfsmäßig errichtete Krankenstation gebracht.

d) Aus dem Innern des Flugkörpers wurde Verschiedenes zu Analysezwecken entnommen. Resultate werden erwartet.

e) Das Flugobjekt wurde in steriler Umgebung untergebracht.

Medizinischer Bericht über die humanoiden Wesen:

Ursprung:	Unbekannt. Vermutlich außerirdischer Herkunft.
Größe:	1,25 bis 1,35 Meter.
Aussehen der Haut:	Gräulichblau – extrem elastische, weiche Hautstruktur.
Haare:	Keinerlei Körperbehaarung.
Kopf:	Extrem groß, verglichen mit menschlichen Proportionen. Erhöhte Schädel-

	decke. Rings um den Kopf dunkelblaue Flecken.
Gesicht:	Betonte Backenknochen.
Augen:	Übermäßig große, schrägstehende Augen ohne Pupillen.
Nase:	Sehr klein, besteht nur aus zwei Nasenlöchern.
Mund:	Lippenloser kleiner Schlitz.
Unterkiefer:	Im Vergleich zu menschlichen Proportionen klein.
Ohren:	Nicht wahrnehmbar.
Hals:	Verglichen mit menschlichen Proportionen überaus dünn.
Arme:	Überlang und dünn. Reichen bis über die Knie.
Torso:	Brust und Bauch von schuppiger Haut bedeckt.
Hüften:	Schmal.
Beine:	Kurz und dünn.
Genitalien:	Keine äußerlichen Geschlechtsorgane.
Füße:	Drei nagellose Zehen, Schwimmhäute.
Hände:	Bestehen aus drei Fingern mit Schwimmhäuten und klauenartigen Nägeln.

Anmerkungen:
Aufgrund der aggressiven Natur dieser Humanoiden war eine Entnahme von Blut- oder Hautproben nicht möglich. (Ein Arzt wurde von einem der beiden angegriffen und erhielt tiefe Kratzwunden im Gesicht und am Hals.) Die ihnen angebotene, verschiedenartigste Nahrung verweigerten sie. Verständigungsart unbekannt – wahrscheinlich telepathischer Natur.
Derzeit befinden sich die Humanoiden in Verwahrungsarrest auf Ebene 6 des Luftwaffenstützpunktes Valhalla.

Es wurde um Überführung der beiden Humanoiden zwecks weiterer Untersuchungen auf die Wright Patterson-Luftwaffenbasis in den USA nachgesucht.
Schlußfolgerungen:
A) Eine endgültige Schlußfolgerung konnte noch nicht gezogen werden, da weitere Untersuchungsergebnisse noch ausstehen.
B) Eine Überführung des Objekts und der Humanoiden zur Wright Patterson Air Force Base zwecks weiterer Untersuchungen erfolgt.
C) Transporttermin: 23. Juni 1989.
Anmerkungen:
Diese Akte enthält die ersten Resultate des vorläufigen Untersuchungsberichts. Nach Beendigung der Untersuchungen in Südafrika und auf der amerikanischen Luftwaffenbasis Wright Patterson werden weitere Einzelheiten erwartet.«

Nach Erhalt dieses Berichts begann Dodd umgehend mit seinen Recherchen. Er kontaktierte den ihm von seinem südafrikanischen Mitarbeiter benannten Nachrichtenoffizier der Südafrikanischen Luftwaffe. Es gelang ihm, dessen Identität erfolgreich zu überprüfen. Dieser Offizier erklärte Dodd, Informationen über den Absturz in Händen zu haben, darunter vier offizielle 20 × 26 Zentimeter große Schwarzweißphotos des Raumschiffs und der Außerirdischen. Außerdem sei er im Besitz eines fünfzigseitigen Telex der Wright Patterson-Luftwaffenbasis in Dayton, Ohio, an die Afrikaner, mit genauen Bergungs- und Überführungsinstruktionen bezüglich des abgestürzten unbekannten Flugobjekts und seiner Insassen. Er war bereit, Dodd in Kürze eine Kopie des Dokuments und der Photos zu schicken, wenn dieser ihm im Austausch anderes brisantes Material

zur Verfügung stellen würde. Dodd erklärte sich einverstanden – wartete aber vergeblich auf die angekündigten Unterlagen.
Aber er gab nicht auf. Sein nächster Versuch, der Wahrheit näher zu kommen, war ein Ferngespräch mit der Valhalla-Luftwaffenbasis in Pretoria. Ein amerikanisch sprechender Mitarbeiter von Dodd verlangte als »General Grant von der Wright Patterson Air Force Base« mit Staffelführer Goosen verbunden zu werden – also mit dem Staffelführer der »Mirage FIIG«-Kampfflugzeuge, der angeblich auf das unbekannte Flugobjekt gefeuert haben soll.
Folgender Dialog fand statt:
»Staffelführer Goosen am Apparat?«
»Yes.«
»Hier General Grant von der Wright Patterson-Luftwaffenbasis in den USA.«
»Yes, Sir!«
»Hören Sie, Staffelführer, mir liegt da gerade der Bericht über die Operation ›Silberner Diamant‹ vor. Nicht ganz vollständig, wie mir scheint. Ich hätte gern gewußt, wie oft Sie auf das Objekt gefeuert haben?«
»Wer, sagen Sie, spricht da, Sir?« fragte der Pilot leicht verunsichert.
»Hier General Grant von Wright Patterson. Es ist mir klar, daß ich Ihnen eine sehr direkte Frage stelle, Staffelführer. Also heraus mit der Sprache, wie oft haben Sie auf das verdammte Ding gefeuert?«
»Einmal, Sir. Ich habe einmal geschossen. Aber würden Sie bitte einen Moment warten, damit ich an einen anderen Apparat gehen kann?«
»Nicht nötig, Staffelführer. Sie haben meine Frage beantwortet.«
Damit hängte der selbsternannte General auf.

Über eine geheime Telefonnummer des Kontrollzentrums der amerikanischen Luftraumüberwachung NORAD überprüften Dodd und sein Mitarbeiter anschließend die Eintragungen über den 7. Mai 1989. NORAD kontrolliert die Spionagesatelliten und Radarstationen der Amerikaner. Die abgefragten Computerdaten bestätigten den Engländern, daß an diesem 7. Mai tatsächlich ein Objekt geortet wurde, das mit Richtung auf Südafrika in die Atmosphäre eingetreten war. NORAD wußte nicht mit Sicherheit, wo das Objekt heruntergekommen war und um was es sich tatsächlich handelte, schloß aber die Möglichkeit eines sowjetischen Spionagesatelliten nicht aus.
Aus Dodds weiteren Recherchen bei der Wright Patterson-Luftwaffenbasis ergab sich, daß an dem für die Ankunft des havarierten UFOs bestimmten Tag Alarmstufe Rot angesetzt war. Dodd gelang es, General van Buren telephonisch zu erreichen, jenen Offizier, unter dessen Kommando angeblich das amerikanische Beraterteam bei der Bergung des abgestürzten Flugobjekts gestanden hatte. Der General gab auf die Frage, ob er Anfang Mai in Südafrika gewesen sei, keine Antwort. Er antwortete irritiert und zögerte mit seinen Auskünften. Als Dodd tags darauf erneut anrief, wurde ihm mitgeteilt, der General sei für einige Wochen wegen einer Spezialaufgabe versetzt worden.

Als Dodd dann seine Fakten am 27. Oktober 1989 auf der internationalen D.U.-Konferenz »Dialog mit dem Universum« präsentierte, entschloß ich mich, dem mysteriösen Vorfall selbst nachzugehen. Ich begann mit meinen Recherchen in England.
Im Januar 1990 fuhr ich nach England und suchte unter vielen anderen auch Anthony Dodd auf. Er lebt im nördli-

chen Yorkshire in einem gemütlichen Reihenhaus am Ortsrand von Skipton. Dieser Polizeioffizier a. D. hängt keineswegs eigenem Wunschdenken nach, sondern ist ein mit aller Sorgfalt recherchierender Mann, mit guten Verbindungen zu den verschiedensten Dienststellen seines Landes. Dodd erzählte mir, er habe ein als streng geheim klassifiziertes Telex der Südafrikanischen Luftwaffe einsehen können, das den Vorfall bestätigt habe. Darüber hinaus erfuhr ich, daß, Aussagen seiner Gewährsleute zufolge, das den Südafrikanern bei der Bergung des Objekts behilfliche amerikanische Expertenteam über ein komplettes Alphabet und einen Übersetzungsschlüssel verfüge, um die an den Innenwänden und auf unzähligen »Siliconplättchen« entdeckten, hieroglyphenartigen Schriftzeichen zu entziffern. Einer seiner Informanten konnte Dodd sogar eine Abschrift dieses Alphabets zur Verfügung stellen. In der Sprache dieser Humanoiden würde die Schrift »Ochroes« bezeichnet, erklärte er Dodd. Sie bestünde aus 132 Symbolen, von denen zwölf eine eigenständige Bedeutung hätten. Die restlichen seien Silben. Das »Ochroes«-Alphabet ähnelt in der Tat jenen Symbolen, die 1947 auf den Fragmenten des in Roswell, New Mexico, abgestürzten unbekannten Flugobjekts entdeckt wurden, sowie denen, die 1948 in einem ebenfalls in New Mexico geborgenen UFO-Wrack vorhanden waren. Damals wurde den Linguisten Dr. William F. Friedman und Lambros P. Callihamos eine Schriftprobe zur weiteren Analyse überlassen.

Das im Geheimbericht erwähnte Symbol auf der Oberfläche des unbekannten Flugobjekts glich nach Aussagen von Dodds Gewährsmann jener Markierung, die Deputy Marshall Lonnie Zamora an einem ovalen Flugkörper gesehen haben will, der am 24. April 1964 bei Soccoro in New Mexico in einer Schlucht gelandet war. Bevor das Flugobjekt aufstieg, hatte Zamora noch zwei kleine Wesen einsteigen sehen. Das UFO hinterließ vier kreisförmige Eindrücke im Boden, die von seinen Landebeinen stammten. Der Vorfall wurde später durch Experten der amerikanischen Luftwaffe untersucht und bestätigt.

Die an Bord des Kalahari-Wracks vorgefundenen beiden Insassen entsprechen in ihrem äußeren Erscheinungsbild den oft beschriebenen »außerirdischen Besuchern«, über die im Zusammenhang mit sogenannten Begegnungen der dritten Art sowie UFO-Entführungen von Augenzeugen berichtet wurde: 1,25 bis 1,35 Meter groß, schmal gebaut mit überlangen Armen, einem insektenähnlichen Torso, großen, weit auseinanderstehenden Augen ohne Pupillen, jedoch mit reptilienähnlicher, schuppiger Haut und Schwimmhäuten zwischen Fingern und Zehen. »Es hat den Anschein, als habe eine Art Kreuzung zwischen insektoiden und reptiloiden Lebensformen stattgefunden«, heißt es in einem der Untersuchungsberichte. »Daß eine solche Kreuzung überhaupt möglich war, weist auf ein hohes Maß von Anpassungsfähigkeit hin.«

Reptiloide Lebensformen – sind sie die »Schlangen der Weisheit«, die Nagas der Inder, die Nacaals der Maya? In Nahuatl, der Sprache der Azteken, verkörpert die Schlange – »Coatl« – das Prädikat für einen Weisen. Die beiden Überlebenden des Kalahari-Absturzes sollen auf ihren grauen Overalls ein rotes Symbol getragen haben – einen geflügelten Drachen.

Drachenkinder? Der Amerikaner Bill Herrmann beschrieb das gleiche Symbol auf dem Overall der außerirdischen Besucher, die ihn an Bord ihres Schiffes angeblich mitnahmen. Laut Herrmanns Aussagen sollen sie von dem Doppelstern-System Ceta Reticuli stammen. Das in der Kalahari-

Wüste havarierte Objekt soll, den Aussagen von Dodds Zeugen zufolge, ebenfalls vom 36 Lichtjahre entfernten System Ceta Reticuli gekommen sein. Es wurde auch als Ursprungsort jener Außerirdischen identifiziert, die das amerikanische Ehepaar Barney und Betty Hill 1961 an Bord ihres Flugobjekts entführten, um sie dort medizinischen Untersuchungen auszusetzen. In Hypnose versetzt, konnte sich das Ehepaar später an die kleinsten Einzelheiten dieses Erlebnisses erinnern. Betty Hill gelang es sogar, aus dem Gedächtnis eine Sternenkarte aufzuzeichnen, die ihr von den Fremden im Schiff gezeigt worden war. Die amerikanische Astronomin Majorie Fish identifizierte diese Sternenkarte dann als exakte Darstellung unserer Milchstraße – gesehen aus der Perspektive eines zum System Ceta Reticuli gehörenden Planeten. Einige durch markante Linien auf dieser Karte untereinander verbundene Sterne wurden Betty Hill als regelmäßige Flugrouten – Handelswege – der Außerirdischen erklärt.

Am 3. Dezember 1967 war der zweiundzwanzigjährige amerikanische Polizeioffizier Herbert Schirmer nachts um 2.30 Uhr auf Patrouille an der Kreuzung der Autobahnen 63 und 6 in der Nähe von Ashland, Nebraska. Plötzlich bemerkte er ein dunkles, ovales Objekt auf der Straße, mit einer Reihe blinkender Lichter ringsum. Schirmer dachte zuerst an einen liegengebliebenen Lastwagen. Doch als er das »Fahrzeug« ins Scheinwerferlicht nahm, stieg es plötzlich aufwärts. Schirmer hatte zwar in der Zeitung hin und wieder von UFO-Sichtungen in dieser Gegend gelesen, wäre aber nie darauf gekommen, daß er selbst einmal in eine solche »unheimliche Begegnung« verwickelt werden könnte. Als er gegen 3.00 Uhr zu seiner Dienststelle zurückkam, schrieb er ins Tagesberichtsbuch: »Um 2.30 Uhr fliegende Untertasse an der Kreuzung der Highways 6 und 63 gesehen. – Glaubt es oder glaubt es nicht!«

Als er frühmorgens vom Dienst nach Hause kam, hatte er fürchterliche Kopfschmerzen und Ohrensausen im rechten Ohr. Als er sich auszog, um zu Bett zu gehen, fiel ihm unterhalb des linken Ohrs ein roter Kratzer am Hals auf. Außerdem konnte er sich nicht mehr daran erinnern, was sich in der Zeit zwischen der Sichtung und seiner Ankunft auf der Polizeiwache zugetragen hatte.

Ursprünglich wurde dieser Fall als »UFO-Sichtung eines Polizeibeamten« von der Universität Colorado untersucht, da sie zu diesem Zeitpunkt eine von der US-Luftwaffe in Auftrag gegebenen UFO-Studie durchführte, die unter Leitung von Professor Edward Condon stand. Schirmer wurde also nach Boulder, Colorado, geflogen und dort befragt. Als die Sprache auf seine Erinnerungslücke kam, wurde ihm von den an der Befragung teilnehmenden Wissenschaftlern – dem Physiker Dr. Roy Craig und dem Psychologen Dr. John Ahren – empfohlen, sich unter Hypnose in den fraglichen Zeitraum zurückversetzen zu lassen.

Die Hypnose wurde von dem namhaften Psychologen Dr. Leo Sprinkle von der Universität Wyoming in Laramie durchgeführt, dessen Spezialgebiet Hypnoseforschung ist. Schirmer erinnerte sich während dieser Sitzung daran, daß der Motor und die Scheinwerfer seines Streifenwagens beim Näherkommen des Objekts ausfielen. Zudem fand folgender Dialog statt:

»Sprinkle:	Haben Sie versucht, ihre Waffe zu ziehen?
Schirmer:	Sie haben mich davon abgehalten.
Sprinkle:	Haben Sie per Funk um Hilfe gerufen?
Schirmer:	Ich konnte den Knopf nicht drücken. Sie haben es verhindert.
Sprinkle:	Und was geschah dann?

Schirmer: Etwas nähert sich meinem Wagen.
Sprinkle: Können Sie die Person erkennen, die sich Ihnen nähert?
Schirmer: Nein. Es ist weiß. Sehr diffus.
Sprinkle: Wissen Sie, woher sie kommen?
Schirmer: Von der Venus, dem Jupiter und anderen Planeten. Ihre Heimat ist ein nahegelegenes System.
Sprinkle: Was wollen sie hier?
Schirmer: Sie stellen für uns keine Gefahr dar.
Sprinkle: Warum landeten sie in Ashland?
Schirmer: Sie wollten Strom von den Hochspannungsleitungen abzapfen.
Sprinkle: Wie arbeitet ihr Schiff?
Schirmer: Es funktioniert gegen die Schwerkraft.
Sprinkle: Und wie ermöglichen sie das?
Schirmer: Das kann ich nicht beantworten. Dies ist nicht die Zeit und der Ort dazu.«

Kurz danach setzte sich der amerikanische Schriftsteller Eric Norman mit Schirmer in Verbindung. Er überredete den Polizeibeamten, sich weiteren Hypnosesitzungen zu unterziehen. Norman machte Schirmer mit dem Psychiater und Hypnosearzt Loring G. Williams aus Hinsdale in New Hampshire bekannt. Genau ein Jahr später, am 3. Dezember 1968, hypnotisierte Williams dann Schirmer erstmals im Hotel Holiday Inn in Des Moines, Iowa. Schirmer sagte unter Hypnose aus:

»Das Objekt hat die Form eines (amerikanischen) Fußballs ... Lichter blinken ... es fährt eine Art Dreifuß aus ... es landet auf dem Feld. Ich habe Angst ... Ich zittere ... Ich kann mich nicht bewegen ... Etwas geht in mir vor ... Ich will heimfahren, aber ich kann nicht ... Oh, nein, Sie kommen zum Wagen! Ich will meinen Revolver ziehen ... Sie halten mich davon ab … Irgendetwas geht in meinem Kopf vor … Einer von ihnen richtet ein helles Licht auf mich … Ich kann mich nicht mehr bewegen … Sie ziehen mich aus dem Wagen … Sie haben seltsame Augen … Sie fragen mich: ›Bist Du der Wächter dieses Ortes?‹ ›Ich bin Polizist.‹ … Weitere Fragen … Sie wollen wissen, ob wir ein Energiezentrum haben … Ich frage ihn, ob er real ist. Er berührt meine Schulter … Oh Gott! Ich träume nicht … Das ist Wirklichkeit … Er fragte mich, ob ich auf ein Raumschiff schießen würde … ›No, Sir.‹ … Er meint, ich kann für ein paar Minuten an Bord gehen. Er sagt, das Schiff funktioniert durch eine Art reversiblen Elektromagnetismus … etwas … gegen die Schwerkraft. Einer von ihnen bleibt beim Wagen, bewacht ihn … Ich klettere eine Leiter hinauf … Sie ist sehr kalt. Das Schiffsinnere ist etwa 6 × 8 Meter groß … die Beleuchtung ist rot … Ich sehe einige merkwürdige Stühle und Maschinen … Sie sehen wie Computer aus … Ich spüre ein Kribbeln … Sie sprechen nicht durch den Mund zu mir, sondern durch meinen Geist … mein Kopf schmerzt …

Es ist ein Beobachtungsschiff mit vier Mann Besatzung … Es gibt viel zu erklären … Sie beobachten uns seit langer Zeit … Sie geben uns nach und nach Informationen, um uns vorzubereiten … und um unsere Entwicklung zu steuern … Wir sollen nicht zu viel wissen, nur ein wenig an sie glauben … Sie bereiten uns auf ihre Invasion vor … Nein, nein, sie wollen uns nicht erobern … uns nur etwas demonstrieren … Sie stammen aus einem anderen System, haben Basen auf einigen Planeten, auf der Venus …«

Auf einem Bildschirm zeigten sie Schirmer ihr weit draußen im All stationiertes Mutterschiff. Ein zigarrenförmiges Objekt, das oben mit vier mysteriösen Schriftzeichen markiert ist.

Unter Hypnose beschrieb Schirmer das Aussehen der Wesen, die ihn an Bord des UFOs mitgenommen hatten, folgendermaßen: Zwischen 1,35 und 1,50 Meter groß, mit stark vorgewölbtem Brustkorb, verhältnismäßig großen Köpfen und übergroßen, schrägstehenden Augen. Sie trugen silbergraue, enganliegende Kleidung und auf der Brust das rote Symbol der geflügelten Schlange. Sie seien hier, um eine Art genetisches Experiment durchzuführen.

Die Besucher von Ceta Reticuli erklärten Bill Herrmann wiederum, daß ihre seit Jahrtausenden stattfindenden Expeditionen zur Erde »analytischen Zwecken« dienen. Gemeinsam mit hochentwickelten Zivilisationen anderer Welten hätten sie eine Art intergalaktische Handels- und Forschungsgemeinschaft geschaffen. Ihre Raumschiffe würden durch die Manipulation elektromagnetischer Energie angetrieben. Ende der vierziger Jahre seien einige ihrer Schiffe im mittleren Westen Amerikas abgestürzt, weil eine neue Art von Radar eine Störung ihres Programms und ihres Kraftfelds verursacht habe. Seitdem würden sie sich durch unregelmäßige dreieckige Flugmuster davor schützen. Auf diese Weise würden sie von den Radarwellen nie lange genug erfaßt, um Schaden zu nehmen. Erst durch die von der Südafrikanischen Luftwaffe eingesetzte Maserkanone gelänge es wieder, ein UFO zum Absturz zu bringen.

Die Überführung des UFO-Wracks und seiner Besatzung in die USA wurde Dodd durch einen ehemaligen Oberst der US-Luftwaffe, Lt. Col. Wendelle C. Stevens, bestätigt. Von 1942 bis 1945 diente Stevens in der damaligen US-Army Air Force und seit Kriegsende bis 1963 in der US-Air Force. Nach dem Krieg wurde er zum »Air Material Command« – dem späteren Lufttechnischen Nachrichtendienst (ATIC) –

versetzt, der auf dem Wright Patterson-Luftwaffenstützpunkt in Dayton, Ohio, seinen Sitz hat. Es handelt sich also um jenen Luftwaffenstützpunkt, der, dem Geheimbericht zufolge, über Frankfurt Anlaufstelle für die streng geheime Fracht zweier »Galaxy C-5«-Transportflugzeuge war. Stevens leitete 1947 für das AMC eine Spezialgruppe, die von Alaska aus die Polarregion photographieren und kartographieren sollte. Schließlich erhielt sie auch noch den Befehl, unidentifizierbare Flugobjekte zu verfolgen, zu filmen und magnetische Störungen in ihrem Umfeld zu messen. Alle Daten, Photos und Unterlagen wurden als »Top Secret« klassifiziert und gingen per Kurier direkt zum Pentagon nach Washington. Die Piloten bekamen sie nicht zu Gesicht. Lt. Col. Stevens erfuhr über einige seiner ehemaligen Kameraden, die noch in der US-Luftwaffe in höheren Chargen dienten, daß zum Transport der Insassen des abgestürzten Flugobjekts für alle Fälle ein besonderes Habitat entwickelt wurde – ein speziell konstruierter Zylinder, in dem so gut wie jede Atmosphäre hergestellt werden kann. Dieses Habitat kam nach Stevens' Informationen tatsächlich zum Einsatz. Im Juni 1989 wurde es nach Afrika transportiert und kam Ende des gleichen Monats (genaues Datum wußte Stevens nicht) mit »streng geheimer« Fracht zurück. Wrack und Habitat wurden laut Stevens von Wright Patterson direkt zum Nellis-Luftwaffenstützpunkt in Nevada befördert, und zwar in das Gebiet 51 – Groom Lake, das bestgesicherte, streng geheime Waffenversuchsgelände der Vereinigten Staaten.

»Meine heute noch im Gebiet 51 arbeitenden Gewährsleute haben mir dieses Habitat schon vor Jahren beschrieben«, sagte Stevens und fügte hinzu: »Gewöhnlich wird es in ›Galaxy C-5‹-Transportmaschinen befördert. Ich wurde hellhörig, als im Bericht von Tony Dodd die zwei ›C-5‹-

Maschinen erwähnt wurden. So etwas kann sich niemand ausdenken, um das zu wissen, muß einer schon sehr gut informiert sein.«

Stevens bestätigte, daß die südafrikanischen Quellen von Dodds zu Recht den Eindruck gewonnen hatten, die Amerikaner hätten bei der Bergung des Raumschiffs sehr routiniert gewirkt. »Sie wußten genau, wonach sie an welcher Stelle zu suchen hatten, was wichtig war und wie sie welchen Mechanismus im Raumschiff bedienen mußten, sie scheinen mit solchen Raumschiffen Bescheid zu wissen«, erklärte ein Augenzeuge Dodd.

»Seit 1947 wurden von uns einige Raumschiffe geborgen«, behauptet Stevens. »An Bord befanden sich verschiedene humanoide Lebensformen.« In einem 1976 freigegebenen Geheimbericht des »Strategischen Luftkommandos« (SAC) in Washington vom 22. März 1950 an den damaligen FBI-Direktor J. Edgar Hoover heißt es, daß »bis zu diesem Zeitpunkt bereits drei ›fliegende Untertassen‹ in New Mexico geborgen worden sind. Sie wurden als kreisrund, mit erhöhtem Zentrum und etwa 17 Meter im Durchmesser beschrieben. In jedem Objekt fand man drei menschenähnliche, kleine Wesen, deren Kleidung aus einem metallartigen, feinen Stoff bestand.«

Der an das FBI gerichtete Bericht enthält quasi eine Bestätigung der gegenüber Bill Herrmann gemachten Aussage jener außerirdischen Besucher. Denn darin heißt es: »Unserem Informanten zufolge wurden die Untertassen in New Mexico nur aufgrund des sehr starken Radarsystems in dieser Gegend gefunden. Es wird vermutet, daß die Kontrollmechanismen der Flugobjekte durch Radar gestört wurden und ausfielen.«

Nach dem »Majestic 12«-Geheimbericht stürzte das erste dieser Raumschiffe Anfang Juli 1947 nordwestlich von

11

12

13 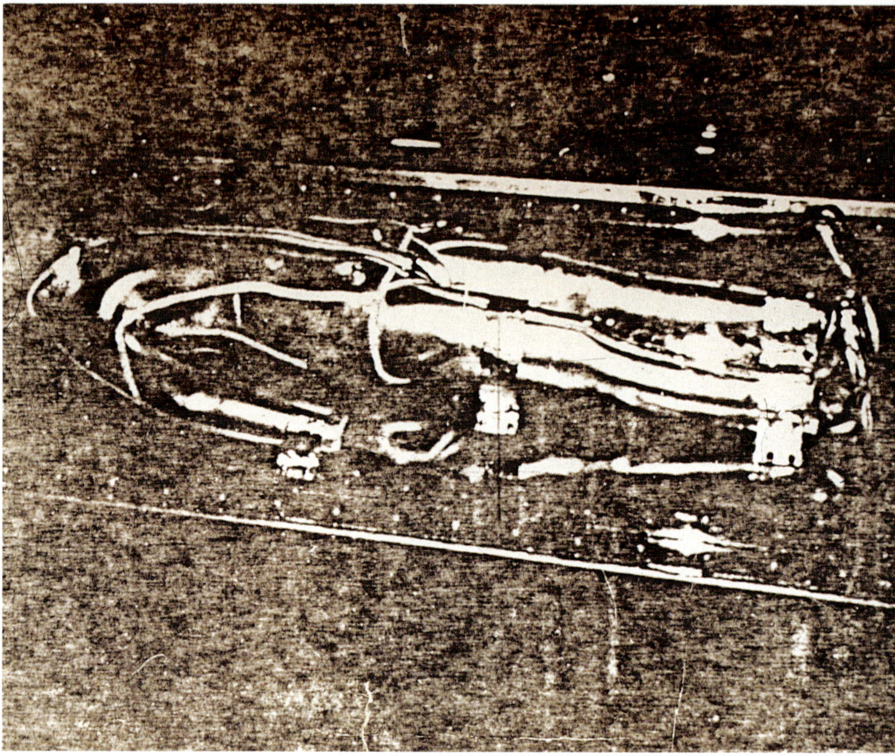

11 Der Polizei-Offizier a. D. Anthony Dodd zeigt dem Autor in Nord-Yorkshire, England, Geheimdokumente über den Absturz eines unbekannten Flugobjekts im Mai 1989 in der afrikanischen Kalahari-Wüste.

12 Der Autor zeigt auf die Stelle in der Yorkshire-Moorlandschaft, wo Anthony Dodd im Dezember 1978 ein kuppelförmiges Flugobjekt aufsteigen sah.

13 Das tote EBE im Leichensack auf einer Bahre. Wilbert B. Smith, der das streng geheime »Project Magnet« im Auftrag der kanadischen Regierung durchgeführt hat, übergab die Aufnahme Professor Zigel in der Sowjetunion. Dieser überantwortete sie Oberst Marina Popovich vor seinem Tod. Die »Gosposa MIG« stellte sie dem Autor freundlicherweise zur Veröffentlichung zur Verfügung.

14 Nach Aussagen von Oberst Popovich handelt es sich hier um die authentische Aufnahme des toten EBE (des Außerirdischen Biologischen Wesens) in einem Plastik-Leichensack der amerikanischen Luftwaffe. Es wurde nach einem UFO-Absturz am 7. Juli 1947 bei Roswell, New Mexico, geborgen.

15 Oberst Marina Popovich, die berühmte russische Testpilotin »Gosposa MIG«, überreicht dem Autor ein sensationelles Photo: das Brustbild eines toten Außerirdischen.

16 Während der sowjetrussischen »Phobos«-Mission gelang es, ein an der russischen Sonde »vorbeizischendes« außerirdisches Raumschiff zu photographieren: siehe den hellen Strich am unteren Bildrand rechts.

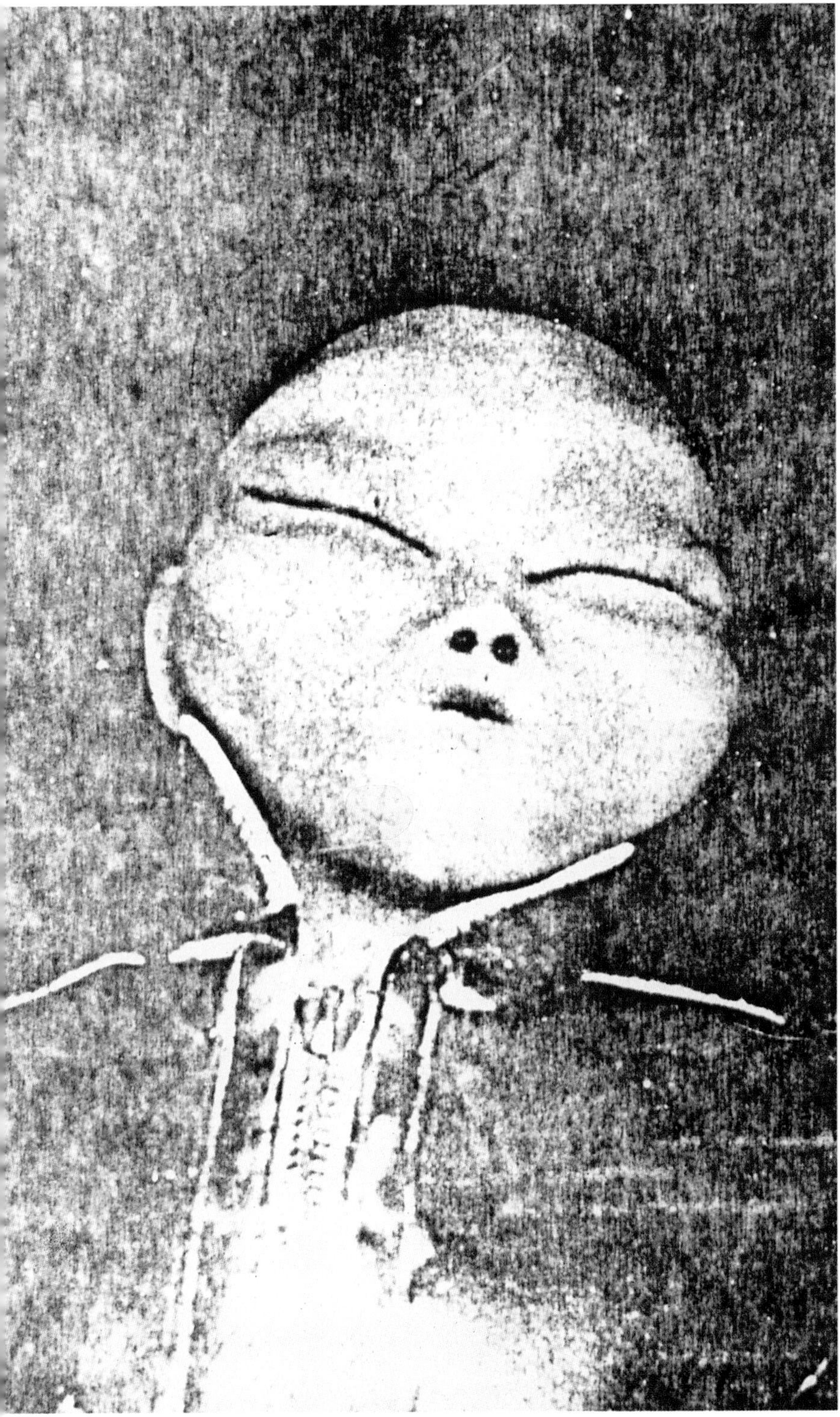

14

15

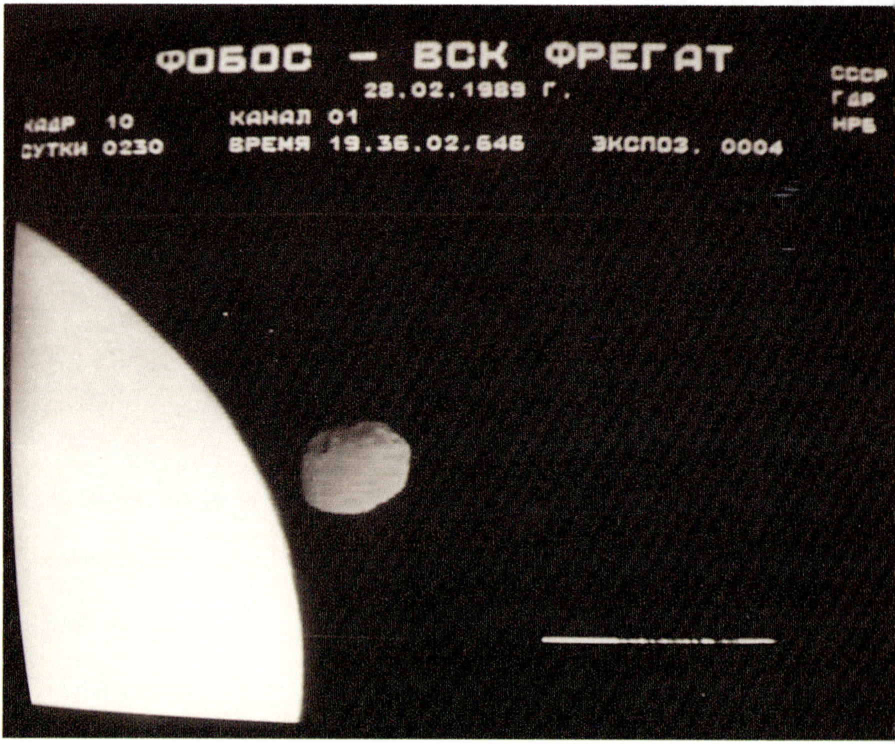
ФОБОС – ВСК ФРЕГАТ
28.02.1989 Г.
СССР
ГДР
НРБ
КАДР 10
КАНАЛ 01
СУТКИ 0230
ВРЕМЯ 19.36.02.646
ЭКСПОЗ. 0004

16

Roswell, New Mexico, ab. »Am 7. Juli 1947 wurde das Wrack dieses Objekts in einer Geheimoperation zwecks wissenschaftlicher Untersuchungen geborgen«, heißt es in dem Bericht. »Im Verlauf dieser Bergungsoperation entdeckte die Luftaufklärung vier kleine, menschenähnliche Wesen, die offenbar vor der Explosion aus dem Objekt hinausgeschleudert wurden. Sie waren zwei Meilen östlich der Absturzstelle aufgeschlagen. Alle vier waren tot... Ein Wissenschaftlerteam aus Spezialisten nahm die Bergung und die weiteren Untersuchungen der Leichen vor.«

Nach dem Abschlußergebnis des Untersuchungsteams handelte es sich bei diesen Kreaturen, trotz ihres humanoiden Aussehens, offenbar um Wesen, deren Entwicklungsprozesse von denen des Homo sapiens abweichen. Die Wissenschaftler nannten diese »Fremdlinge« der Einfachheit halber »EBEs« – »Extraterrestrische Biologische Entitäten« (außerirdische biologische Wesen).

43 Jahre nach dem »Roswell-Zwischenfall« hielt ich das erste Photo eines dieser »EBEs«, wie mir versichert wurde, in Händen. Die Umwege, über die ich es erhielt, muten wie ein Thriller an:

1950, als auch die kanadische Regierung durch unidentifizierbare Flugobjekte beunruhigt wurde, plante das Verkehrsministerium eine gründliche UFO-Studie. Mit den Nachforschungen beauftragt wurde Ingenieur Wilbert B. Smith, der bald darauf das »Projekt Magnet« ins Leben rief, mit dem Ziel, den Antriebsmechanismus dieser unbekannten Flugobjekte zu erforschen.

1950 erschien in den USA Frank Scullys Buch »Behind the Flying Saucers«, das zum ersten Mal Gerüchte von UFO-Abstürzen und -Bergungen durch die US-Luftwaffe aufgreift. Obwohl die US-Air Force diese Berichte öffentlich dementierte, wurde Smith bei Recherchen in Washington D. C. auf höchster Ebene zu verstehen gegeben, daß Scullys Behauptungen »grundsätzlich richtig« sind. In einem streng geheimen Memorandum vom 21. November 1950 an den kanadischen Verkehrsminister erklärt Smith, diskrete Nachforschungen durch die kanadische Botschaft in Washington D. C. hätten ergeben:

»a) Das Thema unterliegt der höchsten Geheimhaltungsstufe der Regierung der Vereinigten Staaten, noch weit höher als die der Wasserstoffbombe.«

b) Fliegende Untertassen existieren.

c) Ihr modus operandi ist unbekannt, wird aber von einer kleinen Gruppe unter Leitung von Dr. Vannevar Bush eingehend untersucht.

d) Die Angelegenheit ist für die Behörden der Vereinigten Staaten von enormer Bedeutung.«

Mit der »kleinen Gruppe« unter Leitung von Dr. Vannevar Bush kann natürlich nur »Majestic 12« gemeint sein, das von CIA-Direktor Admiral Roscoe Hillenkoetter und Dr. Bush geleitete Projekt.

Einer von Smiths Informanten war Professor Dr. Robert I. Sarbacher, damals Forschungsdirektor der Wedd-Laboratorien und Berater des »Forschungs- und Entwicklungsrates« der US-Regierung mit eigenem Büro im Pentagon. Als er 1983 von dem UFO-Forscher William Steinman gefragt wurde, was er von den abgestürzten UFOs wisse, erklärte Sarbacher – der damalige Leiter des »Washington Institute of Technology« und der wahrscheinlich die Geheimniskrämerei satt hatte – freimütig: »Während der Eisenhower-Ära wurde ich mehrfach eingeladen, an Diskussionen über die Bergungen teilzunehmen ... und erhielt einige offizielle Berichte darüber in meinem Büro im Pentagon ... Ich erinnere mich daran, daß verschiedene Materialien, die den Berichten zufolge aus den abgestürzten Untertassen geborgen wurden, extrem leicht und widerstandsfähig waren. Ich bin sicher, daß unsere Laboratorien sie sehr sorgfältig untersucht haben.« Sarbacher fiel auch ein, »mit einigen Leuten im Büro darüber gesprochen zu haben, daß diese fremden Lebewesen insektenähnliche biologische Eigenschaften aufwiesen«.

In der Tat wurden Wilbert Smith und einige kanadische Wissenschaftler in den fünfziger Jahren gebeten, an den amerikanischen Untersuchungen der UFO-Wracks und ihrer Insassen teilzunehmen. Daraus ergab sich Mitte der fünfziger Jahre die Konstruktion einer »fliegenden Untertasse«, an der beide Nationen beteiligt waren. Es war die in Toronto, Ontario, gebaute »Avro-Scheibe«, benannt nach der Fabrikationsfirma, der A. V. Roe Ltd. Anfang der siebziger Jahre fand ein interner wissenschaftlicher Dialog über das Phänomen der UFOs zwischen führenden kanadischen, amerikanischen und sowjetischen Forschern statt. Die sowjetische Delegation stand unter Leitung von Dr. Felix Yurevich Zigel, Professor für Kosmologie am Moskauer Institut für Luft- und Raumfahrt. Er war einer der wissenschaftlichen Ausbilder der sowjetischen Kosmonauten und Rußlands führender Experte in UFO-Fragen. Auf dieser Konferenz wurden Professor Zigel Photos der toten Insassen des Roswell-Wracks gezeigt und zwei davon zu Studienzwecken überlassen. Im Dezember 1988, kurz vor seinem Tod, gab Professor Zigel diese Photos der sowjetischen Testpilotin Oberst Marina Popovich. In der UdSSR ist sie als »Gosposa MIG« – als »Herrin der MIG«, des berühmten sowjetischen Abfangjägers – bekannt. Sie wurde als Heldin der Sowjetunion ausgezeichnet, ist Mitglied der Akademie der Wissenschaften, Präsidentin der internationalen Vereinigung »Wissenschaftlerfrauen für den Frieden«

und nicht zuletzt die Frau von General Pavel Popovich, dem sowjetischen Kosmonauten. Da sich Frau Oberst Popovich sehr für das UFO-Phänomen interessierte und schon oft angeregte Gespräche mit Professor Zigel geführt hatte, weihte er sie in das ihm vorliegende Geheimmaterial ein und gab ihr die Erlaubnis, Reproduktionen der Bilder anzufertigen. Am Rand der Tagung »Dialog mit dem Universum II« in München zeigte sie mir diese Bilder – und überließ sie mir zur Reproduktion.

Auf den Photos ist ein Gesicht abgebildet, das nur auf den ersten Blick menschlich wirkt. Es hat riesige, schrägstehende Augen, eine kaum wahrnehmbare Nase und einen sehr kleinen Mund. Das Wesen steckt ganz offensichtlich in einem irdischen, durchsichtigen Leichensack, wie er Ende der vierziger Jahre vom amerikanischen Militär benutzt wurde. Auf dem zweiten Bild ist das Wesen in voller Größe zu sehen, lang ausgestreckt in einer Art Glassarg abgebildet. Im durchschimmernden Plastiksack ist der hautenge Overall des EBE zu erkennen. Falls diese Photos tatsächlich authentisch sind, bedeuten sie eine Sensation. Übrigens zeigte NASA-Mitarbeiter Professor J. J. Hurtak von der Universität Kalifornien einigen Forschern 1989 unter vorgehaltener Hand ähnliche Fotos, die er aus offiziellen Kanälen erhalten haben will. In seinem Forschungsbericht über die Gerüchte um UFO-Abstürze »The Crash / Retrieval Syndrome« zitiert der amerikanische UFO-Forscher Leonard Stringfield einen Regierungsmediziner, der Anfang der fünfziger Jahre an den Untersuchungen der EBE-Leichen auf der Wright-Patterson-Air Force Base teilgenommen hatte. Der Arzt, der verständlicherweise anonym bleiben wollte, fertigte Skizzen der EBEs an, die den mir überlassenen Photos frappierend ähnlich sind. Er erwähnt, daß ihre Größe bei 1,40 Metern liegt, ihr Kopf aber im Vergleich dazu riesig ist.

»Sie haben große, tiefliegende Augen, die weit auseinander liegen, und mongolisch anmutende Gesichtszüge. An beiden Seiten des Kopfes sind ›Einbuchtungen‹, die Ohren andeuten. Die kaum erkennbare Nase besteht aus zwei Löchern mit einem nur angedeuteten Nasenrücken. Der Mund ist ein lippenloser Schlitz oder Spalt, der nicht die gleiche Bedeutung für Kommunikation und Nahrungsaufnahme zu haben scheint wie beim Menschen.«

Auch die US-Journalistin Linda Howe erhielt Informationen über UFO-Abstürze, als sie über die Hintergründe der Viehverstümmelungen recherchierte. Nach dem großen Erfolg ihres 1980 preisgekrönten Films »A Strange Harvest« wurde sie 1983 von einer New Yorker Filmfirma beauftragt, einen zweiten Dokumentarfilm zu drehen, in dem der außerirdische Aspekt tiefer beleuchtet wird. Im Rahmen ihrer Recherchen traf sie auf den Sonderagenten des US-Luftwaffengeheimdienstes AFOSI, Sgt. Richard Doty. Nach mehreren Telefonaten vereinbarte Doty mit Howe einen Termin in seinem Büro auf dem Kirtland-Luftwaffenstützpunkt in New Mexico. Bei dem Treffen wurde sie von Doty mit einem Stapel Akten überrascht. »Meine Vorgesetzten haben mich beauftragt, Ihnen das hier zu zeigen«, sagte er. Ein Dokument trug die Überschrift: »Einweisungsbericht für den Präsidenten der Vereinigten Staaten«.
Um welchen Präsidenten es ging, stand nicht auf dem Deckblatt. Seit 1946, so hieß es darin, seien verschiedene silberfarbene Objekte in den Vereinigten Staaten abgestürzt, unter anderem in Roswell, New Mexico, und in Kingman, Arizona. In den von der US-Luftwaffe geborgenen und auf verschiedene Stützpunkte transportierten Raumschiffen wurden die Leichen der Besatzungsmitglieder gefunden: kleine Körper von grauer Hautfarbe, mit

großen Köpfen und langen Armen. Sie hatten vier Finger mit Schwimmhäuten. Eine geheime Untersuchungskommission wurde ins Leben gerufen, die diese EBEs – Extraterrestrische Biologische Entitäten, wie die Amerikaner sie nannten – genauesten Autopsien unterzogen. Weiter stand in den Akten:

Bei einem Absturz 1949, nahe Roswell, New Mexico – dem zweiten Absturz in dieser Region, der erste hatte sich 1947 ereignet –, überlebte ein Außerirdischer. Ein Luftwaffenoffizier kümmerte sich um ihn und brachte ihn auf Befehl seiner Vorgesetzten in das Los Alamos National Laboratory nördlich von Albuquerque, New Mexico. Los Alamos war damals die am besten gesicherte Anlage der US-Streitkräfte. 1944/45 hatte hier das Manhattan-Projekt, das die Entwicklung der Atombombe koordinierte, seinen Sitz. Das Wesen wurde als »reptiloider Humanoid mit gewissen insektoiden Charakteristiken«, als Mischform von Mensch, Reptil und Insekt beschrieben. Es wurde einfach »EBE« genannt. EBE blieb in Los Alamos, bis es am 18. Juni 1952 »aus unbekannten Gründen« starb.

Die Luftwaffe rief in den Jahren seit 1947 verschiedene teils öffentliche, teils geheime Projekte ins Leben, die sich mit den Außerirdischen befaßten, ihr Auftreten registrierten, ihre Schiffe untersuchten und Kontaktversuche aufnehmen sollten. Die öffentlichen Projekte trugen Namen wie »SIGN«, »GRUDGE«, »TWINKLE«, »POUNCE«, »GLEEM« und »BLUE BOOK«. Daneben gab es eine Reihe von Top-Secret-Projekten, die durch eine Regierungskommission namens »Majestic 12« koordiniert wurden – eine Gruppe ranghöchster Regierungsbeamter und Wissenschaftler unter Leitung des Direktors der CIA. Bei diesen Projekten handelte es sich vor allem um:

– Projekt Sigma: Kommunikation mit den Außerirdischen.
– Projekt Snowbird: Technologie außerirdischer Flugobjekte und der Versuch, eines zu fliegen.
– Projekt Aquarius: Mantelprojekt zur Koordinierung des Forschungs- und Kontaktprogramms in Sachen Außerirdische.
– Projekt Garnet: Untersuchung der Einwirkung der Außerirdischen auf die Evolution der Menschheit.

Der Bericht zitierte einige Erkenntnisse, die aus den telepathischen Kommunikationen mit EBEs gewonnen wurden. Darin hieß es, daß die Außerirdischen die Erde seit 45 000 Jahren besuchen. Sie hätten die Menschheit durch eine Kreuzung mit den primitiven Primaten geschaffen. Das Ergebnis sei der Cro-Magnon-Mensch gewesen, der vor rund 40 000 Jahren in Nordspanien und Südwest-Frankreich auftauchte und der die wunderbaren Höhlenmalereien von Lascaux und Altamira schuf. Außerdem hieß es, die Außerirdischen hätten die Religionen als Mittel zur Beeinflussung der Evolution des Menschen geschaffen und als moralische Instanz. Sie selbst stammen aus einem Doppelstern-System wie das von Ceta Reticuli.

Doty ergänzte, daß die EBEs ihre Behausungen in Felsen hineinbauen wie die Pueblo-Indianer und daß ihr Planet ein Wüstenplanet sei, dessen Sonne zu sterben drohe. Als EBE starb, hätte der Oberst, der ihn betreute, geweint. Er hätte ihn geliebt wie ein Kind. Nach Doty war es so wie in Spielbergs Film »E. T.«. Es sei alles versucht worden, um seine Leute zu kontaktieren, aber ohne Erfolg. Der Oberst habe über EBE gesagt, er sei ein Kind mit dem Geist von tausend Weisen gewesen. Er hätte ihn gelehrt, daß es Reinkarnationen gibt. Unsere Seele lebt weiter, das sei das Gesetz des Universums. Nach EBEs Tod habe die Regierung weiterhin versucht, mit den EBEs Kontakt aufzunehmen, ein Projekt, daß 1959 schließlich zum Erfolg führte. Die Außerirdischen hätten der US-Regierung im Austausch gegen Land und die Möglichkeit, mit Vieh genetische Experimente durchzuführen, Technologie angeboten.

Nun noch einmal zurück zum Kalahari-Zwischenfall: Dodds Recherchen wurden durch eine Anfrage des Rechtsanwalts Harry Harris aus Manchester in England an die Afrikanische Abteilung des »Air Force Logistic Command« auf der Wright Patterson-Luftwaffenbasis bestätigt. Mit Schreiben vom 17. Oktober 1989 antwortete ihm der Luftwaffenangehörige Ted W. Wendeln: »In unserer Abteilung sind wir stolz darauf, immer nah am Puls des schwarzen Kontinents zu sein, und sind uns sehr wohl der Ereignisse bewußt, die sich am 7. Mai über der Kalahari-Wüste zugetragen haben. Aber, wie Sie sicherlich wissen, ist es uns nicht erlaubt, die Alarmstufe der US-Streitkräfte in dieser Angelegenheit bekanntzugeben.«

Allerdings bestritt Wright Patterson, daß das Objekt von der südafrikanischen Luftwaffe abgeschossen wurde, machte vielmehr technisches Versagen für den Absturz verantwortlich.

Angesichts dieser Bestätigung war es für Harris um so verwirrender, daß acht Tage später ein offensichtlich fadenscheiniges Dementi folgte. In einem beinahe verlegenen Brief erklärte Wendeln jetzt, er habe die Daten und Orte verwechselt, sich auf einen Vorfall in Zimbabwe am 7. Mai 1988 bezogen, über den er Harris »noch am selben Tag« weiteres Material zusenden wolle. Dieses Material traf nie bei Harris ein.

Die Frage »Wie sag ich's meinem Kinde?« scheint offenbar noch keine Antwort gefunden zu haben – auch wenn Spielfilme wie Spielbergs »Unheimliche Begegnung der Dritten

Art« oder auch die sensationelle US-Fernsehsendung: »UFO Cover-up? Live« erste zaghafte Versuche sind. Immerhin bestätigten in der am 15. Oktober 1988 in den USA landesweit vom Sender CBS ausgestrahlten Sendung die beiden im Schatten aufgenommenen US-Regierungsagenten »Falcon« und »Condor« mit technisch verzerrter Stimme, was Linda Howe schon 1983 erfuhr: daß die Vereinigten Staaten außerirdische Besucher haben und von ihnen die komplette Geschichte der Interaktion außerirdischer Kulturen, ja die Symbiose zwischen Irdischen und Außerirdischen erfuhren.

»Die Schlangen, welche wieder herabstiegen... welche sie lehrten und unterwiesen... die Drachen des Lichts...«, heißt es im alten tibetischen »Buch des Dzyan« – sie zeigen uns den »Drachenweg« unserer Evolution.

11

Nachrichten vom roten Stern

»Wenn wir zu einem echten Verständnis des UFO-Phänomens kommen wollen, wird wahrscheinlich das Fundament unserer derzeitigen Auffassung der Wirklichkeit zu Bruch gehen. Da Wissenschaftler das instinktiv wissen, verstecken sie sich hinter der Fassade eines ›Entlarvers‹, der beunruhigende Nachrichten und Angaben verläßlich verfälschen oder unterdrücken kann, um orthodoxe Ansichten aufrechtzuerhalten. Die Öffentlichkeit bleibt also sozusagen ›im Regen stehen‹ – so wie ich –, wenn sie mitten in der Nacht plötzlich mit fremden Besuchern konfrontiert wird, ohne eine Ahnung zu haben, wer sie sind, woher sie kommen und wie man sich ihnen gegenüber verhalten soll... Dieses Phänomen hat die Menschheit im Verlauf ihrer gesamten Geschichte begleitet – aber bis heute war der Mensch nie fähig, damit richtig umzugehen. Was auch immer es sein mag, es ändert sich mit unserem Wahrnehmungsvermögen. Und doch stand vor mir ein greifbares Wesen. Der Kern meiner Erfahrungen und die umfassenden Zeugenaussagen anderer beweisen, daß sich das Phänomen absolut real – physisch – präsentiert und seine Umgebung beeinflussen – manipulieren – kann. Im nächsten Moment aber löst sich spurlos in Luft auf, was sich einen Augenblick vorher noch als überwältigende Realität gezeigt hat.

Wie ist so etwas möglich? Kein Wunder, daß wir nie befriedigende Fragen bezüglich dieses Phänomens stellen konnten. Ich habe sogar gedacht, daß sich die Kraft der

Evolution vernunftbegabten Kreaturen ganz einfach so darbietet. Schließlich ist die 5000jährige Geschichte nicht mehr als ein Moment im Leben unserer Art und viel weniger noch als ein Augenblick in der Evolution des Universums... Es könnte sehr wohl sein, daß unsere Geschichte insgesamt eine jener großartigen Explosionen der evolutionären Kraft verkörpert, die plötzlich alles verändern – vergleichbar etwa mit dem ›Moment‹, als der Cro-Magnon-Mensch die Bühne betrat, oder der viel längere ›Moment‹, als die Dinosaurier von der Lebensbühne abtraten.
Und die fremden Besucher – ein dunkles, höchst aktives Phänomen, das Risse in unserem Unterbewußtsein auszufüllen scheint. Risse in der Raumzeit und Risse in der Geschichte – sind irgendwo der Essenz des Geschehens nahe...«
Dies stellt der Kontaktler Whitley Strieber in Jacques Vallees »Dimensions« fest.

Es war ein sonderbares, fremdartiges Objekt, auf das der Pilzsammler im unwegsamen kaukasischen Bergland, hoch über dem Städtchen Ordzhonikidze, stieß. Acht Meter breit und ebenso hoch, stand es zwischen dem Gehölz auf vier teleskopischen Landebeinen mit zwei ausgefahrenen Rampen auf felsigem Untergrund vor dem Bergbauern. Es war unten aus Metall und oben aus »Glas«. An der Unterseite war es mit einem Kranz schwerer »Düsen« versehen. An den drei Seiten der zeltförmigen, »gläsernen« Kuppel befand sich eine kreuzförmige Anordnung kleinerer Düsen, dazu das rätselhafte Symbol eines auf dem Rücken liegenden Halbmondes mit vier Strahlen, die im Zentrum zusammentreffen.

Der Bergbauer rannte nach Hause, um seine Frau und seinen Photoapparat zu holen. Zurück, stiegen beide zögernd eine der Rampen hinauf bis zu einer riesigen Schiebetür. Sie riskierten einen Blick ins Innere des fremdartigen Vehikels und sahen unter der Kuppel, im durchschimmernden Tageslicht, einen »riesigen Pilotensitz«.

Die beiden machten sich so schnell wie möglich auf den Weg in die Stadt, um ihren Film entwickeln zu lassen. – Sie zeigten die Aufnahmen dann Freunden, und schließlich gingen sie damit zur lokalen Tageszeitung »Kabardino – Balkarskaya Prawda«. Wie nicht anders zu erwarten, wurden von dort aus umgehend die Behörden informiert. Schon am nächsten Tag riegelte das Militär das Gebiet um das

Objekt hermetisch ab. Die zum Abtransport abkommandierten Militärlastwagen brauchten zwei Tage, um in das unwegsame Bergland vorzudringen, das Objekt zu verladen und wegzuschaffen. Es wurde erst einmal zum Luftwaffenstützpunkt Nalchik befördert und nach einer Voruntersuchung schließlich zu einem geheimen Militärstützpunkt südöstlich von Moskau gebracht. Im kaukasischen Städtchen Ordzhonikidze wurde verbreitet, bei dem Vehikel habe es sich um die Konstruktion eines polnischen Filmteams gehandelt, das in den Bergen einen Science-fiction-Film gedreht hätte.
Sieben Jahre später präsentierte eine Gruppe sowjetischer Wissenschaftler eine ganz andere Theorie. Valerii Uvarov, Angehöriger der Untersuchungskommission für »Anomale Atmosphärische Phänomene« (die der Akademie der Wissenschaften unterstellt ist), und der Biologe Dr. Victor Kastrikin, sind der Überzeugung, daß es sich bei dem in den kaukasischen Bergen entdeckten Vehikel um ein außerirdisches Flugobjekt gehandelt habe. Uvarov und Kastrikin kommen aufgrund von Informationen aus militärischen und wissenschaftlichen Kreisen zu dieser Schlußfolgerung.
Uvarov und Kastrikin zufolge wurde das Objekt am 6. März 1983 von der sowjetischen Luftwaffe bei Manövern in den Bergen geortet. Vom Luftwaffenstützpunkt Nalchik aus wurde eine Rakete abgefeuert, die das Objekt leicht beschädigt, aber nicht zerstört hat. Da es allem Anschein nach ungehindert weiterflog, glaubten die Militärs, es verfehlt zu haben. Als kurz danach zwei MIG-Abfangjäger zur Verfolgung aufstiegen, war das unbekannte Flugobjekt bereits verschwunden. Zwei Monate später wurde das Objekt dann von dem Bergbauern zufällig entdeckt.
Die Untersuchung der Bordmechanismen ließ darauf schließen, daß der Pilot bereits vor dem Aufsetzen durch eine Art

Schleudersitz aus dem Flugkörper katapultiert wurde. Trotzdem muß die Landung programmäßig vor sich gegangen sein, denn die Landebeine und Rampen waren ausgefahren.

Als ich die Aufnahmen zum ersten Mal sah, war ich skeptisch. Sie wirkten auf mich ganz und gar nicht wie das Erzeugnis einer hochentwickelten Technologie, sondern hatten eher grobe Ähnlichkeit mit der Mondlandefähre der Amerikaner. Uvarov, bei dem ich meine Zweifel anmeldete, wies das entschieden zurück und erklärte mir: »Es ist definitiv ein außerirdisches Flugobjekt...«
Meine Skepsis teilte Marina Popovich, die bereits erwähnte »Gosposa MIG«, die neben all ihren anderen, ellenlangen Auszeichnungen auch noch Doktor der Technischen Wissenschaften ist. Ich fragte sie also während eines Interviews:
»Oberst Popovich, was denken Sie über das im Kaukasus geborgene Objekt?«
»Sehen Sie, als Testpilotin und als Ästhet in bezug auf alles, was das Flugwesen betrifft, weigere ich mich, anzunehmen, daß sich ein so unschönes Objekt durch den Luftraum bewegen könnte. Nach offizieller Erklärung hat es sich um eine Filmkulisse gehandelt. Aber wir untersuchen den Vorfall immer noch.«
»Oberst Popovich, wie kam es dazu, daß eine Frau wie Sie sich überhaupt mit dem UFO-Phänomen zu beschäftigen begann?«
»Eigentlich war ich ja immer dagegen und hielt diese UFO-Geschichten für blanken Unsinn. Wenn meine Fliegerkameraden von ihren Sichtungen erzählten, mußte ich stets schmunzeln. Irgendwann packte mich aber doch die Neugier. Vor etwa 15 Jahren besuchte ich dann eine Vorlesung in Moskau. Sprecher war Professor Felix Zigel vom Mos-

kauer Institut für Luft- und Raumfahrt, der Kontakte mit Wissenschaftlern in aller Welt unterhielt. Ich fragte mich also, wie ein derartig bekannter und genialer Wissenschaftler dazu kam, seinen Zuhörern mit solcher Überzeugungskraft zu erklären, außerirdische Zivilisationen würden existieren und uns beobachten. Damals fing ich an, mich für UFO-Literatur zu interessieren. Zwischen Professor Zigel und mir entwickelte sich eine enge Freundschaft, die erst durch seinen Tod vor einem Jahr beendet wurde. Durch ihn kam ich mit Zeugen in Kontakt, die UFOs beobachtet haben, darunter auch viele meiner Fliegerkameraden.«

»Welcher Fall hat Sie am meisten beeindruckt?« warf ich ein.

»Zweifellos der Vorfall vom Januar 1985. Die Piloten von zwei Verkehrsmaschinen begegneten auf ihrem Flug einem helleuchtenden Objekt, von dem Strahlen ausgesandt wurden. Die Gewerkschaftszeitung ›Trud‹ berichtete darüber in ihrer Ausgabe vom 30. Januar 1985. Die Crew einer estnischen Verkehrsmaschine, die von Tblissi, Georgien, nach Tallin, Estland, unterwegs war, so hieß es, hätte um 4.10 Uhr morgens ein strahlend helles Objekt beobachtet, das am Boden ein ganzes Dorf mit einem kegelförmigen Strahl ›ausgeleuchtet‹ habe. Dieser Strahl sei schließlich langsam auf das Flugzeug umgelenkt worden und tauchte das Cockpit in gleißendes Licht. Dann leuchtete der Strahl grell auf und hinterließ eine grüne Wolke, die sich neben der Verkehrsmaschine ausbreitete. Jetzt wurden auch zahlreiche Passagiere, die aufgewacht waren, auf das Objekt aufmerksam. Nach der Landung erfuhr der Pilot, daß es auch durch Radar erfaßt worden war.

Der Pilot einer entgegenkommenden georgischen Maschine, die von Leningrad nach Tblissi unterwegs war, sichtete das unbekannte Flugobjekt ebenfalls.

Der Pilot des estnischen Verkehrsflugzeugs ist nach dem Vorfall schwer erkrankt und nicht lange danach verstorben. Unsere Mediziner stellten in seiner Knochenstruktur schweren Kalziummangel fest, offenbar eine Folge der Bestrahlung durch das UFO. Der Pilot der georgischen Maschine, die nicht direkt angestrahlt wurde, ist dagegen völlig gesund. Eine der Stewardessen und der Co-Pilot der dem Strahl ausgesetzten Maschine sind immer noch im Krankenhaus, ihr Sehvermögen wurde geschädigt.«

»Wurden diese Schäden durch radioaktive Strahlen ausgelöst oder ließ sich die Ursache dafür nicht genau feststellen?«

»Ich habe mich persönlich für die beste medizinische Betreuung der beiden Kollegen eingesetzt. Aber bisher ist es unseren Wissenschaftlern noch nicht gelungen, die wirkliche Ursache für diese Schäden zu ergründen. Sie stehen immer noch vor einem Rätsel. Als Todesursache für den Piloten wurde im offiziellen Bericht lediglich angegeben: ›Schädigung des Organismus durch die Strahlung eines unidentifizierbaren Flugobjekts.‹«

»Dieser Vorfall ist mir bekannt. Denn in der Nacht vom 30. zum 31. Januar 1985 hörte ich nachts um 1.09 Uhr zufällig einen Bericht darüber in Radio ›Moscow World News‹. Da ich glaubte, mich verhört zu haben, wartete ich die nächsten Nachrichten, eine Stunde später, ab. Die Meldung wurde tatsächlich wiederholt. Ich habe den Fall daraufhin in einem meiner Bücher behandelt, an dem ich zu dieser Zeit gerade arbeitete. Aber die Folgen dieses Zwischenfalls waren mir bisher nicht bekannt.«

»Ja, er hat bei uns großes Aufsehen erregt.«

»Mich würde interessieren, inwieweit Sie persönlich in das Phänomen verwickelt sind. Haben Sie als Pilotin je eine Begegnung gehabt?«

»Als Testpilotin nicht, da ich mich unter diesen Umständen ja nie sehr weit von meinem Luftwaffenstützpunkt entfernt habe. Bei Linienpiloten, die in der ganzen Welt unterwegs sind, ist das etwas anderes. Momentan sammle ich aber alle diesbezüglichen Berichte meiner Fliegerkollegen. Als Mitglied des Präsidiums der ›Studienkommission für Anomale Atmosphärische Phänomene der Akademie der Wissenschaften‹ unter Leitung von Dr. Kashigin hatte ich Gelegenheit, zahlreiche Zeugen und Vorfälle kennenzulernen. Auf einer Expedition in Pamir habe ich selbst UFOs beobachtet: Objekte wie helle Sterne, die sich in erstaunlichen Zick-Zack-Bewegungen fortbewegten. Offensichtlich sind dazu weder Sterne, Flugzeuge oder Hubschrauber in der Lage.«

»Was das UFO-Phänomen angeht, gibt es bei uns im Westen zwei extrem unterschiedliche Lager. Während die einen kritiklos von der außerirdischen Herkunft überzeugt sind, vertreten die anderen fanatisch den Standpunkt, es handele sich lediglich um Verwechslungen mit konventionellen Objekten oder um psychopathologische Spinnereien. Inwieweit unterscheidet sich ihr Standpunkt in bezug auf das UFO-Thema von dem des wissenschaftlichen Establishments in der Sowjetunion? Welche Ansicht wird generell in der Sowjetunion vertreten?«

»Meiner Ansicht nach sollte sich jeder an diesem Problem interessierte Mensch weitestgehend informieren, um sich eine eigene Meinung bilden zu können. Als Doktor der technischen Wissenschaften und Mitglied der Akademie der Wissenschaften bin ich natürlich auch Vertreterin der offiziellen Wissenschaft. Leider beschäftigen sich bisher nur wenige begabte Wissenschaftler mit diesem Problem. Daher gibt es auch noch keine offizielle, positive Stellungnahme der ›Wissenschaft‹ zum UFO-Problem. Meiner persönlichen Meinung nach verbirgt sich ein Aufruf und eine War-

nung an die Menschheit dahinter, die bedeuten kann: ›Untersucht, wie weit es mit der Toleranz uns gegenüber steht. Je schneller Ihr Euch darum bemüht, um so besser, denn Ihr seid in Gefahr!‹
Ich gehöre also zu dem Lager, das von außerirdischer Intelligenz überzeugt ist. Eine Wissenschaftskollegin, die Blutuntersuchungen an Menschen vorgenommen hat, die einer nahen Begegnung mit UFOs ausgesetzt waren, stellte bemerkenswerte Veränderungen im Blut fest, nämlich einen unverhältnismäßig hohen Anteil an Magnesium.«

»Als Wissenschaftlerin, Technologin und Testpilotin hätte ich von Ihnen gern folgendes gewußt: Haben Sie sich schon einmal Gedanken darüber gemacht, woher diese Außerirdischen kommen könnten, die, Aussagen zufolge, genetische Untersuchungen an Menschen und Tieren vornehmen sollen – vorausgesetzt natürlich, es wäre tatsächlich der Fall? Wenn sie von einem anderen Sonnensystem stammen, müßten sie nach menschlichem Ermessen enorme Strecken zurücklegen. Die nächste Zivilisation könnte beispielsweise 11,5 Lichtjahre oder gar 300 Lichtjahre entfernt sein. Wer so etwas auf sich nimmt, muß doch Gründe dafür haben. Ein Plan muß dahinter stecken. Welches Ziel könnte verfolgt werden?«

»Wenn Sie mich fragen, glaube ich, daß wir momentan in einer Sackgasse stecken. Wir spielen mit Energiequellen wie Kinder mit dem Feuer. Unsere Zivilisation ist in großer Gefahr, sich selbst zu vernichten. Wenn wir nicht versuchen, mit ihnen Kontakt aufzunehmen, um mit ihrer Hilfe unsere Probleme zu lösen, wird es unweigerlich zur Katastrophe kommen.«

»Erfreulicherweise hat sich in den vergangenen Jahren in der Sowjetunion eine ungewöhnliche Lockerung in bezug auf paranormale Themen vollzogen.«

»Das stimmt«, warf Frau Oberst Popovich lebhaft ein. »Vor Michail Sergejewitsch Gorbatschow und Glasnost wäre jeder nach einem Interview wie diesem sofort in eine Nervenheilanstalt eingewiesen worden. Aber mittlerweile ist es möglich, in unserem Land über dieses Thema ungestraft zu diskutieren. Zeitungen veröffentlichen immer häufiger Artikel über UFO-Vorfälle, und im Fernsehen ist eine monatliche Sendung über dieses Thema eingeplant.«
»Nun ist General Pavel Popovich, Ihr Mann, einer der bekanntesten sowjetrussischen Kosmonauten, und Sie selbst verkehren in Kosmonautenkreisen. Ist Ihnen etwas über UFO-Beobachtungen im Weltraum bekannt?«
»Ja, gewiß, von Kosmonaut Kovalyonok beispielsweise. Als er am 12. März 1981 zu einer 75-Tage-Mission an Bord der Raumstation ›Salyut-6‹ startete, beobachtete er am 14. Mai 1981 zwei kugelförmige Objekte, die sich durch eine Art Verbindungsrohr (Korridor) zusammenschlossen. Dann explodierte plötzlich eines der Objekte. Für Kovalyonok Grund genug, sich auf den Versuch einer Kontaktaufnahme zu konzentrieren. Es gelang dem Kosmonauten sogar, die bis auf 200 Meter herangekommene verbliebene ›Kugel‹ zu filmen. Aber vor ›Glasnost‹ war es unseren Kosmonauten strengstens verboten, über ihre UFO-Erlebnisse und Sichtungen zu berichten.
Aber da wir gerade vom Weltraum sprechen, fällt mir ein, daß die sowjetische Marssonde gleich mehrere Male UFOs beim Anflug auf den Marsmond ›Phobos‹ photographierte – einmal am 28. 2. 1989 und danach wieder am 25. 3. 1989. Einige unserer Wissenschaftler gehen davon aus, daß es sich bei ›Phobos‹ um eine Basis der Außerirdischen handelt und daß dieser Mond möglicherweise sogar hohl ist.«
»Eine letzte Frage, Oberst Popovich: Gerüchten zufolge soll es hinter den Kulissen eine Kooperation oder zumindest

einen Informationsaustausch zwischen der Sowjetunion und den USA im Zusammenhang mit UFOs geben. Darüber hinaus sollen insbesondere die abgestürzten Raumschiffe von Wissenschaftlern beider Nationen untersucht werden. Wissen Sie etwas von solchen UFO-Abstürzen und einer diesbezüglichen Zusammenarbeit?«

»Professor Zigel hat mir von einem UFO-Absturz im Jahr 1947 in Amerika berichtet. Er erhielt sogar von kanadischen Wissenschaftlern zu Studienzwecken Photographien eines der aus dem Wrack geborgenen Insassen. Ein Vorfall, der unter strengster Geheimhaltung stand. Wie mir gesagt wurde, hatten die etwa 1,40 Meter großen Insassen ein Gehirn von beträchtlicher Größe und Komplexität. Der letzte uns bekannte UFO-Absturz ereignete sich im Mai 1989 in der Kalahari-Wüste, aber das wissen Sie ja auch.

Der interessanteste Fall der Sowjetunion aus jüngerer Zeit ereignete sich in der Ortschaft Dalnagorsk bei Vladivostok – amüsanterweise heißt Dalnagorsk auf deutsch ›Wunderstadt‹. Am 29. Januar 1986, kurz vor 20 Uhr, stürzte ein kugelförmiges Objekt, das als ›halb so groß wie der Vollmond‹ beschrieben wurde, auf den Hügel 611 – den 611 Meter hohen ›Izvestkovaya-Berg‹ – im Stadtzentrum. Die Absturzgeschwindigkeit des rötlich leuchtenden UFOs lag bei 15 Metern pro Sekunde. Bevor es plötzlich in einem Winkel von 60 bis 70 Grad abstürzte, hatte das Objekt eine parallel zur Erdoberfläche verlaufende Flugbahn eingehalten. Damit konnte es sich also keinesfalls um einen Meteoriten handeln. Augenzeugenberichten zufolge soll es auch mehrfach auf- und abgestiegen sein, bevor es schließlich aufschlug und nach einer lautlosen Explosion etwa eine Stunde lang brannte. Am 3. Februar traf eine für diesen Bezirk zuständige Spezialabteilung unseres Untersuchungsausschusses unter Leitung von Valerii Druzhilny in Dalnagorsk ein, um die Überreste des unbekannten Objekts sicherzustellen. Die Wissenschaftler fanden zahlreiche Bruchstücke vor, Blei- und Eisenkügelchen, Glassplitter, Hinweise auf die Einwirkung extrem hoher Temperaturen, magnetische Anomalien, Brandspuren an Gras, Gebüsch und Bäumen. Am rätselhaftesten war ein ›Netzwerk‹ feinster Metallfäden, aus einer Legierung von Gold, Silber, Nickel, Alpha-Titan, Molybdän und Beryllium. Einer der an der Untersuchung beteiligten Wissenschaftler, der Chemiker Dr. V. Vysotky von der Universität Vladivostok, hielt in seinem mehrseitigen Abschlußbericht fest, daß diese aufgefundenen Fragmente zweifellos einer sehr fortschrittlichen Technologie entstammten und daher weder natürlicher noch irdischer Herkunft sein könnten. Nach mir vorliegenden Aufnahmen der mikroskopischen Analysen messen einige dieser Fäden nur 17 Mikron (1 Mikron = 1/1000 Millimeter) und sind sogar mit noch feinerem Material verwoben.«

»Ist das eine Bestätigung der Wahrheit dieser Gerüchte und ist die Sowjetunion tatsächlich im Besitz von Fragmenten außerirdischer Flugobjekte?«

»Das stimmt ohne jeden Zweifel. Interessant ist, daß in Dalnagorsk seit diesem Vorfall immer wieder unbekannte Flugobjekte aufgetaucht sind. So überflogen zum Beispiel an einem Samstag im November 1987 33 UFOs das Gebiet in geringer Höhe und wurden von Hunderten beobachtet. Zu den Augenzeugen gehörten Angehörige unserer Streitkräfte, Miliz und Zivilisten. Besonders bezeichnend dürfte für Sie die Tatsache sein, daß alle Wissenschaftler, die an der Untersuchung des abgestürzten Objekts in Dalnagorsk beteiligt waren, unerklärliche Veränderungen in ihrem Blutbild aufwiesen – vermutlich sind sie auf die Strahlung des

Objekts zurückzuführen«, sagte Oberst Popovich zum Schluß.

Also nun auch »UFO-Glasnost« in der Sowjetunion? Sollte sich etwa der Alptraum des inzwischen verstorbenen amerikanischen UFO-Experten Professor J. Allen Hynek erfüllen? Als langjähriger Berater der US-Luftwaffe und der CIA »litt« er am meisten unter der Befürchtung, er würde eines Morgens aufwachen und in der Zeitung die Schlagzeile vorfinden: »Russen lösen UFO-Rätsel.« Diese Meldung würde Amerika noch härter treffen als die Bekanntgabe des Starts von »Sputnik 1« im Jahr 1957, äußerte Hynek.
1958, ein Jahr nachdem die Russen ihren ersten Sputnik in den Orbit geschossen hatten, beschloß in Moskau eine kleine Gruppe interessierter Wissenschaftler unter Leitung des bereits erwähnten Professor Felix Zigel, dem Phänomen unbekannter Flugobjekte nachzugehen. Aber erst Mitte der siebziger Jahre begann das »Institut zur Erforschung des Erdmagnetismus, der Ionosphäre und der Radiowellen« unter Leitung von Vladimir Migulin, korrespondierendem Mitglied der Akademie der Wissenschaften, UFO-Berichte zu sammeln.
So heißt es in einer öffentlichen Stellungnahme von Professor Zigel aus dem Jahr 1981: »Wir haben über der UdSSR UFOs jeder nur denkbaren Form beobachtet: Große, kleine, flache, kreisförmige. Sie können in der Luft stehenbleiben und sich mit 100000 Stundenkilometern fortbewegen. Sie fliegen lautlos, da sie um sich herum ein Vakuum bilden, das sie zudem beim Eintritt in die Atmosphäre vor dem Verglühen schützt. Sie können mysteriöserweise verschwinden und wieder auftauchen. Sie sind in der Lage, unsere Energiequellen anzuzapfen, unsere Kraftwerke, Radiosender, Automotoren lahmzulegen, ohne nachhaltige Schäden zu ver-

ursachen. Eine so raffinierte Technologie kann nur das Werk einer dem Menschen weit überlegenen Intelligenz sein.«

Professor Zigel berichtete darüber hinaus, daß in seinem Computerarchiv im Moskauer »Institut für Luft- und Raumfahrt« über 50000 Berichte über unbekannte Flugobjekte gespeichert seien, darunter allein sieben Fälle von Landungen und Kontakten in der Umgebung von Moskau, die sich zwischen Juni 1977 und September 1979 ereignet haben. In diesem Zusammenhang wurden drei unterschiedliche Typen außerirdischer Besucher beobachtet:

– Humanoide Wesen von etwa 3 Meter Größe.
– Dem Menschen zum Verwechseln ähnliche Humanoide, die möglicherweise bereits unentdeckt unter uns leben.
– Fremdartige Wesen, die etwa 1,40 Meter groß sind, schmale Körper und unbehaarte übergroße Köpfe mit weit auseinanderliegenden Augen haben.

Auch Roboter seien beobachtet worden, die oft Ähnlichkeit mit »Menschen ohne Kopf« haben.

Die Akademie der Wissenschaften gründete im Februar 1984 gemeinsam mit der Union der Wissenschaftlichen und Technischen Gesellschaft der UdSSR eine »Kommission zur Untersuchung ungewöhnlicher atmosphärischer Phänomene«. Der Vorsitz wurde dem Ex-Kosmonauten und stellvertretenden Vorsitzenden der Akademie der Wissenschaften, General Pavel Popovich, übertragen. In der Presse wurden landesweit Aufrufe veröffentlicht, UFO-Sichtungen von nun an dieser Kommission zu melden. Innerhalb weniger Wochen trafen über 30000 Berichte ein.

Am 26. Mai 1987 wurde über Kiew eine Flotte großer, blaugrauer, zigarrenförmiger Objekte gesichtet, die von sechs kleinen kugelförmigen Flugkörpern begleitet war. An diesem Sonntagabend waren Tausende an den Ufern des

Dnjepr, als die UFOs auftauchten. Aufgrund dieses Vorfalls benachrichtigten über 900 Augenzeugen die Tageszeitungen und die dafür ins Leben gerufene Kommission. Wie Dr. Azhazha, stellvertretender Vorsitzender der ozeanographischen Abteilung der Akademie der Wissenschaften, mitteilte, wurden die UFOs auch auf Radar geortet. Der Pilot eines zur Aufklärung abkommandierten Abfangjägers meldete aus 500 Metern Flughöhe, bei dem großen Raumschiff handele es sich um »eine fliegende Insel aus fluoreszierendem Metall«, etwa so groß wie mehrere Fußballplätze. Als der Düsenjäger dem Objekt zu nahe kam, setzte das Düsentriebwerk aus und der Pilot konnte sich nur in letzter Minute durch den Schleudersitz retten.
Am 15. Oktober 1988 wurde im sowjetischen Fernsehen die amerikanische Sendung »UFO-Cover up: live« ausgestrahlt, die am Vorabend zeitverschoben über den amerikanischen Sender CBS landesweit gelaufen war. Ohnehin schon eine Sensation, kamen auch noch Angehörige amerikanischer Regierungsstellen zu Wort, die sich über Abstürze unbekannter Flugobjekte und Bergungen sowie geheime Kontakte der US-Regierung zu außerirdischen Besuchern äußerten. In einer Live-Schaltung mit Moskau wurden dann sogar zwei sowjetische Experten zu Sichtungsfällen in der UdSSR befragt: zum einen Sergei Bulantsev von der Nachrichtenagentur TASS, zum anderen Leonard Nikishin, neuer Vorsitzender der »Kommission zur Untersuchung ungewöhnlicher Atmosphärischer Phänomene« und Mitglied der Akademie der Wissenschaften. Bulantsev zitierte zwei Fälle, wonach Angehörige der Roten Armee Kontakt zu den humanoiden Insassen von UFOs hatten. Nikishin erklärte seinerseits, nach den Untersuchungen seiner Kommission handele es sich bei den UFOs ganz offensichtlich um die »Sonden einer außerirdischen Zivilisation«.

Die erste nationale UFO-Konferenz in der UdSSR fand im April 1988 in der sibirischen Stadt Tomsk statt. In Zusammenarbeit mit der sibirischen Abteilung der Akademie der Wissenschaften und der Zentralorganisation Wissenschaftlich-Technischer Gesellschaften hatte die Technische Hochschule Tomsk zu dem Symposium eingeladen. Über 300 Wissenschaftler und UFO-Experten aus der gesamten Sowjetunion – darunter Vertreter aller führenden Wissenschaftszentren des Landes – diskutierten das Phänomen vom 18. bis 25. April. Trotz der Meinungsverschiedenheiten waren sich die Experten doch darüber einig, daß weitere Untersuchungen und der Einsatz weiterer Forschungsgruppen dringend notwendig sind.

Am 9. Oktober 1989 wurde die Welt mit einer Sensation aus der Sowjetunion konfrontiert: Die Nachrichtenagentur TASS gab offiziell die Landung eines UFOs, 500 Kilometer südöstlich von Moskau, in der 850000 Einwohner zählenden Industriestadt Woronesch, bekannt.
»Sowjetische Wissenschaftler haben die Landung eines unbekannten Flugobjekts in einem Park der Stadt Woronesch bestätigt«, meldete TASS. »Die Landestelle wurde identifiziert und im Park die von einem kleinen Spaziergang herrührenden Spuren der Außerirdischen gefunden. Einheimische erklärten, die Stelle sei von Außerirdischen nach Einbruch der Dunkelheit mindestens dreimal aufgesucht worden.«
So geschehen am 27. September 1989. An diesem warmen Tag beobachteten Hunderte von Einwohnern gegen 18.30 Uhr über der Stadt ein Flugobjekt mit einer leuchtenden Markierung. Ein paar Schuljungen, die um diese Zeit im Stadtpark Fußball spielten, sahen eine rotleuchtende Kugel von etwa zehn Meter Durchmesser vom Himmel herabsin-

ken und nicht weit entfernt von ihnen im Park landen. Durch eine Öffnung am unteren Teil der Kugel trat eine etwa drei Meter große Gestalt mit einem kleinen Kopf und so etwas wie einem »dritten Auge auf der Stirn«. Der Fremde trug einen silberfarbenen Overall und bronzefarbene Stiefel. Ihm folgte eine weitere Gestalt und ein kleiner Roboter ohne Kopf. Als der Fremde »etwas sagte«, zeichnete sich vor ihm auf dem Boden ein leuchtendes Dreieck ab, das kurz darauf wieder verschwand. Einer der Schüler, die den Fremden wie gebannt vor Angst anstarrten, begann plötzlich zu schreien. Als der Riese daraufhin den Sechzehnjährigen ansah, war er »gelähmt«. Nun fingen die anderen an zu schreien. Die Fremden stiegen wieder in ihr Raumschiff und stiegen auf. Fünf Minuten später kamen sie zurück. Der Riese hatte ein 50 Zentimeter langes »Rohr« dabei, das er auf den reglosen Jungen richtete, der nun verschwand. Er tauchte wieder auf, als das Flugobjekt erneut startete. Zwischen dem 23. September und dem 2. Oktober kam es in Woronesch mindestens zu drei Landungen unbekannter Flugobjekte.
Die Schüler waren nicht die einzigen Augenzeugen dieses Vorfalls in Woronesch. Denn gegen 19 Uhr beobachtete der Miliz-Leutnant Sergei Matreyev bei einem Spaziergang durch den Park das aufsteigende Objekt. »Eine leuchtende Kugel von etwa 10 bis 15 Metern Durchmesser flog lautlos in die Höhe«, erklärte Leutnant Matreyev. Zur gleichen Zeit beobachteten auch die Arbeiterinnen Olga Poludneva und Lyudmilla Kuprivanova sowie eine Gruppe an der Bushaltestelle wartender Fahrgäste das fortfliegende Objekt. Viktor Atlasov, der Bürgermeister von Woronesch, erklärte, er sei davon überzeugt, daß die Berichte den Tatsachen entsprechen. Außer TASS-Korrespondenten interviewten auch Journalisten der Zeitungen »Sovietskaya

Kultura«, »Moscow News« und die sowjetische Nachrichtensendung »Vremya« Dutzende Zeugen. Während eines Gesprächs mit dem TASS-Redakteur Sergei Bulansev wurde mir noch einmal bestätigt, daß der Vorfall in Woronesch absolut authentisch sei.
Wissenschaftler des Geophysikalischen Institutes Woronesch untersuchten die Landestelle des UFOs. Genrich Sinalow, der Leiter des Institutslabors, sagte laut TASS aus: »Wir entdeckten einen Kreis von 20 Metern Durchmesser mit vier Eindrücken von je 14 bis 16 Zentimetern Durchmesser und fünf Zentimetern Tiefe. Sie befanden sich an den vier Ecken eines Rhombus.«
Oberst der Miliz Lyudmilla Makarova, die eine Untersuchungsgruppe leitete, erklärte »Moscow News« gegenüber, sie habe die radioaktiven Strahlenwerte an der Landestelle messen lassen. »Was immer dort passiert ist, so beweist die von uns festgestellte erhöhte Radioaktivität, daß etwas Außergewöhnliches vorgefallen ist«, erklärte Oberst Makarova. Professor Stanislav Kademski, Leiter der nuklearphysikalischen Abteilung der Universität Woronesch und Mitglied der Untersuchungskommission, äußerte »Moscow News« gegenüber, daß im Bereich der Landestelle 17 Bodenproben entnommen und analysiert worden seien, aus denen sich deutliche Hinweise auf außerirdische Besucher ergeben hätten. »Allein die Möglichkeit, daß Bewohner anderer Sonnensysteme solche Entfernungen im Weltraum überbrücken konnten und hier gelandet sind, ist für einen Physiker eine ungeahnte Herausforderung«, fügte er hinzu.

Die Landung von Woronesch war allerdings nur die Spitze eines Eisbergs. Schon im Sommer 1989 landeten in der gesamten Sowjetunion Dutzende unbekannter Flugobjekte. So beobachtete am 6. Juni eine Gruppe von Kindern in der

Nähe des Dorfes Konantsewo in der Wolodga-Region nördlich von Moskau »einen leuchtenden Punkt am Himmel«, der sich rasch vergrößerte und zu einer leuchtenden Kugel wurde. Sie landete auf einer Wiese und rollte zum nahegelegenen Fluß. Weniger als 500 Meter entfernt, sahen die Kinder zu. Der von TASS verbreiteten Meldung zufolge erklärten die Kinder, »die Kugel habe sich ›geteilt‹, und etwas, das wie eine Person ohne Kopf aussah (offensichtlich ein Roboter wie in Woronesch) und dunkel angezogen war, erschien auf der Wiese. Während sich die Kinder über die bis unter die Knie des ›Wesens‹ hängenden Hände wunderten, verschwand das Flugobjekt wieder und das kopflose Wesen muß nach Meinung der Kinder auf das Dorf zugelaufen sein.« TASS zufolge sollen später noch drei weitere »Kugeln« auf der Wiese gelandet sein. »So wie die erste wurden auch diese Kugeln und ihre Passagiere schnell wieder unsichtbar«, schrieb TASS.
Einen der interessantesten Hinweise auf ein unbekanntes Flugobjekt fanden die Forscher des »Untersuchungskomitees für Anomale Atmosphärische Phänomene« der UdSSR in der Nähe der Hauptstadt von Georgien, Tblissi. In einer klaren Sommernacht 1988 beobachteten mehrere Zeugen um Mitternacht ein rotleuchtendes UFO, das nach einer Art von »Donnergrollen« aufgetaucht war. Als sie die Umgebung am nächsten Morgen absuchten, stießen sie auf eine 250 Meter breite und sechs Kilometer lange Schneise zerstörten Waldes, die sich über Höhenunterschiede von bis zu 200 Metern hinzog. Die Bäume waren wie von einem Orkan abgeknickt, teilweise wie Korkenzieher verdreht beziehungsweise »abgedreht«.
Dr. Thales Shonya von der Georgischen Akademie der Wissenschaften in Tblissi erklärte: »Diese 250 Meter breite Schneise der Verwüstung kann eigentlich nur auf die Ein-

wirkung eines unvorstellbaren Kraftfeldes zurückgeführt werden. Wahrscheinlich hat sie ein Flugobjekt aus dem Weltraum verursacht.«
Der Wissenschaftler glaubt, daß ein riesiges Raumschiff möglicherweise mit technischen Problemen zu kämpfen hatte und abzustürzen drohte. »Außer Kontrolle geraten ›rasierte‹ es den Wald ab, bis der Pilot wieder die Oberhand über sein Raumschiff gewann. Ich glaube, die Verwüstung ist auf eine Art Schutzschild um das Raumschiff zurückzuführen«, meinte der Wissenschaftler. »In der Schneise wurden erhöhte Strahlenwerte gemessen, und in den ersten Monaten klagten die an der Untersuchung Beteiligten über Kopfschmerzen, Übelkeit und erhöhten Blutdruck«, fügte Shonya hinzu.

Dieser Vorfall zeigt Parallelen auf zu einem am 31. August 1983 verwüsteten Waldstück im sibirischen Altai-Gebirge. Er erinnert auch an die berühmte Tunguska-Katastrophe, durch die 1908 aufgrund einer »Explosion in der Luft« in der sibirischen Taiga Tausende Quadratkilometer Wald von einer Druckwelle der 2000fachen Stärke der Hiroshima-Bombe niedergewalzt wurden.
Am unerklärlichsten an der Tblissi-Schneise war jedoch die auf den abgeknickten Bäumen vorgefundene »Ascheschicht« beziehungsweise die nur wenige Millimeter tiefe »Verkohlung« der Rinde. Aus den Untersuchungen ergab sich, daß diese »Asche« bei etwa 3600 Grad Celsius entstanden ist und eine hohe Polymerisation aufweist. Die Asche war jedoch bereits stark abgekühlt, als sie sich auf die Bäume legte, und verkohlte daher nur die äußere Rinde. Durch mikroskopische Untersuchungen der Asche stellte sich heraus, daß sie winzige Metallkügelchen von etwa 15 bis 17 Mikron enthielt, die chemischen Analysen zufolge

aus einer Metall-Legierung von Gold, Silber, Chrom, Molybdän und Vanadium bestehen.
»Seit diesem Vorfall kam es in Tblissi zu einigen Dutzend UFO-Sichtungen, einige davon mit Tausenden von Zeugen«, sagt Dr. Shonya. Auf der Münchner »Dialog mit dem Universum II«-Konferenz zeigte der Mitarbeiter der Studienkommission ADW, Valerii Uvarov, einen Film, den ein Team vom Sowjetischen Fernsehen gedreht hatte. Eigentlich sollte das im Sommer 1989 in Tblissi stattfindende Freiluft-Konzert einer bekannten sowjetischen Popsängerin aufgezeichnet werden. Während des Konzerts erschien aber über der georgischen Hauptstadt eine gleißende Scheibe, die unregelmäßige Bahnen am Himmel vollzog. Der entstandene Film entbehrt nicht der Komik: Da ist ein um die Erfüllung seiner Aufgabe bemühter Kameramann, der aber oft genug seine Kamera von der Bühne weg auf das mysteriöse Objekt am Himmel ausrichtet. Das von ihm immer wieder im Bild festgehaltene Publikum schaut nicht etwa zur Sängerin auf der Bühne, sondern zeigt mit erhobenen Armen und Zeigefinger sowie himmelwärts gerichteten Köpfen nach oben. Auf der Bühne singt derweil die attraktive junge Sängerin und versucht dabei, so unauffällig wie möglich zum Himmel zu schielen, um möglichst wenig von dem zu verpassen, was ihre unaufmerksamen Zuhörer so fasziniert.
Die letzte aufsehenerregende UFO-Sichtung in der Sowjetunion vor Redaktionsschluß wurde am 21. März 1990 in der Pereslave-Zalesskij-Region, östlich von Moskau, registriert. Um 21.38 Uhr ortete Oberstleutnant A. A. Semenchenko das Objekt in einer Flughöhe von etwa 2000 Metern. Jeder Versuch einer Kontaktaufnahme über Funk scheiterte. Zu diesem Zeitpunkt wurde das Militär von über hundert Zivilisten angerufen, die über der Autobahn

Yawoslavskij ein unbekanntes Flugobjekt gesehen hatten. Zu den Augenzeugen gehörten auch vier Offiziere des dortigen Luftwaffenstützpunktes. Zwei zur Identifizierung des Objekts beorderte MIG-Abfangjäger stiegen auf. Sie meldeten die Beobachtung eines riesigen Flugkörpers von bis zu 200 Metern Durchmesser mit zwei an den Seiten erkennbaren, pulsierenden Lichtern. Die Flugbahn des Objekts verlief zuerst parallel zur Erdoberfläche. Dann stieg es senkrecht aufwärts, um schließlich, um die eigene Achse rotierend, eine S-Kurve zu vollziehen. Nachdem es einige Sekunden lang bewegungslos im Luftraum verharrt hatte, schoß es mit der dreifachen Geschwindigkeit einer MIG davon. Wie alle Beobachter übereinstimmend bestätigten, beschleunigte sich das Blinken seiner Lichter mit zunehmender Geschwindigkeit.

Dieser Vorfall fand am 19. April 1990 seine überraschende Bestätigung durch ein Interview der Zeitung »Rabochaya Tribuna« mit dem Stabschef der Luftwaffenstreitkräfte der Sowjetunion, Luftwaffen-General Igor Maltsev. »Das am 21. März gesichtete unbekannte Flugobjekt bewegte sich in Flughöhen zwischen 1000 und 7000 Metern«, erklärte General Maltsev. »Seine lautlosen Bewegungen waren durch unglaubliche Manövrierfähigkeit gekennzeichnet. Allem Anschein nach trifft die Massenträgheit auf die Flugmöglichkeiten dieses Objekts nicht zu. In anderen Worten, irgendwie müssen sie die Schwerkraft gemeistert haben. Derzeit gibt es keine irdischen Maschinen mit derartigen Fähigkeiten.«

»UFO-Forscher haben einen Sieg errungen«, kommentierte die Zeitung »Rabochaya Tribuna«. »Zum ersten Mal wird die Sichtung eines UFOs vom Militär so offen und beeindruckend bestätigt. Besonders befriedigend ist, daß Vertreter der Luftwaffe den Vorfall bestätigen, also Menschen, die über einzigartige technische Mittel verfügen, um eine Beobachtung zu verifizieren. Hoffen wir, daß auf diese Weise auch noch einige ›Rätsel‹ der Vergangenheit gelöst werden.«

Haben Außerirdische plötzlich eine Vorliebe für die Sowjetunion entdeckt? Kaum anzunehmen. Denn nicht einmal sowjetische Experten machen die Vorzüge des Sozialismus oder Gorbatschows Perestroika für die immer häufiger werdenden UFO-Sichtungen in ihrem Land verantwortlich. Sie glauben vielmehr an natürliche Ereignisse. Valerii Uvarov und Dr. Thales Shonya spekulieren auf der Grundlage der durch die »Channeling«-Methode empfangenen Informationen und durch geophysikalische Messungen, daß es im Magnetfeld gewisse Anomalien – sogenannte »Wirbel« – gibt, die eine Verbindung mit anderen Dimensionen ermöglichen. Uvarov behauptet, daß die Erde von einem weiteren Feld umgeben ist, von einem Zeit- beziehungsweise »Chrona«-Feld. Dieses »Chrona«-Feld weist anomale Punkte auf, die den Eintritt von einer Zeit und/oder Dimension in eine andere ermöglichen. »Wir nennen sie ›Chronapiks‹. Auf der Erde gibt es eine Reihe von ihnen. Darunter auf sowjetischem Territorium im Gebiet um Perm, in Georgien, im Gebiet um Leningrad, auf der Insel Krim, im Baikal-See, im Gebiet des Pamir-Gebirges und im südlichen Kaspischen Meer.«
In der übrigen Welt befinden sich »Chronapiks« in Zentralafrika, in der Zentralsahara, in Nordindien, im Bermuda-Dreieck, in Zentralbrasilien und in Tibet.
Außerdem soll es nach Uvarov früher fünf weitere solcher Punkte gegeben haben, die sich im Lauf der Zeit verlagert hätten. Nämlich in Zentralaustralien, in Israel, in China, in Ägypten und auf der Osterinsel.

Falls solche »Chronapiks« – Raum-Zeit-Wirbel – tatsächlich auf der Erde existieren, wären sie sozusagen Eintrittspforten in unser Raum-Zeit-Kontinuum beziehungsweise Türen zu fremden Dimensionen oder, um einen alten chinesischen Begriff zu verwenden, Drachentore zu fremden Welten.

Wenn UFOs als technisch konventionelle Flugmaschinen in das Konzept dogmatischer Wissenschaftler passen würden, könnten wir die These von außerirdischen Besuchern getrost fallenlassen. Doch als Raum-Zeit-Schiffe fremder Welten hätten sie mit Sicherheit in ihrem Verhalten und Erscheinungsbild völlig unkonventionelle Eigenschaften – und genau das führen sie uns immer vor.

12

Flugrouten eines Phänomens

Der deutsche Physiker Dr. Kurt Gödel offerierte der Fachwelt bereits 1949 ein Modell des Universums, das auf Einsteins Allgemeiner Relativitätstheorie basiert. In diesem Weltmodell mit seinen geschlossenen Zeitkurven kann ein Individuum theoretisch sowohl in die Zukunft als auch in die Vergangenheit reisen.

Eine weitere, faszinierende Möglichkeit, Raum-Zeit-Reisen durchzuführen, haben Albert Einstein und sein Kollege Nathan Rosen postuliert. Sollten sie recht behalten, wird das Universum von zeitlosen Querverbindungen durchzogen. In ihrer 1935 im »Physical Review« veröffentlichten Gemeinschaftsarbeit vergleichen die Wissenschaftler separate Teile des Universums mit Gummilaken, die durch zeitlose Passagen, von ihnen Brücken genannt, miteinander verbunden sind.

Aus dem Einstein-Rosen-Modell schließt der namhafte amerikanische Physiker John Archibald Wheeler auf ein von »Wurmlöchern« durchzogenes Universum, und diese »Wurmlöcher« führen zu einem zeitlosen Superraum. Als Konsequenz dieser zeitlosen Passagen – der Einstein-Rosen-Brücken – würde sich ergeben, daß sich dort und im Superraum interstellare oder intergalaktische Raumschiffe vorwärts im Raum und zugleich rückwärts in der Zeit ohne Zeitverlust, also sozusagen in Nullzeit, fortbewegen. Denn in den unfaßbaren Dimensionen der Einstein-Rosen-Brücke und des Superraums haben Begriffe wie »vorher«,

»jetzt« und »nachher« ihre Bedeutung verloren. Und die Zeit in normalem Sinn existiert nicht mehr. Nach diesem Modell könnten Raumschiffe im Bruchteil eines Augenblicks von einer Region des Universums zu einer anderen gelangen.
Nutzen unsere außerirdischen Besucher etwa bereits solche Möglichkeiten?
Wenn UFOs als technisch konventionelle Flugobjekte beschrieben würden, die in das jeweilige Konzept skeptischer Wissenschaftler passen, könnten wir die These von außerirdischen Besuchern getrost fallen lassen. Doch als Raumschiffe von anderen Welten müssen sie in ihrem Erscheinungsbild und Verhalten nur die für uns fremdartigsten Eigenschaften haben. Eigenschaften, die im allgemeinen vom orthodoxen wissenschaftlichen Establishment nicht akzeptiert werden können.

An den Osterfeiertagen 1990 – nur drei Wochen nach dem aufsehenerregenden Zwischenfall bei Moskau – wurde in Westeuropa ein ganzes Land vom »UFO-Fieber« gepackt. Grund: Die belgische »Gesellschaft zur Erforschung der Phänomene des Alls« – SOBEPS genannt – hatte die Bevölkerung des Landes aufgerufen, in diesem Jahr anstelle der traditionellen Ostereier UFOs zu suchen. Diese Aufforderung hatte einen durchaus ernsten Hintergrund und wurde sogar von Wissenschaftlern, den Medien, der Polizei und der Luftwaffe des Landes unterstützt. Ursache: Seit Oktober des Vorjahres hatten unbekannte Flugobjekte den belgischen Luftraum anscheinend zum »Tummelplatz« erkoren.

Die von Kennern als »Flaps« bezeichnete Sichtungswelle setzte praktisch am 12. Oktober 1989 ein. Ein gewisser Paul Croisset entdeckte nämlich um 21.45 Uhr an diesem Tag einen völlig aus dem gewohnten Rahmen fallenden Flugkörper am nächtlichen Himmel: ein lautlos über der Stadt Verviers dahinziehendes dunkles Dreieck, mit drei hellen Lichtern an den Ecken und einem rotpulsierenden im Zentrum. Kaum war die Sichtung Croissets in den Zeitungen veröffentlicht worden, meldeten sich weitere Belgier, die das »fliegende Dreieck« ebenfalls beobachtet hatten. Da sich unter den Augenzeugen auch Lehrer und Polizisten befanden, wurde der Angelegenheit nunmehr von den Zeitungen größere Bedeutung beigemessen.

Durch die Schilderung zweier Beamter der Landgendarmerie über die Sichtung eines solchen Objekts aus nächster Nähe wurde das UFO-Thema zum Tagesgespräch. Folgendes hatte sich zugetragen: Die Eupener Gendarmen Heinrich Nicoll und Hubert von Montigny fuhren am 29. November 1989 ihre übliche Streife im Länderdreieck zwischen Aachen und Eupen. Um 17.30 Uhr wurde eine Wiese neben der Fahrbahn plötzlich in gleißendes Licht getaucht. »Im Vergleich war es so hell wie ein durch Flutlicht beleuchtetes Fußballstadion«, beschrieben es die Polizisten. Das Licht stammte von drei Scheinwerfern eines Objekts, das nur etwa 200 Meter hoch über der Straße schwebte und leise surrte, bevor es sich langsam in Richtung Aachen entfernte.

Die Streifenbeamten benachrichtigen ihre Zentrale sofort über Funk. »Alles klar«, erhielten sie zur Antwort. »In eurem Blickfeld ist der Weihnachtsmann.« – »Wenn Alf aussteigt, fangt ihn ein«, spöttelte ein anderer Kollege. Die beiden Polizisten fanden das gar nicht komisch. Sie starrten immer noch dem seltsamen Ding nach und wunderten sich, was es gewesen sein könnte. Keinesfalls ein konventionelles Flugzeug. Auf der glatten Unterseite des riesigen Objekts von etwa 20 Meter Durchmesser waren drei Scheinwerfer und in der Mitte ein rotpulsierendes Licht. Oben machten Nicoll und von Montigny eine Kuppel mit drei Luken in Flugrichtung aus.

Die von ihren Kollegen auf der Wache augenzwinkernd als »im Dienst betrunken« verdächtigten und später von ihrem Brigadekommandanten als »meine seriösesten Beamten« bezeichneten Streifenpolizisten hatten sich indessen längst entschlossen, das unbekannte Flugobjekt zu verfolgen. In seiner Flugbahn schien es der Straßenführung zu folgen. Andere Streifenwagen, die über Funk von der unerklärlichen Sichtung erfahren hatten, schlossen sich der Verfolgungsjagd an. Nach anderthalb Stunden endete sie an der Gileppe-Talsperre. Das Objekt verharrte dort direkt über dem Aussichtsturm, tauchte die Landschaft in gleißendes Licht und verschwand danach. »Aus dem Nichts« erschien plötzlich ein zweites, mit dem ersten völlig identisches Objekt und »zischte« über den Stausee. Einer der anwesenden Polizeibeamten sagte später aus: »Es war so hell, daß wir trotz der eingebrochenen Dunkelheit in der Lage gewesen wären, die Zeitung zu lesen.« Auch Anwohner hatten fast eine Stunde lang den unglaublichen Zwischenfall über der Talsperre beobachtet.

Aus einer Anfrage der Gendarmerie bei der Flugüberwachung des Flughafens Lüttich-Bierset ergab sich, daß auf den Radarschirmen zwar ein »eigenartiger Flecken« geortet worden sei, der sich jedoch aufgrund der geringen Flughöhe nicht näher ausmachen ließ. Lüttich alarmierte daraufhin die AWACS-Leitstelle der NATO in Geilenkirchen. Die umgehend zur Beobachtung in den Eupener Raum entsandte Maschine mußte unverrichteter Dinge zu ihrem Standort zurückkehren, da das unbekannte Flugobjekt bereits verschwunden war.

Eine Anfrage über mögliche Manöver an diesem Tag in der betreffenden Region wurde von den im belgisch-deutschen Grenzgebiet stationierten amerikanischen NATO-Stützpunkten negativ beantwortet. Als der Vorfall von der Presse aufgegriffen wurde, meldeten sich von überall her Augenzeugen, so aus Verviers, Andrimont, Jalhay, aus Huy, südlich von Lüttich, und aus Aachen-Forst. Eine Eupenerin wurde beim Einsteigen in ihren Wagen durch einen Lichtstrahl von oben derartig geblendet, daß sie in panischer Angst startete und beinahe gegen einen Baum fuhr. Und ein Mann, der hinter seinem Haus Brennholz holen wollte, wurde plötzlich in gleißenden Lichtschein getaucht. Gendarmerie und Presse befragten 150 Augenzeugen zu diesem Vorfall.

Ein Versuch, den Besitzer einer Diskothek in Halen für das Phänomen verantwortlich zu machen, der mit einem Lasergerät mehrmals Lichtstrahlen in den Himmel projiziert hatte, ließ sich nicht aufrecht erhalten. Denn die UFO-Welle hörte auch dann nicht auf, als dem Wirt durch Gerichtsbeschluß verboten wurde, seine »die öffentliche Ordnung gefährdende« Werbung fortzusetzen.

Mit einer Sichtung über der Stadt Spa am 3. Februar 1990 kam es in Belgien schon wieder zu einem aufsehenerregenden UFO-Zwischenfall. Die Sonne war gerade hinter dem Horizont verschwunden, da tauchten über der Stadt UFOs auf. Als ein riesiges Objekt in geringer Höhe über den städtischen Fußballplatz schwebte, unterbrach der perplexe Schiedsrichter das Spiel. Zuschauer und Spieler starrten gebannt zu dem etwa 50 Meter breiten und 70 Meter langen dreieckigen Raumschiff hinauf. Wie die schon vorher gesichteten Objekte, war auch dieses mit drei gleißenden Scheinwerfern ausgestattet.

Einige Zeugen berichteten, sie hätten unbekannte Flugobjekte in der Nähe von Hochspannungsleitungen schweben sehen, als würden sie dort Energie »tanken«. Ähnlich, wie es der amerikanische Polizist Herbert Schirmer beobachtet hatte, von dem bereits berichtet wurde. Ein Ehepaar aus Charleroi, das miterlebte, wie eine leuchtende Scheibe über dem Haus den Garten in bläuliches Licht tauchte, fand am nächsten Morgen an der Stelle die Stromkabel verschmolzen, wo der Lichteinfall am intensivsten gewesen war. Auch hier wird der gesichtete UFO-Dreiecktyp mit der dreieckigen Anordnung der Scheinwerfer später auf dem Bildschirm gezeigt.

Einem Filmteam von Radio Télévision Luxembourg gelangen schließlich die ersten Filmaufnahmen des Raumschiffs, die in den RTL-Nachrichtensendungen dann über ganz Europa ausgestrahlt wurden. Die Laser-Theorie wurde damit endgültig ad absurdum geführt.

Ein schwitzender Anti-UFO-Fanatiker aus Deutschland erklärte dem amüsiert lauschenden RTL-Moderator geifernd, er habe, zum Henker, die Endlösung für das Rätsel am belgischen Himmel gefunden: Die Dinger seien nichts anderes als Ultraleicht-Flieger. Wer es nicht wissen sollte: Das ist eine Art motorisierter Drachenflieger, der sich mit der Stärke eines Rasenmähermotors durch die Luft bewegt.

Experten waren da ganz anderer Meinung. »Es gibt weder eine zivile noch eine militärische Flugmaschine, die mit den von den Zeugen beschriebenen Objekten übereinstimmt, erklärten sie nach Auswertung von inzwischen über 600 Zeugenberichten. Belgiens Verteidigungsminister Guy Coeme schloß »definitiv« aus, daß Militärmaschinen, auch nicht die der Amerikaner, verantwortlich seien. Auch für Oberst Brillen von der Militärischen Luftraumüberwachung in Glons war der Fall eindeutig. »Am belgischen Himmel werden auch regelmäßig Ultraleicht-Flieger gesichtet, aber die können wir zweifelsfrei auf unseren Radarschirmen identifizieren«, erklärte er RTL. »Die von den UFOs georteten Signale unterscheiden sich ganz wesentlich.«

Doch in der Nacht vom 30. zum 31. März ging es erst richtig los. Diesmal war nicht das Dreiländereck Ziel unbekannter Flugobjekte, sondern die belgische Hauptstadt Brüssel. 15 Polizeibeamte und drei Zivilisten waren in dieser Nacht unmittelbare Augenzeugen des Geschehens. Ein Amateur drehte bei dieser Gelegenheit die bisher besten Filmaufnahmen, und zwei Abfangjäger stiegen zur Verfolgung auf.

Es begann um 23.00 Uhr am 30. März. Um diese Zeit wurde der Polizeibeamte Renkin, gemeinsam mit einigen Bekannten, in Ramiliens auf einen großen Lichtpunkt aufmerksam, der sich ihnen am Himmel von Brabant in Zick-Zack-Bewegungen näherte. Der belgische Gendarm alarmierte umgehend die Luftüberwachung von Beaucherain und Glons. Doch dort konnte die Quelle des Echos auf den Radarschirmen nicht eindeutig identifiziert werden. Der Kommandant der Gendarmeriebrigade von Wavre, Pinson, bestätigte allerdings wenige Minuten später Renkins Beobachtung. Mittlerweile war das Objekt mit seinen drei hellroten Lichtpunkten visuell schon klar erkennbar, es hielt nach wie vor seinen Zick-Zack-Kurs ein. Diese Beobachtung wurde von Renkins Kollegen in Mauchelette, Jodoigne und Thorembais-les-Béguines, bestätigt. Um Mitternacht wurden plötzlich an der Unterseite des Objekts drei weitere Lichtquellen sichtbar. Von der Militärischen Luftraumüberwachung in Glons war mittlerweile die Königlich-Belgische Luftwaffe informiert worden, die um 0.15 Uhr vom Luftwaffenstützpunkt Beaucherain zwei F-16-Jäger mit dem Auftrag startete, das Objekt bis zu einer Identifizierung zu verfolgen.

Die Bevölkerung wurde erst drei Monate später über die Beobachtungsergebnisse der Jagdmaschinen informiert. Denn der dafür zuständige Offizier, Oberst Wilfred de Brouwer, gab die Einzelheiten über den Vorfall vom 31. März erst am 10. Juli 1990 für die Öffentlichkeit frei. Es hieß, das Objekt habe sich auch während der Verfolgung weiterhin im Zick-Zack-Kurs fortbewegt und dabei eine Geschwindigkeit von 1800 Stundenkilometern eingehalten. Beim Durchbrechen der Schallmauer habe es keinen Knall gegeben. Die nur 800 Stundenkilometer schnellen Abfangjäger hätten noch beobachten können, wie das »Licht« an

Höhe gewann, und seien dann auf ihre Basis zurückgekehrt. »Es war mit Sicherheit keine irdische Maschine«, gab Oberst Brouwer bekannt.

Etwa eine Stunde später erschien das Objekt erneut auf der Bildfläche und konnte von einem gewissen Alfarano aus Brüssel mit seiner Videokamera gefilmt werden. Dieser Film wurde von den Laboratorien der Universität Brüssel ausgewertet und durch Digitaltechnik analysiert – die bis dato besten Aufnahmen des geheimnisvollen Objekts. Der Film zeigt zwei auf den Beobachter zukommende Lichter. Alfarano erklärt, er habe noch »eine Kuppel mit vielen roten und grünen Lichtern sowie die metallisch grauen Konturen der Basis« ausmachen können.

All diese Tatsachen veranlaßten SOBEPS, die Landespolizei und das Militär, die Bevölkerung zur Großfahndung aufzurufen. Von Karfreitag bis Osterdienstag lagen in Belgien Abertausende auf »der Lauer«. Wissenschaftler mit modernsten Meßgeräten, Magnetfelddetektoren, Teleskopen, Theodoliten, Infrarot- und Videokameras; Laien mit Fernrohren und Heimvideogeräten. SOBEPS richtete zwischen Brüssel und der deutschen Grenze 20 Beobachtungsstationen ein, die Polizei installierte eine spezielle Telephonleitung für »UFO-Nachrichten«. Die Königlich-Belgische Luftwaffe stellte zwei Aufklärer zur Suche nach unbekannten Flugobjekten ab, zudem waren zwei Kampfflugzeuge rund um die Uhr für eventuelle Fälle im Einsatz. Und den Forschern von SOBEPS wurden die Radaranlagen zur Verfügung gestellt.

Es hatte den Anschein, als wollten die Piloten der rätselhaften Flugobjekte ihre »Jäger« ein bißchen zum Narren halten. Am Karsamstag erschienen sie kurz auf der Bildfläche und verschwanden wieder im All, bevor die Aufklärer sich ihrem Ziel überhaupt nähern konnten.

Da Autobahnen von diesen Objekten als »Richtungsweiser« scheinbar bevorzugt wurden, waren die meisten Beobachtungsposten auch an ihren Rändern stationiert. Und tatsächlich wurde dann auch in der Osternacht über der Autobahn Lüttich–Namur – vorläufig zum letzten Mal – ein UFO gesichtet. »Es leuchtete zehnmal heller als ein Stern« erklärte eine Zeugin. Wie viele andere Autofahrer war sie stehen geblieben, um das in geringer Höhe schwebende Objekt zu beobachten.

Zwischen bestimmten heiligen Stätten der Vorzeit und den Flugrouten der unbekannten Flugobjekte scheint allem Anschein nach eine Beziehung zu bestehen. Schon seit Jahren versuchen Neo-Romantiker altes druidisches Wissen wiederzuentdecken. Keltenforscher und Kulturwissenschaftler wollen die Geomantie, also die Lehre der Landschaftsgestaltung im Einklang mit der Natur und ihren Energiefeldern, erneut anwenden. Von den alten Chinesen wurde diese Geheimlehre »Feng Shu« genannt.

In England hat die Erforschung der »heiligen Geometrie« schon eine rund 250jährige Tradition. Sie begann sozusagen mit dem Buch »Avebury, A Temple of the British Druids« (Avebury, ein Tempel der britischen Druiden), das der englische Altertumsforscher und Freimaurer William Stukeley 1743 veröffentlich hat. Es enthält seine Studien über den uralten Steinkreis von Avebury, den John Aubrey 1648 kurz vor Weihnachten während einer Jagd entdeckt und identifiziert hatte. Für Stukeley stand fest, daß jeder der noch existierenden britischen Steinkreise nach einer ganz bestimmten geometrischen Anordnung errichtet worden ist, die auch den Schlüssel zu seiner Funktion enthielt. In der Anordnung der Steine von Avebury – einer Anlage, von der nur noch der große Steinkreis im Zentrum erhalten ist –

erkannte Stukeley ein uraltes, heiliges Symbol: die Schlange beziehungsweise den Drachen, die/der sich durch den geflügelten Kreis bewegt. Stukeley fand dieses Symbol der alchemistischen Fusion in den Schriften der Gnostiker und Pythagoräer und auf alten römischen Tempeln, die dem ägyptischen Isis-Kult geweiht waren. Er entdeckte immer wieder Schlangen- und Drachensymbole, ob in den Umrissen eines alten Erdbaus in Essex oder in einem Erdbau der Druiden in Barrow bei Hull. Stukeley interpretierte Schlange und Kreis als Symbol einer uralten Religion im europäischen Raum, die in dieser Erd-Architektur offenbar wird.
Stukeleys Arbeiten, die in intellektuellen Kreisen seinerzeit begeisterte Anerkennung fanden, inspirierten ein Jahrhundert später den Reverend Edward Duke, die Steinkreise von Stonehenge und Avebury zu erforschen. In seinem 1846 veröffentlichten Buch »Die Druiden-Tempel von Wilts« ging Duke von der Annahme einer direkten Verbindung zwischen Stonehenge und Avebury aus. Nach Duke repräsentiert diese Linie die »Achse der Kraft« – und jeder Steinkreis, jedes antike Gebäude auf dieser imaginären Geraden stellt einen der sieben astrologischen Planeten dar. Es vergingen weitere 20 Jahre, bevor ein dritter britischer Altertumsforscher, William Henry Black, auf den Gedanken kam, zu überprüfen, ob möglicherweise alle antiken Plätze auf der britischen Insel in einem Liniennetz miteinander verbunden sein könnten. Black, angesehenes Mitglied der »Britischen archäologischen Gesellschaft« formulierte diese Gedanken schließlich in seiner Theorie der »Großen Geometrischen Linien«, die, seiner Meinung nach, alle Kontinente und Länder durchziehen und auf denen die alten Kultstätten angeordnet seien.
Auf einer Mitgliederversammlung der Gesellschaft, die 1870 im – nomen est omen – Hotel »Grüner Drache« in

Hereford stattfand, trug Black seine Theorie erstmals einem archäologischen Fachpublikum vor: »Die uns bekannten Monumente markieren große geometrische Linien. Linien, die sich über ganz Westeuropa, über die Britischen Inseln und Irland hinziehen, über die Hebriden, die Shetland- und Orkney-Inseln bis hinauf zum Polarkreis ... Gleicherweise sind sie in Indien vorhanden, in China und allen anderen Ländern des Ostens. Sie folgen überall dem gleichen Muster.«

Wenn auch das Establishment Blacks Ideen ignorierte, sammelte sich in Hereford doch bald ein kleiner begeisterter Kreis von Anhängern um ihn, den Dr. Bull vom Woolhope-Club leitete. Jahre später schloß sich Alfred Watkins dem Kreis an, der sich in der Erforschung der Linien schon bald einen Namen machte. Watkins arbeitete die Theorie der großen geometrischen Linien weiter aus und popularisierte sie. Zudem entdeckte er, daß an vielen dieser Geraden Ortschaften gleicher Charakteristiken oder gleichen Namens liegen. Er stieß zum Beispiel darauf, daß alle mit der Silbe »ley« endenden Dörfer und Städte durch ein Liniennetz miteinander verbunden waren. Daher nannte er die Geraden »ley-lines«.

Die Erkenntnis über ein solches Liniennetz kam Watkins in der Art einer »transzendenten Wahrnehmung«, als er an einem heißen Sommertag am 20. Juni 1921 durch die Landschaft der Grafschaft Herefordshire wanderte. Er hielt auf einer Hügelkuppe an, um sich auf seiner Landkarte zu orientieren. Dann setzte er sich hin, um die vor ihm ausgebreitete Landschaft in sich aufzunehmen. Plötzlich verschwamm die Landschaft vor ihm im Dunst, und vor seinem inneren Auge formte sich langsam, erst undeutlich, dann immer klarer werdend, ein neues Bild. Eine prähistorische Epoche zeichnete sich ab. Über das ganze Land verbreitet

sah er ein Netz von Linien, durch das Kultstätten aus alter Zeit untereinander verbunden waren: Erdhügel, Monolithen, Kreuze, Kirchen, die über vorchristlichen Kultplätzen errichtet waren, legendenumwobene uralte Eichen, Wassergräben und heilige Quellen. Alle in exakt ausgerichteten Linien angeordnet, die sich über Täler, Berge und Hügel hinzogen. Watkins hatte die magische Welt des prähistorischen England in einem Moment transzendenter Vision in sich erlebt, eine Welt, die längst im Dunkel der Vergangenheit versunken war. »Es war ein Moment blitzartiger Erleuchtung«, erklärte Watkins später. »Der ganze Plan des ›Old Straight Track‹ hatte sich mir unversehens offenbart.«
Als Watkins dann auf einer amtlichen topographischen Karte Kirchen und alte Stätten miteinander verband, fand er seine Vision bestätigt. Nicht selten standen acht, neun oder zehn Stätten in verhältnismäßig kurzer Entfernung auf einer »Ausrichtungslinie« (alignment). Zudem wiesen sie manchmal alle ein bestimmtes, ihnen gemeinsames Charakteristikum auf – zum Beispiel Namen, die mit »ley« enden, oder andere, die mit »White« – oder »Red« beginnen. Als Watkins die »ley-lines« aufzeichnete, stellte er oft fest, daß ihr Verlauf mit dem alter Römer- oder Keltenstraßen identisch war. An den Kreuzungspunkten der »ley-lines« befinden sich oft Wallfahrtsorte, Heiligtümer oder alte Kultstätten. Vielleicht ein Hinweis darauf, daß diese Kreuzungspunkte bei den alten Briten eine ähnliche Bedeutung hatten wie die »Lung-Mei«, die Drachenwege der Chinesen, an deren Kreuzungspunkten künstliche Hügel errichtet wurden. Es hat sogar den Anschein, als sei selbst den Druiden oder ihren Vorgängern das Drachensymbol als Allegorie für die fließenden Erdströme ebenso vertraut gewesen wie den Geomanten im alten China. Denn viele Orte der englischen Drachensagen sind mit Kreuzungspunkten der »ley-lines« identisch.

So liegt Avebury auf einer »St. Michaels-Linie«, die den Steinkreis mit dem äußersten Westen Cornwalls verbindet – der Heimat des sagenumwobenen Königs Artus. Auf dieser Linie, die sich besonders durch ihre Länge und Präzision auszeichnet, liegt »Tor«, der Hügel von Glastonbury mit der »St. Michaels«-Kapelle«. Unterhalb befindet sich die aus Sagen bekannte Abtei von Glastonbury, die mit der Gralssage in Zusammenhang gebracht wird. Glastonbury soll auch das mythische »Avalon« der Vorzeit gewesen sein, der Ort, an dem König Artus begraben wurde und zu dem Joseph von Arimathäa nach seiner Flucht aus dem heiligen Land den Gral in Sicherheit brachte. Alle »St. Michaels«-Kirchen und Kapellen liegen auf Hügelkuppen. Oft liegen sie auch wie Zitadellen auf Felsvorsprüngen. Jenem vergleichbar, auf dem der Erzengel der Sage nach den Drachen tötete und damit natürlicher Nachfolger der vorchristlichen Gottheit wurde, die einstmals den »Drachenstrom« bewachte.

»Wie die Geschichte von St. Patrick in Irland, wurde auch die Geschichte seines Sieges über den Drachen oder die Schlange – die ursprünglich als Kontrolle über eine elementare Erdkraft verstanden wurde – nunmehr im frühen Christentum als Symbol des Sieges der neuen Religion über den alten Glauben angesehen«, schreibt der britische Geomant John Michell in seinem Buch »Die Geomantie von Atlantis – Wissenschaft und Mythos der Erdenergien«.

In England gibt es viele Drachen-Sagen, und stets symbolisiert der Drache jene Fruchtbarkeit und Kraft, die sich der Mensch durch die Bändigung der Erdenergien aneignen sollte.

Die bekanntesten christlichen Heiligen und Engel, denen die Drachentötung zugeschrieben wird, sind neben dem heiligen Michael auch St. Georg, St. Katharina und St. Margarethe. Viele Dörfer, die alten Sagen zufolge Schauplatz einer Drachentötung waren, haben Kirchen, die einem dieser Heiligen geweiht sind. In ganz England werden aber auch einfache Bürger als »Drachentöter« bezeichnet. Oft waren es Mitglieder bekannter einheimischer Familien, die den »Wurm töteten«. Ihre Nachkommen führen noch heute den Drachen im Wappen. Am häufigsten ist der »Drache auf dem Rad« als Symbol vertreten. Es erinnert an das prähistorische Schlangensymbol, das Stukeley in der Steinformation von Avebury entdeckte. In der Grafschaft Somerset, die einen ausgesprochenen Reichtum an prähistorischen Denkmälern aufweist, gibt es besonders viele solcher örtlichen Drachen-Mythen. Noch heute sind die Stätten, an denen einst die Drachen umgingen und getötet wurden, in der Erinnerung. Die Relikte dieser Tötung – meist schwere Lanzen oder Schwerter – werden seit Jahrhunderten in den Dorfkirchen aufbewahrt.

Vielerorts gibt es von alters her »Drachenfeste«, die an diese Tötung erinnern. Jedes Frühjahr gab es eine Parade durch die Stadt, die dem Drachen gewidmet war. Anschließend fanden Jahrmärkte statt, auf denen noch Ende des 19. Jahrhunderts wandernde Spielleute und Moritatenerzähler das Leben des Drachen in farbigen Bildern schilderten. Die mit der Drachensage in Verbindung stehenden Orte, die Nervenzentren jahreszeitlicher Fruchtbarkeit, scheinen durchweg mit alten heiligen Stätten übereinzustimmen. In ihrem Buch »The River Dart« erklärt Ruth Manning Saunders: »Einer Tradition auf Dartmoor zufolge sollen die Steinkreise erstmals in einer Zeit errichtet worden sein, als sich geflügelte Schlangen auf den Wegsteinen sonnten und um die Felsspitzen flogen.

»Zu gewissen Zeiten des Jahres flog der Drache an einer geraden Linie entlang in großer Höhe über das Land, und

wie ein Kielwasser zog er die befruchtenden Kräfte des Lebens hinter sich her. Astronomen beobachteten seinen Vorüberflug, und Astrologen sagten den Moment seines Erscheinens voraus, während die Geomanten seine gerade Bahn – den Drachenweg – mit Hügeln und Steinen markierten. Prozessionen zur jährlichen Beschwörung folgten ihm von Zentrum zu Zentrum. Von den so geschaffenen Wegen überlebten Teilststrecken bis vor kurzem als traditionelle Pilgerpfade, die die heiligen Orte miteinander verbanden. Heute noch kann festgestellt werden, daß die legendären Lagerplätze des Drachens im ganzen Land in Linie mit anderen stehen und untereinander durch sorgfältig angeordnete Reihen von Steinen und Erdbauten verbunden sind«, schreibt John Michell in »Die Geomantie von Atlantis«.
Dabei war der »Drachenstoß« nur Symbol für den »geomantischen Akt«, die Bannung der Erdenergien durch Rammung des Pfahles oder Omphalos in den Kraftstrom. Ist die Energie gebannt, kann sie zum Nutzen für die Landschaft und Ortschaft genutzt werden. Darum stand der »Nabel«, der »Omphalos« oder der »Maibaum« im Mittelpunkt jeder Stadt und jedes Dorfes und galt als »Weltenbaum« oder Verbindungspunkt zwischen den Energien des Himmels und denen der Erde.

Die Verbindung der »Drachenlinien« zu den UFOs hat bereits Ende der fünfziger Jahre der Franzose Aimé Michel in seinem Buch »Flying Saucers and the Straight-Line Mystery« postuliert. Denn er verglich die Flugbahnen der während der Sichtungswelle von 1954 beobachteten UFOs mit den »ley«-Linien Frankreichs. Im Jahre 1961 veröffentlichte Tony Wedd in England das Büchlein »Skyways and Landmarks«, in dem er dieselbe Verbindung für England nachwies und UFO-Flugrichtungen mit den Watkinschen Entdeckungen in Verbindung brachte. Wedd mutmaßte, daß die UFOs die Energie der Kraftlinien für ihren Antrieb benutzten, auf ihnen entlanggleiten wie »Magnetbahnen« auf einer »Magnetschiene«.

Auch wenn die »ley-lines« mit dem Antrieb der unbekannten Flugobjekte nicht das geringste zu tun haben, scheinen diese Drachenwege für die fremden Besucher von besonderem Interesse zu sein. Denn die an ihren Kreuzungspunkten in Kornfeldern immer wieder entdeckten mysteriösen Kreisformationen werden mit ihnen in Zusammenhang gebracht.

13

Quadratur des Kreises

»Viele Jahre lang hat das UFO-Phänomen die menschliche Vorstellungskraft angeregt, es war der Rahmen für menschliche Tragödien und der Stoff für menschliche Träume. Wir haben darauf in unseren Filmen reagiert, in unseren Gedichten, unserer Musik und in Science-fiction-Romanen. Und sie reagieren auf uns. Sie versuchen weder mit einzelnen, noch mit Gruppen oder Regierungen Kontakt aufzunehmen. Warum sollten sie auch? Das Phänomen funktioniert wie ein strategisches System symbolischer Kommunikation auf globaler Ebene. In der menschlichen Rasse ist etwas vorhanden, mit dem sie in Wechselwirkung stehen. Und wir wissen nicht, was es ist. Sie sind Teil der Umwelt, Teil des Kontrollsystems der menschlichen Evolution. Aber ihre Auswirkungen sind nicht nur physischer Art, sondern drükken sich auch in unseren Überzeugungen aus. Sie beeinflussen, was wir als geistiges Leben bezeichnen. Sie wirken sich auf unsere Politik aus, auf unsere Geschichte und Kultur. Sie sind Grundzug unserer Vergangenheit und zweifellos Teil unserer Zukunft.« Dies sagt Jaques Vallee in »Dimensions«.

Seit Jahren schon finden vor allem englische Farmer auf ihren in der Nähe prähistorischer Stätten gelegenen Kornfeldern mysteriöse Kreise flachgedrückten Getreides. In den letzten zehn Jahren sind Hunderte entdeckt worden, doch derzeit haben sie unverhältnismäßig zugenommen. Im Gegensatz zu früher sind auf den Feldern von Wiltshire plötz-

lich ganz bizarre Formen aufgetaucht: Kreise oder auch Halbkreise, von denen Dreizacks abzweigen, Arme oder auch Flaggen.

Solange es sich noch um schlichte Kreise handelte, konnte man vernünftigerweise ein Naturphänomen dahinter vermuten. Aber als komplexere Formen auftauchten, schien es auf der Hand zu liegen, daß sie durch eine Art Intelligenz verursacht werden müssen. Seit sie nun auch noch mit unbekannten Flugobjekten in Verbindung gebracht werden, ist das Thema Kreise zum Streitobjekt in aller Welt aufgerückt. So werden die Erklärungsversuche immer exotischer, reichen vom »Plasma-Vortex«-Phänomen bis hin zu »Bilderbotschaften« aus fremden Dimensionen. Eines stimmt allerdings nachdenklich: die Tatsache, daß die Kreismuster fast immer auf »ley-lines«, also auf Drachenwegen auftauchen.

Silbury Hill, einer der markantesten Punkte im »ley-lines«-Netz im südwestlichen England und mit 45 Metern der höchste künstlich errichtete prähistorische Hügel Europas, liegt ganz in der Nähe der Megalithen-Kultstätte Avebury. In seinem Werk »The Rational Almanae« bewies Moses Cotsworth schon Anfang dieses Jahrhunderts, daß Silbury Hill als optimales Sonnenobservatorium benutzt werden konnte – und zwar durch die im Norden auf die makellose Ebene fallenden Schatten von Silbury Hill. Der Meridian dieses prähistorischen Monuments durchläuft die auf der anderen Seite der Ebene errichtete Kirche von Avebury, dem Markstein eines Drachenwegs. Auf der Ebene selbst entdeckte Cotsworth die Überreste eines Menhirs, also einer jungsteinzeitlichen Steinsäule. Übrigens könnte die auf dem Taufbecken der Kirche festgehaltene frühmittelalterliche Darstellung eines Bischofs, der mit seinem Krummstab einen angreifenden Drachen durchbohrt, auch ein Hinweis auf den Drachenweg sein. Zudem befindet sich auf der »ley-line« zwischen Silbury Hill und Avebury eine alte Römerstraße, die geradewegs auf den Hügel zuläuft. Sie umgeht seinen Fuß, folgt jedoch auf der anderen Seite wieder einer schnurgerade verlaufenden Strecke.
Der bekannte Astronom Sir Norman Lockyer bestätigte bei seinen Vermessungen von Stonehenge im ersten Jahrzehnt des 20. Jahrhunderts eine der Bevölkerung längst bekannte Tatsache: Über einem etwas abseits des Steinkreises stehen-

den Menhir – dem sogenannten »Heelstone« oder »Friars Ferse« – geht zur Sommersonnenwende die Sonne auf. Der Generaldirektor der amtlichen Landvermessung, Col. Johnston, erzählte Lockyer während seiner Vermessungen, daß die bekannten prähistorischen Stätten wie Castle Ditches, Groevely Castle und Silbury Hill sowohl mit dem Steinkreis als auch mit dem »Heelstone« in Linie stehen. »Die örtliche Landvermessung konnte sich absolut danach richten, da sie jeweils genau 33,4 Kilometer voneinander entfernt sind«, erklärte Col. Johnston.

Seitdem der Farmer Roger Hues am 15. Juli 1988 auf einem seiner unterhalb von Silbury Hill gelegenen Felder mit einer merkwürdigen Entdeckung konfrontiert wurde, haben sich die Ereignisse zugespitzt.

Damals starrte Hues maßlos verwundert auf fünf Kreise spiralförmig flachgedrückten Korns in seinem Getreidefeld. Sie waren wie fünf Punkte auf einem Würfel angeordnet. Er grübelte, wie so etwas möglich sein konnte. Hatte ihm vielleicht jemand einen Streich gespielt? Dann stellte er kopfschüttelnd fest, daß dieses würfelförmig angeordnete Kreismuster immerhin einen Durchmesser von 88 Metern hatte. Es gab weder Fuß- noch Fahrzeugspuren, die dort hinführten. Außerdem waren die Kreise von unterschiedlicher Größe. Der Zentralkreis war 17,20 Meter breit, während die übrigen vier nur jeweils 6,50 Meter maßen. Dazu war das Korn im mittleren Kreis im Uhrzeigersinn flach umgewirbelt, in den anderen aber in entgegengesetzter Richtung. Am unerklärlichsten war für Hues die Tatsache, daß kein Halm geknickt war. Ein Rätsel, das bis heute nicht geklärt werden konnte.

Doch dabei blieb es nicht. Denn innerhalb der nächsten zwei Monate tauchten im Umkreis von Silbury Hill bis zu elf

Kilometern Entfernung 51 ähnliche Kreise auf und im gesamten Bereich der englischen Insel sogar rund 250.
Da diese Kreisformation – welchen Ursprungs sie auch war – genau auf der »ley-line« lag, die Silbury Hill mit dem Steinkreis von Avebury verbindet, könnte sie möglicherweise irgendwie mit Silbury Hill zusammenhängen.
Aber es könnte auch einen weiteren Zusammenhang geben. Und zwar zwischen den Kreisen im Kornfeld und einem Vorfall, der Mary Freeman aus Marlborough 24 Stunden früher in Staunen versetzt hatte. Auf dem Heimweg fuhr sie nach einem Abendessen mit einem Bekannten auf der A 361 durch ein etwa zwei Kilometer nördlich von Silbury Hill gelegenes Dorf. Die Straße verläuft durch den Steinkreis. Dort biegt sie links ab, in die sogenannte »Avenue« in Richtung Marlborough. Die Straße war wie »leergefegt«. Gegen 23.15 Uhr wurde Mary Freeman auf ein gelb schimmerndes Objekt zwischen den Wolken aufmerksam, das »größer war als der Vollmond und auch heller leuchtete«. Aber da gerade Neumond-Zeit war, konnte es sich kaum um eine Verwechslung handeln. Neugierig geworden, ließ Mary Freeman das merkwürdige Ding am Himmel nicht mehr aus den Augen. Sie beobachtete einen grellen Lichtstrahl, der aus dem Objekt in einem Winkel von etwa 65 Grad auf Silbury Hill oder die nähere Umgebung gerichtet wurde. »Ich traute meinen Augen nicht, hatte aber keine Angst«, berichtete Mary Freeman später. »Das Ganze hatte irgendwie etwas ›Ätherisches‹.« Plötzlich wurde ihr Wagen von einer Art »Energiestrom« erfaßt. Über dem Amaturenbrett abgelegte Sachen wurden »hochgerissen« und flogen mit einem Schwung nach hinten und landeten auf dem Beifahrersitz und auf ihrem Schoß. Wie »ausgeknipst«, war das Objekt unversehens verschwunden.
Am 26. Juli entdeckte Farmer Hues eine neue, mit der ersten

identische Fünfergruppe von Kreisen unterhalb einer Hochspannungsleitung. Aber Nachfragen beim zuständigen Elektrizitätswerk ergaben keine Stromstörungen für die betreffende Nacht. Nicht genug damit wurden neben der alten Römerstraße, etwa fünf Kilometer von Silbury Hill entfernt, weitere Kreise entdeckt. Allerdings eine von den anderen abweichende Kreisgruppe: ein Zentralkreis mit im Uhrzeigersinn flachgelegtem Getreide, aber anstelle der üblichen vier »Satellitenkreise« waren es in diesem Fall nur drei. Bei zweien von ihnen war das Getreide in Linksdrehung flachgedrückt, während es beim dritten wieder parallel – im Uhrzeigersinn – zum Mittelkreis verlief.

Welchen Ursprungs diese Kreise auch immer sein mögen, ein natürliches Entstehen dürfte wegen ihrer perfekten Symmetrie und geometrischen Anordnung kaum möglich sein.

Etwa ein Spaßvogel, der seine Zeitgenossen zum Narren halten wollte? Um die Kreisformation herum wurden zwar Fußabdrücke von »Winzlingen« entdeckt, die sozusagen »aus dem Blauen« stammten. Denn es fehlte jeder Hinweis, zum Beispiel abgeknickte Ähren, daß diese kindergroßen Fußspuren von außen durch das Getreidefeld zu den mysteriösen Kreisen führten. Menschenfüße konnten also kaum dafür verantwortlich sein. Ganz abgesehen davon war das Getreide mit »sanfter spiralig wirbelnder Gewalt« flachgelegt worden, ohne die Halme zu entwurzeln, geschweige denn zu knicken. In den kommenden Monaten wuchs das Getreide im angelegten Muster ungestört, flach am Boden liegend, weiter.

Allem Anschein nach besteht eine Verbindung zwischen den prähistorischen Stätten dieser Gegend und den immer wieder in ihrer Umgebung auftauchenden, rätselhaften Kreisformationen. Auch das von Mary Freeman in der Nacht vom 13. zum 14. Juli beobachtete UFO, dessen Strahl eine

Stelle am Boden traf, die 24 Stunden später eine Formation von Kreisen aufwies, läßt zumindest einen Zusammenhang vermuten.
Bis zum heutigen Tag wurden in englischen Getreidefeldern über 700 Kreise registriert, ein großer Teil davon im Umfeld prähistorischer Stätten! So stand 1987 Westbury, genauer gesagt die Gegend um das »White Horse« (Weißes Pferd), im Mittelpunkt des Kreis-Mysteriums. Die Bedeutung dieses von den Kelten in den Kalkstein der sogenannten »Berkshire Downs« gemeißelten »White Horse« konnte von den Archäologen bis heute nicht entschlüsselt werden. Jedenfalls liegt die geradenwegs auf Stonehenge und die Kathedrale von Salisbury ausgerichtete einstige Kelten- und Römersiedlung »Old Sarum« ganz nahe bei.
Anfang August 1987 tauchten die ersten beiden Kreise bei Bratton Castle in einem Getreidefeld in der Nähe des »White Horse« auf. Einer der beiden Kreise wurde dann am 15. August von einem neuerlichen überlagert. Dieser durch spiralförmige Wirbel verursachte Kreis von 15 Metern Durchmesser ließ auf große Krafteinwirkung schließen, da viele Ähren mitsamt der Wurzel ausgerissen waren. Aber erstaunlicherweise war auch hier kein Halm geknickt. Von Forschern durchgeführte Kompaßmessungen ergaben allerdings Abweichungen im Zentrum. Das Bodenmuster des Kreises war mit seinen in einer Linksspirale flachgelegten Getreidehalmen sehr ausgeprägt. Gegen die am Rand des Kreises aufrecht wie eine Wand stehenden Halme lehnten sich die spiralförmig umgewirbelten Ähren. Der Besitzer des Feldes ließ verlauten, daß 1982 an derselben Stelle schon einmal drei Kreise aufgetaucht seien, und zwar nach der Sichtung eines riesigen UFOs, das von einem Kreis orangefarbener Lichter umgeben gewesen sei. Mehrere Menschen hätten es am Himmel über dem Feld schwebend beobachtet.

Einige Stunden später wurden dann dort die Kreise entdeckt.
Seit britische Sportflieger 1976 die sonderbaren Kreise aus der Luft entdeckt hatten – englische Farmer wollen die ersten Kreise allerdings schon in den vierziger Jahren gesehen haben –, versuchen drei Engländer diesem Phänomen auf die Spur zu kommen: Pat Delgado, Raketeningenieur bei der Royal Air Force, dann bei der NASA, heute im Ruhestand, und Colin Andrews, Chefingenieur einer britischen Kraftwerkgesellschaft, sowie George Winsfield, Computerwissenschaftler bei IBM. Sie haben sozusagen die Annalen der Kreise festgehalten: in Bild, Dokument und Analyse. Seit ihren Veröffentlichungen diskutiert das Inselreich sein rätselhaftes Phänomen. Selbst Queen Elizabeth II. und die »eiserne Maggie«, Englands streitbare Premierministerin, erklärten öffentlich ihre »Faszination« für die ungewöhnlichen Erscheinungen. Sozusagen als Probe aufs Exempel oder als »Beweisstück« wurde daraufhin ein Kreis auf offiziellem Grund und Boden hinterlassen, nämlich auf dem Landsitz des britischen Außenministers, Lord Carrington.
Natürlich warteten die üblichen Skeptiker umgehend mit Gegenargumenten auf: Keine Frage, daß örtlich begrenzte Wirbelstürme die exakt symmetrisch angelegten Kreise verursacht hatten oder auch kopulierende Igel. Auch Rehe konnten es gewesen sein – samt ihren Nebenbuhlern, die mit ihrem Ringelpiez in der Brunftzeit die häufig beobachteten Außenringe um den Hauptkreis niedergewalzt hatten. Die »Alles-Schwindel«-Hypothese stand natürlich auch ganz oben auf der Tagesordnung. Sie wurden sogar in den ARD-»Tagesthemen« vom 22. Oktober 1989 in einer geradezu an den Haaren herbeigezogenen Demonstration dem verblüfften Zuschauer über den Bildschirm serviert:

Ort der Handlung: ein Kornfeld. Täter: einige Bauernburschen. Demonstrationsobjekte: ein Zaunpfahl, ein Seil. Tatablauf: Jene Bauernburschen wandern mehr oder weniger auf Zehenspitzen in ein Getreidefeld, rammen den Pfahl in den Boden, befestigen das Seil daran und trampeln dann in Seillängenentfernung in mehreren Umlauftouren einen unordentlichen Kreis. Fertig. Ein Ergebnis, das scheinbar den Originalen entsprechen sollte. Natürlich verschwammen die zum Pfahl, nota bene zum Kreis, führenden Spuren im Dunkel der Nacht, sie konnten (oder sollten?) von der Kamera nicht deutlich erfaßt werden. Auch die abgeknickten Halme entgingen dem Auge, ebenso das Pfahlloch inmitten des getürkten Kreises. Was soll's – die »Demonstration« hinterließ sicher bei vielen Fernsehzuschauern den Eindruck: »Ich hab doch gewußt, daß alles nur Schwindel ist.«
Und wie ist es bei den *nicht* getürkten Kreisen? Natürlich ganz anders: In keinem wurde im Zentrum ein »Pfahlloch« gefunden. Es gab keine Fußspuren zu den inmitten der Felder aufgefundenen Kreisformationen – die Felder waren unberührt. Das Getreide war nicht unordentlich niedergetreten und abgeknickt, sondern spiralförmig niedergewirbelt. Die einzigen, extrem kleinen Fußspuren wurden direkt neben den Silbury Hill-Kreisen entdeckt, ohne die geringste Verbindung zur »Außenwelt«. Aber zur Volksverdummung scheint die unsinnigste These gerade recht zu sein.

Wie läßt sich das Kreis-Rätsel nun lösen – wenn es überhaupt eine Lösung gibt? Die einleuchtendste Erklärung für dieses Phänomen wäre die Einwirkung einer Energieform, die, wenn wir den Berichten Glauben schenken wollen, mit unbekannten Flugobjekten im Zusammenhang steht. Eine Hypothese, die nicht nur durch das offensichtlich intelligent angelegte geometrische Muster so mancher Kreisformation – neuerdings sogar durch regelrechte Piktogramme –, sondern auch durch eine Anzahl anderer Phänomene im Umfeld dieser Kreise unterstützt werden könnte, die sonst nur in Verbindung mit unbekannten Flugobjekten bekannt geworden sind.

Dazu gehören die uns bereits aus der Sowjetunion geläufigen Strahleneinwirkungen, von denen Wissenschaftler nach Untersuchungen von UFO-Landestellen betroffen waren, als sie unter »seltsamen körperlichen Nachwirkungen« litten. Während Colin Andrews bei Untersuchungen von Kreisen stets nur »eine Kraft« empfand, reagierte sein Hund mit Erbrechen und wurde krank, wenn er sich dem Zentrum eines Kreises näherte, der sich nach der Beobachtung eines unbekannten Flugobjekts gebildet haben soll.

Als Andrews einen Kreis untersuchte, der bei Kimpton entstanden war, erzählte ihm Jamie Catt, ein Dorfjunge, daß er am 13. Juni 1987 gegen 10.30 Uhr ein orangefarben leuchtendes Objekt über dem Feldweg gesehen hätte. Bei dieser Gelegenheit wurde Andrews von zwei älteren Dorfbewohnern gefragt, ob er etwa wegen der »seltsamen Geräusche« gekommen sei, die vor einigen Tagen von diesem Feld ausgegangen wären.

Der »Kreis« von Kimpton präsentierte sich als 10,19 Meter langes und 8,90 Meter breites Oval, an dessen äußerem Rand der Weizen strahlenförmig nach außen gedrückt war, am Innenrand jedoch radial einwärts lag. Innerhalb der beiden Strahlenkränze war eine Reihe geknickter Ähren, die aussahen, als seien sie beim Aufeinanderprall entgegengesetzter Kräfte »zermalmt« worden. Als Andrews den Kreis am 29. Juni erneut untersuchte und gerade Einzelheiten auf sein Diktiergerät sprach, »verdunkelte plötzlich ein schwarzer Blitz die Sonne für einen Augenblick.« Andrews fand danach 33 Meter nördlich einen neuen Kreis von 3,50 Metern Durchmesser. Noch am selben Nachmittag führte er seinen Hund in den Kreis. Er wurde innerhalb weniger Minuten krank, erholte sich erst wieder, als er später in den Wagen gebracht wurde. Wenig später hörte Andrews in der Nähe des Kreises ein »knisterndes Geräusch wie von statischer Aufladung«.

Als der Farmer Richard Crook seine Labradorhündin Polly in einen Kreis bei Amesbury mitnehmen wollte, sträubten sich ihre Nackenhaare, sie fletschte die Zähne und winselte. Sie war durch nichts zu bewegen, auch nur eine Pfote in den Kreis zu setzen. Als Cook sie von der Leine ließ, rannte Polly wie vom Teufel gehetzt davon.

Was ist für die merkwürdigen Auswirkungen in den Kreisen verantwortlich? Jedenfalls muß es eine Kraft sein, die auch technische Geräte beeinflußt. So begannen zum Beispiel Kompaßnadeln innerhalb der Kreise unerklärlicherweise zu rotieren, und viele Forscher registrierten auf ihren Rekordern bei Aufnahmen im Innern der Kreise merkwürdige Töne, die sie vorher mit eigenen Ohren nicht gehört hatten. Das führte zur Spekulation, daß die Geräusche auf Veränderungen im Magnetfeld zurückzuführen sind, da es sich bei dem aufnehmenden Medium um ein Magnetband handelt.

Delgado und Andrews gründeten 1989 eine Untersuchungsgruppe zur Erforschung des Kreisphänomens (»Circles Phenomenon Research«), kurz CPR genannt. Diese Forschergruppe arbeitet mit Wissenschaftlern zusammen, unter anderen mit George Wingfield, Experten von TORRO, also der Tornado and Storm Research Organisation unter Leitung des Meteorologen Dr. Terence Meaden. Die Forscher schreckten auch nicht vor wissenschaftlichen Grenzbereichen zurück und führten sogar umfangrei-

che Versuche mit Pendlern und Wünschelrutengängern durch. Es hat den Anschein, als reagiere die Wünschelrute als Verstärker unbewußter Wahrnehmungen des Menschen, die mit herkömmlichen Meßtechniken bisher nicht erfaßbar sind. Aus diesem Grund wird die »Biolokation« (russische Bezeichnung für Radiästhesie) auch von der Sowjetischen Akademie der Wissenschaften eingesetzt, so auch bei der Untersuchung von Landeplätzen unbekannter Flugobjekte wie beispielsweise im Herbst 1989 in Woronesch.
Die Rutengänger konnten bei allen Kreisformationen in den Getreidefeldern starke Reaktionen ihrer Ruten verzeichnen, in der Regel schlugen sie in Richtung der umgewirbelten Halme aus. Des weiteren wurde durch die Radiästhesisten festgestellt, daß die Kreise auf den »ley-lines« liegen, also auf Energieströmen – Drachenwegen –, die im allgemeinen zur nächstgelegenen prähistorischen Kultstätte führen, fast immer zu einem Grabhügel oder Steinkreis. In einem weiteren Experiment konnten die Rutengänger sogar die genaue Lage eines Kreises aus dem vergangenen Jahr lokalisieren, obwohl keine Spur mehr darauf hinwies.
Bei einigen Kreisen wurde eine eigentümliche, gallertartige Substanz gefunden, die an Engelshaar erinnert. Sie »regnete« auch in vielen Fällen nach UFO-Nahbeobachtungen vom Himmel. Die CPR ließ diese Substanz in zwei Laboratorien unabhängig voneinander analysieren – in den staatlichen Albury-Laboratorien in Surrey und in den Universitätslaboratorien von Surrey in Guilford. Beide Untersuchungsergebnisse wiesen zuerst auf Honig oder Sirup hin. Bei einem weiteren Test mit Fehlingscher Lösung war das Resultat beim »Engelshaar« in dieser Richtung jedoch negativ, im Gegensatz zu handelsüblichen Süßwaren und Honig.

17

18

19

17 1983 stieß ein Pilzsammler im kaukasischen Bergland auf dieses merkwürdige Objekt. Es soll sich angeblich um ein Flugobjekt unbekannter Herkunft handeln.

18 Eine 250 Meter breite und sechs Kilometer lange Schneise verwüsteten Waldgebietes in der Nähe von Tblissi, Georgien, die ein unbekanntes Flugobjekt im Sommer 1988 verursacht hat.

19 Die Bedeutung des »weißen Pferdes« unweit von Salisbury konnte bis heute nicht geklärt werden. Jedenfalls besteht ein Zusammenhang mit der prähistorischen Kultstätte Stonehenge. Interessanterweise wurden unterhalb dieses »weißen Pferdes« Kreismuster entdeckt.

20 Der Autor mit dem »Kreis-Experten« George Wingfield bei einer Vorort-Untersuchung unterhalb von Silbury Hill in Wiltshire.

21 Silbury Hill, der mit 45 Meter höchste, künstlich geschaffene prähistorische Hügel in Europa – ehemals eine Stufenpyramide. In der Umgebung werden seit Jahren Kreis-Piktogramme in Kornfeldern und unbekannte Flugobjekte beobachtet.

22 Abflug von der Erde. Wird die Menschheit den Drachenweg beschreiten, um zu anderen Welten aufzubrechen?

20

21

Übrigens ergaben neueste, im Frühsommer 1990 durchgeführte mikroskopische Analysen der umgewirbelten Halme eine Veränderung ihrer Molekularstruktur, deren Ursache noch nicht geklärt werden konnte. Es steht allerdings fest, daß die flach am Boden liegenden Ähren bis zur Reife weiterwachsen, ohne sich wieder aufzurichten.

Es ist im Grunde genommen nicht weiter verwunderlich, daß dieses exotische Kreis-Phänomen auch esoterische Gruppen auf den Plan ruft. Für sie ist mit diesen Kreisen der Aufbruch in ein neues Zeitalter gegeben. Sie sind nämlich davon überzeugt, daß diese »heiligen Stätten« mittels der Channeling-Methode Zugang zu anderen Dimensionen ermöglichen. So sehen sie beispielsweise in dem Medium Isabelle Kingston einen solchen Kanal.
Im März 1987, drei Monate vor dem Auftauchen der ersten Kreise, veranstaltete Mrs. Kingston mit ihren Anhängern auf Silbury Hill eine Meditation. Dabei überkam es Frau Isabelle: Sie erhielt Botschaften einer höheren Intelligenz, die sie »Wächter« nennt. Sie stammten aus »anderen Bereichen« und hätten die »Erbauer des Hügels von Sil« (Silbury Hill) dereinst zu diesem ursprünglichen Pyramidenbau inspiriert, ließen die »Wächter« die »channelnde« Isabelle wissen. »Sil« bedeute »die Scheinenden«. Kultstätten wie Silbury Hill seien in der Vorzeit errichtet worden, um die Zeiten bis in unsere Epoche zu überdauern – damit der Menschheit in einer schweren Krise geholfen werde. Insbesondere seien Silbury Hill und Avebury von purer Energie erfüllt, um alle Orte der Kraft auf der ganzen Welt untereinander zu verbinden. Die Zeit der Offenbarung stehe nun bevor, nicht lange mehr, dann würden »sie« hier erscheinen, so die »Wächter« durch Isabelle.
Nach dem Auftauchen der ersten Kreise wanderte der Isa-

belle-Anhänger-Kreis erneut nach Silbury Hill. Die »Wächter« sollten die Bedeutung der Kreise offenbaren: Sie seien ein Hinweis auf die Gegenwart der »Wächter« an dieser ehrwürdigen Stätte, ein Signal dafür, sich nunmehr mit der Menschheit zu verbinden, um »das neue Jerusalem« – ein neues Zeitalter – zu etablieren, will Isabelle über ihren Kanal erfahren haben. Und weiter: Sie – »die Wächter« – seien schon seit Jahrhunderten hier, doch die Menschheit habe die Hinweise auf ihre Anwesenheit bis heute ignoriert. England läge im Zentrum einer »Großen Pyramide des Lichts«, die der Menschheit das Verständnis für das »kosmische Bewußtsein« erschließen würde, so das patriotische Medium Isabelle. Bei den »Wächtern« handele es sich um eine »kollektive Intelligenz«, die das Geschick der Menschheit bisher »im Verborgenen« gelenkt habe. Die Kreise seien »das Zeichen für den Anbruch eines neuen Zeitalters«.
Die Kreise in Kornfeldern eine intelligente Botschaft an die Menschheit? Im September 1976, einige Jahre bevor das Phänomen Schlagzeilen verursachte, hatte der deutsche Fallschirmspringer Willi Jehlen auf einem Feld in der Nähe von Upton Scudamore eine sogenannte »Begegnung der dritten Art« – dort, wo heute Kreise auftauchen.
Auf der Zufahrt zu einem Feld hatte er seinen Kombiwagen abgestellt und schlief. Plötzlich hörte er ein Summen »wie von einem Bienenschwarm«. Als er die Augen aufschlug, sah er eine große Männergestalt vor sich, die er für den Besitzer des Ackers hielt. Er entschuldigte sich bei ihm für sein unerlaubtes Parken am Feldweg. Doch der Fremde gab ihm keine Antwort, sondern richtete stattdessen ein helles Licht auf Jehlen, drehte sich um und ging wieder. Kurz danach hörte Jehlen erneut ein Summen, dann sah er durch das Wagenfenster ein großes, hellrot pulsierendes Licht vom Feld aufsteigen.

Wie nicht anders zu erwarten, tauchten auch im Frühsommer 1990 wieder Kreise im südwestlichen England auf. Doch diesmal offenbarte sich das Phänomen von einer Seite, die selbst Kreis-Experten wie Colin Andrews und Pat Delgaro das Staunen lehrten. Zu den bereits in allen Variationen bekannten Kreisformationen gab es zusätzliche ornamentale Muster, zwischen Traktorspuren »eingestanzt«. Symbole, die an alte keltische erinnern oder auch an die Symbolik der Indianer Südamerikas. Sie hätten ebenso auf die geheimnisvolle Hochebene von Nasca gepaßt: stilisierte Figuren ebenso wie mystische Kreuze und Bogenmuster – eine Art Bilderschrift. Eine Ende Juni 1990 in Oxford einberufene Konferenz von Wissenschaftlern kam ebensowenig zu einem Ergebnis wie die »Kreis-Wachen« der Hobby-Forscher. Sie hatten bei der Entstehung eines Kreises stets nur ein geheimnisvolles Rauschen feststellen können. Bis Ende Juni 1990 war bereits die Rekordzahl von 210 Kreisen erreicht, der größte darunter hatte einen Durchmesser von 30 Metern.

England ist nicht das einzige Land mit dem Kreis-Phänomen. Es hat sich mittlerweile auch in der Sowjetunion, den USA, Kanada, Japan, Frankreich, Neuseeland und Australien manifestiert. So ist beispielsweise Australien altes »ley-lines«-Land. Seine Ureinwohner, die Aborigines, glauben, daß ihre Landschaft – ihre Berge, Täler, Flüsse und Felsen – von Wesen der »Traumzeit« geformt wurden. Einer Zeit ohne Anfang und Ende, unendlich weit zurückliegend, die gewöhnlich außerhalb unserer Wahrnehmung liegt:
Einst durchquerten die schöpferischen Götter das Land über Wege, an die heute noch die Erinnerung wach ist. Denn nach dem Glauben der Aborigines werden sie zu bestimmten Jahreszeiten von einer Lebenskraft durchflutet, die

Pflanzen und Tieren neues Leben gibt und die Erde fruchtbarer macht. Um sich der jahreszeitlichen Wiederkehr dieser Kraft zu versichern, bedienen sich die Ureinwohner alt überbrachter Rituale. Sie ritzten »Dschuringas« in Steine – Anordnungen untereinander verbundener Punkte und Kreise. Diese Linien und Kreise verkörpern die heiligen Wege und Zentren der australischen Landschaft. Die auf diesen Strecken Reisenden finden ihren Weg durch das Studium der Muster auf den Dschuringas.

14

Projekt »Sein«

Leben im Kosmos – ein Zufall oder planvolle Schöpfung? Der Oxford-Biologe Richard Dawkins hat den »Zufallsfaktor« in der Evolution anhand des klassischen Affenbeispiels per Computer durchgespielt. Es ging um die Frage, wie lange ein Affe brauchen würde, um den aus achtundzwanzig Zeichen bestehenden Hamlet-Ausspruch: »Me thinks it is like a Weasel« (»Mich dünkt, es sieht wie ein Wiesel aus«) rein zufällig in der richtigen Reihenfolge zu tippen.

Nach Dawkins liegt die Wahrscheinlichkeit, diesen Satz korrekt zu treffen, bei $1/27^{28}$. *Das heißt, 1/27 wird achtundzwanzigmal mit sich selbst multipliziert. Die Chance für den Affen, das Zitat durch Zufall richtig zu tippen, läge demnach bei etwa* $1{:}10^{40}$. *Es würde also eine Ewigkeit dauern, bis der Affe es schaffen würde.*

Dawkins gab dann in den Computer eine willkürliche Folge von achtundzwanzig Zeichen ein, die per Programmdurchgang mit einer jeweils zufälligen Änderung kopiert (»fortgepflanzt«) und dann daraufhin überprüft wurde, welcher von den Nachfolgesätzen dem Hamlet-Zitat am ähnlichsten war. Von dieser Kopie wurden dann die nächsten Generationen erzeugt. Das heißt, eine »Evolutionsstrategie« war programmiert. Nach der dreiundvierzigsten Generation hatte der Computer die Aufgabe gelöst.

Dawkins berichtet dazu, daß der Computer das erste Mal eine halbe Stunde brauchte, um ans Ziel zu gelangen, weil das Programm in BASIC, einer Art Computer-Babysprache, *vorgegeben war. In die Computersprache PASCAL umgeschrieben, dauerte der Prozeß nur noch elf Sekunden. Dagegen hätte ein Programm ohne Evolutionsstrategie 10^{32} Jahre mit Probieren verbracht, bevor das Zitat richtig herausgekommen wäre. Es hätte also zehntrilliardenmal so lange gedauert, wie das Weltall existiert.*

Ohne die Evolution nun personifizieren zu wollen, ergibt sich hier doch die berechtigte Frage, ob etwa die Entstehung und Fortentwicklung des Lebens nicht durch eine Art Evolutionsstrategie gesteuert wurde und wird. Wenn sie wirklich existiert, käme sie mit Sicherheit auch in anderen Planetensystemen zum Tragen. Aber wie ist eine solche Evolutionsstrategie dann entstanden – durch Zufall? Oder steht hinter allem am Ende eine allumfassende schöpferische Kraft? Kommen Abgesandte anderer Welten, die den Sinn der Schöpfungsstrategie erkannt haben, auf Drachenwegen zur Erde?

Es war der 30. Juni 1908. Der Mann genoß die frühmorgendliche Stille auf der Veranda seines Hauses. Er lebte in Vanavara, einer winzigen Siedlung in der zentral-sibirischen Wildnis, die nur aus wenigen Holzhäusern, einem Kramladen und einer morastigen Straße bestand. Vanavara, die letzte Handelsstation vor den endlosen Wäldern Zentralsibiriens – der Taiga – lag am steinigen Tunguska-Fluß.

Es war morgens kurz nach sieben Uhr. Für den Kleinbauern Semonow ein Tag wie jeder andere. Er sah seinen Nachbarn Kosolapow vor seiner Behausung Holz hacken und wechselte ein paar Worte mit ihm. Als Semonow sah, wie der andere plötzlich in der Bewegung zu erstarren schien, hob er verwundert den Kopf und lauschte. Doch außer einer seltsamen, bedrohlichen Stille nahm er nichts wahr. Urplötzlich jedoch wurde der Himmel von einer gigantischen, blauweißen Lichtsäule förmlich zerrissen. Ein Inferno brach aus. Semonow riß die Arme zum Schutz vor seine Augen. Dann spürte er, wie ihm das Hemd auf dem Leib von grauenhafter Hitze versengt wurde. Erstarrt sah er, wie sich ein riesiger Feuerball langsam über den ganzen Himmel ausbreitete. Dann wurde es finster. Semonow wurde hochgerissen und von seiner Veranda geschleudert. Bewußtlos blieb er liegen. Fürchterliches Donnergrollen, vermischt mit schußartigem Knallen brachte ihn wieder zur Besinnung. Verständnislos betrachtete er sein demoliertes Haus – fast vom Fundament

gerissen, gab es nur noch zersplitterte Fensterrahmen und Scheiben. Ganz in der Nähe riß die Erde auf.
Kosolapow war vor der sengenden Hitze in Panik in sein Häuschen gerannt und wurde von der einfallenden Decke um ein Haar begraben.
So erlebten die sibirischen Kleinbauern Semonow und Kosolapow die Tunguska-Katastrophe am 30. Juni 1908 morgens um 7.17 Uhr am eigenen Leib. Eine »Explosion«, deren unvorstellbare Ausmaße nicht nur die steinige Tunguska in Mitleidenschaft zogen, sondern auch noch eine Fläche, die größer als Frankreich und Deutschland zusammen war, erschütterten, und deren Auswirkungen selbst noch über Tausende Kilometer Entfernung wahrgenommen wurden.
Die urgewaltigen, erdbebengleichen Erschütterungen wurden nicht nur im rund 900 Kilometer entfernten seismographischen Zentrum von Jokutsk registriert, sondern auch noch in anderen, 5000 Kilometer vom Geschehen entfernten russischen Stationen. Die nachfolgenden atmosphärischen Schockwellen wanderten zweimal um die Erde und wurden sowohl in Java als auch in Amerika registriert.
Am eigentlichen Ort der »Explosion« wurden von einer Minute zur anderen 2000 Quadratkilometer Waldgebiet aus der Landschaft »radiert«. Aber davon hatte Semonow keine Ahnung. Er begriff nicht, warum sich am Himmel schwarze Wolken höher und höher auftürmten – bis Regen fiel. Schwarzer Regen.
Im Vakuumstrudel der »Explosion« war die Erde viele Kilometer hoch in die Atmosphäre geschleudert worden und färbte den durch die plötzliche Luftkondensation einsetzenden Regen schwarz.
Ungeheure Druckwellen, die in den ersten fünf Stunden nach der Katastrophe entstanden waren, pflanzten sich über die Nordsee weiter nach Westen fort. Innerhalb von 20

Minuten wurden daher in sechs englischen Wetterstationen zwischen Cambridge und Petersfield atmosphärische Luftdruckschwankungen durch die eben erst erfundenen Barographen – selbstaufzeichnende Luftdruckmesser – registiert.
Die verwirrten englischen Meteorologen glaubten, daß irgendwo auf der Welt ein ausgedehntes atmosphärisches Störungsfeld dafür verantwortlich sei. Aber die Wahrheit kam erst 20 Jahre später ans Licht. Denn erst dann wurde die Weltöffentlichkeit langsam über die Katastrophe im Tunguska-Gebiet informiert. Erst jetzt entdeckten englische Wissenschaftler, daß es eine zeitliche »Beziehung« zwischen den barographischen Aufzeichnungen von 1908, der unerklärlichen Explosion in Sibirien und den zweimal die Erde umlaufenden registrierten Druckwellen gab.
Sind schon die unerklärlichen Auswirkungen der mysteriösen Explosion auf das Magnetfeld der Erde mit den nachfolgenden ungeheuren Druckwellen verwunderlich genug, gibt die anschließende Bildung einer massigen Schicht »silbriger Wolken« noch größere Rätsel auf. Denn von Sibirien bis Nordeuropa war der Himmel in großer Höhe von unheimlich anmutenden, gelbgrün schimmernden Wolkengebirgen bedeckt, die immer wieder rötlich aufglühten. In den der Katastrophe nachfolgenden Nächten verbreiteten sie strahlende Helligkeit, die es mancherorts in Europa ermöglichte, nachts ganz normal zu photographieren. Aber niemand verschwendete auch nur einen Gedanken an dieses seltsame Phänomen. Es wurde durch das Tagesgeschehen verdrängt. Besonders in Rußland, wo politische Probleme, Kriege, die Nachwirkungen der Revolution von 1905 und Seuchen das alltägliche Leben beherrschten.

Eigentlich erfuhr die Weltöffentlichkeit nur durch einen

Zufall von der entsetzlichen Katastrophe, die der zentralsibirischen Hochebene 1908 widerfahren war: Leonid A. Kulik, ein am mineralogischen Museum in Petrograd (dereinst St. Petersburg) beschäftigter Mineraloge, bekam von einem Kollegen zufällig die Kalenderseite einer alten St. Petersburger Zeitung in die Hände. Auf der Rückseite stieß er auf den Abdruck einer sibirischen Pressemeldung über den Vorfall aus dem Jahr 1908. Auf diese Weise erfuhr Kulik erstmals von dieser »Explosion«. Auf Meteoriten spezialisiert, schloß er automatisch auf einen Meteoriteneinschlag in Zentralsibirien, der die »Explosion« ausgelöst haben mußte. Von nun an machte er es sich zur Lebensaufgabe, diesem Ereignis auf den Grund zu gehen. Erst einmal suchte Kulik aller aus jener Zeit stammenden sibirischen Zeitungsmeldungen habhaft zu werden, um das unvorstellbare Ausmaß der Katastrophe im Tunguska-Gebiet zu ermitteln. In manchen Augenzeugenberichten hieß es, vor der Explosion habe sich ein blau-weißes, röhrenförmiges Objekt aus südlicher Richtung horizontal genähert. Da diese Beschreibung nicht für einen Meteoriten sprach, buchte sie Kulik auf das Konto der übersteigerten Phantasie von abergläubischen Landbewohnern.
Die erste von ihm 1921 gestartete Expedition verlief leider erfolglos. Weitere sechs Jahre vergingen, bevor Kulik endlich genügend Hinweise auf das steinige Tunguska-Gebiet in Händen hatte. Unter anderem war er darauf gestoßen, daß nicht nur eine Reihe tungusischer Nomadendörfer vernichtet worden war, sondern auch eine 1500köpfige Rentierherde.
Im Februar 1927 war es dann soweit. Kulik konnte nun endlich seine zweite Expedition in Angriff nehmen. In Leningrad, wie das einstige Petrograd inzwischen genannt wurde, nahm er den Transsibirien-Expreß nach Kansk.

Entsprechend ausgerüstet, setzte er von dort seinen Weg mit zwei tungusischen Begleitern auf Pferdeschlitten nach Vanavara fort. Erst am 2. April konnte er die überaus beschwerliche Reise in die Tunguska mit Pack-Pferden antreten. Nach einer nur noch mit Rentieren zu bewältigenden letzten Etappe, stießen Kulik und seine Begleiter am 13. April endlich auf die ersten Anzeichen der fast 20 Jahre zurückliegenden Katastrophe. Und das war für Kulik der Anfang neuer, völlig unerwarteter Schwierigkeiten: Seine tungusischen Helfer weigerten sich plötzlich, auch nur einen einzigen Schritt weiter in das von »Ogdy«, dem Feuergott, verfluchte Land vorzudringen. Keine Versprechungen, keine Überredungskünste konnten die Tungusen von ihrem Entschluß abbringen. Kulik blieb nichts anderes übrig, als kurz vor dem Ziel nach Vanavara umzukehren, um dort weniger abergläubische Helfer aufzutreiben.
Am 30. April machte er sich erneut auf den Weg zum Katastrophengebiet und kam dort am 20. Mai zum zweiten Mal an. Aber »seinen« Meteoritenkrater suchte er vergebens, und das eigentliche Zentrum der Verwüstung fand er erst Anfang Juni.
»Der chaotische Eindruck dieses Gebietes läßt mich nicht los«, schrieb Kulik in seinem Bericht. »Gegen den nördlichen Horizont erstreckt sich ein hügeliger, fast bergiger Landstrich. Weit entfernt im Norden liegen die Berggipfel entlang des Khusmo-Flusses unter einer Schneedecke.
Von unserem Beobachtungspunkt aus ist kein Wald zu sehen, denn die Zerstörung hat praktisch nichts übrig gelassen. Innerhalb und außerhalb des Talkessels ist die Taiga durch den Einschlag flachgelegt und verwüstet worden. Tausende geschälter, angesengter Baumstämme liegen parallel zueinander am Boden. Mit den abgebrochenen Spitzen weisen sie wie ein gigantischer Fächer strahlenförmig

nach Süden, während die ausgerissenen Wurzeln in Richtung der Explosion nach Norden deuten.
Der Anblick abgeknickter Baumriesen von einem halben bis dreiviertel Meter Durchmesser, mit den meterweit fortgeschleuderten Kronen, ist geradezu unheimlich. Sonderbarerweise gibt es ganz in der Nähe eine kleine Waldfläche mit rinden- und astlosen Baumstümpfen. Wie ein Wald von Telegraphenmasten ragen die verkohlten Stämme in den Himmel.
Am Rand des Katastrophengebiets ist in den letzten 20 Jahren wieder junger Wald nachgewachsen. Er hat sich vehement von der toten Zone fortbewegt – der Sonne und dem Leben entgegen. Im Süden, Südosten und Südwesten hat sich ein Grüngürtel um das verfluchte Land geformt, der an seiner Peripherie allmählich wieder in die normale Taiga übergeht.«
Kulik folgten immer wieder neue Forschungsexpeditionen, die fast zum Ritual wurden. Das Explosionszentrum und das sich von dort ausbreitende, sonderbare Strahlenmuster wurden vom Boden und aus der Luft mehrfach photographisch und kartographisch erfaßt. Umfangreiche Grabungen und Bohrungen sollten die von Kulik tief im Tunguska-Torf vermuteten Bruchstücke des Meteoriten zutage fördern. Aber es fand sich nicht die geringste Spur.
Nach Schätzungen von Experten mußte ein Meteorit von solchen Ausmaßen vor dem Eintauchen in die irdische Atmosphäre wenigstens einige Millionen Tonnen gewogen haben – erfahrungsgemäß mit einer Zusammensetzung aus Nickeleisen. Es war also nicht weiter verwunderlich, daß der »Tunguska-Meteorit« in rasch umlaufenden Spekulationen auf 200 Millionen Dollar geschätzt wurde. Und das im Jahr 1928! Die Fachleute waren sich in diesem Fall ausnahmsweise darüber einig, daß ein Meteorit, der derar-

tige Verwüstungen im Gefolge hatte, unvorstellbar groß gewesen sein mußte. Als es trotz aller Mühen nicht gelang, weder einen Meteoritenkrater noch Bruchstücke aufzutreiben, wurde herumgerätselt, was die fürchterliche Zerstörung nun tatsächlich verursacht haben könnte. Zwei Astronomen – der Engländer F. J. W. Whipple und der Russe J. S. Astapovich – kamen Anfang 1930 schließlich zur Überzeugung, die Explosion könne keinesfalls auf einen Meteoriten zurückgeführt werden. Der Übeltäter müsse vielmehr ein gashaltiger Komet gewesen sein. Denn nur so ließe sich das Fehlen eines Einschlagkraters oder von Bruchstücken des kosmischen Eindringlings erklären. Der mysteriöse Vorfall in Sibirien hat seine Faszination bis heute nicht verloren. Bezeichnend dafür dürfte allein schon die Tatsache sein, daß die in diesem Zusammenhang aufgetretenen atmosphärischen Störungen 72 Jahre später – 1980 – von Experten mit Hilfe von Computertechniken erneut untersucht wurden. Der kalifornische Wissenschaftler Robert P. Turco und seine Mitarbeiter entwickelten zur Untersuchung der photochemischen Auswirkungen eines solchen Kometen auf die Erdatmosphäre eigens ein Computermodell.
Ihren Kalkulationen zufolge mußte sich die Luft im Sog des möglichen »Tunguska-Kometen« auf mehrere 1000 Grad Celsius erhitzt und damit die ungeheure Menge von etwa 30 Millionen Tonnen Stickstoffdioxid erzeugt haben, mit der Folge einer 45prozentigen Verringerung der schützenden Ozonschicht, die wahrscheinlich bis 1911 anhielt.

Sowjetrussische Wissenschaftler stellten allerdings bereits in den sechziger Jahren fest, daß die durch die Explosion freigegebene Energie 10^{23} Erg betrug, entsprechend etwa der Sprengstoffmenge von 30 Millionen Tonnen TNT. Der sowjetrussische Wissenschaftler Dr. Felix Zigel berechnete die Energiefreigabe bei der Explosion sogar mit 0,6 Kalorien pro Quadratzentimeter – und das setzt eine Temperatur von einigen 10 Millionen Grad voraus! Damit wird nicht nur die Meteoriten-, sondern auch die Kometenhypothese mehr als fragwürdig. Ganz davon abgesehen halten skeptische Wissenschaftler der Kometentheorie entgegen, daß ein Komet nicht einschlagen kann, ohne Restsubstanzen der eigenen Materie zu hinterlassen. Zudem könne er sich der Erde auch kaum genähert haben, ohne vorher bemerkt worden zu sein. Irgend etwas aber war an jenem Junimorgen des Jahres 1908 in die Erdatmosphäre eingedrungen und hatte das »Schlafende Land« verwüstet. Etwas, das so mysteriös, so abwegig war, daß viele Dekaden vergehen mußten, bevor sich eine Lösung des Rätsels abzeichnen sollte.

Das Ereignis im Schlafenden Land ist für uns immer noch ein Geheimnis. Wenn auch der russische Wissenschaftler Professor Aleksei Zolotow durch eingehende Untersuchungen im Tunguska-Gebiet heute davon überzeugt ist, diesem nunmehr über 70 Jahre alten Rätsel auf die Spur gekommen zu sein. Seiner festen Überzeugung nach handelt es sich bei dem im Jahr 1908 in Sibirien explodierten Objekt um ein außerirdisches Raumschiff.

Wie er sagt, »kommt man nicht umhin, aus der Beschreibung zu schließen, daß es sich nicht um einen Meteoriten gehandelt haben kann, sondern um ein gigantisches Raumschiff. Die von den Bewohnern dieser Gegend beobachtete und beschriebene Explosion entspricht dem genauen Ebenbild einer Atomexplosion... Alles deutet auf nuklearen Ursprung hin. Für mich besteht kein Zweifel darüber, daß es sich um ein Raumschiff gehandelt hat, das eine außerirdische Zivilisation aussandte, um auf sich aufmerksam zu machen.«

Die von Zolotow und einigen anderen Fachleuten vertretene Theorie einer Explosion atomaren Ursprungs basiert auf registrierten Strahlenspuren in der Nähe des Einschlagsorts und auf der Tatsache, daß Biologen dort auf Pflanzenmutationen und außergewöhnliches Pflanzenwachstum gestoßen sind – genau, wie sie als Folge von Wasserstoffbomben-Versuchen festgestellt worden sind.
Als weiteres Indiz für diese Theorie wird die mysteriöse, leuchtende Wolke angeführt, die sich tagelang nach der Explosion über ganz Nordeuropa hielt. Zudem schließen einige Wissenschaftler aus der eigenartigen Form des Katastrophenortes, daß sich die Explosion innerhalb des besonders widerstandsfähigen Rumpfes eines Raumschiffes abgespielt haben muß und sich von innen nach außen entlud.
Augenzeugenberichten zufolge soll, wie schon gesagt, ein zylinderförmiges Objekt in dieser Gegend gesehen worden sein, das mehrmals die Flugrichtung wechselte, bis es dann, kurz vor der Explosion, Kurs auf ein unbesiedeltes Gebiet nahm.
Ob nun Komet oder Raumschiff – was immer der Kleinbauer Semonow an jenem 30. Juni 1908 auf seiner Veranda gesehen haben mag: Vielleicht haben sich in jenem Ereignis auch gleichzeitig Vergangenheit und Zukunft der Menschheit angedeutet?

Der Tunguska-Vorfall symbolisiert in mancher Hinsicht einen der Drachenwege in der Schöpfungsstrategie. Deutet doch vieles darauf hin, daß Kometen auch »Lebensbringer« sind. Denn durch Explosionen beziehungsweise Einschläge von Kometen und Meteoriten wird Energie freigesetzt, die zur Entfaltung und Mutation des Lebens beiträgt. Ist die Entwicklungsstufe einer Zivilisation

schließlich hoch genug, wird diese sicherlich früher oder später interstellare Raumfahrt betreiben.
Eine Reihe von Faktoren spricht dafür, daß das Leben nicht auf der Erde entstanden ist, sondern in Form von Mikroorganismen aus dem Weltall kam.
Wenn wir uns mit dem Ursprung des Lebens befassen, müssen wir auf die Sterne zurückgreifen. Denn die Bausteine des Lebens entstammen den Sternen. Und bei ihrer Geburt spielen Myriaden fester Partikel von weniger als einem tausendstel Millimeter Durchmesser eine entscheidende Rolle. In der Milchstraße gibt es natürlich Millionen von Materiewolken aus solchen Teilchen. Die Erforschung dieser Materie durch den »International Ultraviolett Explorer Satellite« erbrachte den Nachweis von interstellaren Mikroorganismen, also sozusagen vom Samen des Lebens im Universum. Diese Erkenntnis deckt sich völlig mit Ergebnissen aus Laborversuchen, in denen die extreme Widerstandskraft solcher Mikroorganismen bei niedersten Temperaturen und hohen Strahlungsdosierungen im Vakuum nachgewiesen wurde. Solche Urformen des Lebens haben sich auf unzähligen kometenähnlichen Himmelskörpern angesiedelt. Da es dort an Wasser nicht mangelt, vermehren sich diese Organismen unter der gefrorenen Kruste der riesigen »kosmischen Schneebälle«.
Die Erde wurde von Anbeginn mit Mikroorganismen versorgt. Doch wegen der ungünstigen physikalischen Voraussetzungen gab es für sie auf der Urerde kein Überleben. Niedergegangene Kometen überbrachten ihr dann die Weltmeere und die Atmosphäre. Sie brachten auch das Leben, das sich im Schutz der Wolken entfalten konnte. Die so oft vertretene These der zufälligen Entstehung des irdischen Lebens lehnt der Nobelpreisträger Francis H. C. Crick vom amerikanischen Salt-Institut in San Diego ab. Denn dazu

wäre die Zeit viel zu kurz gewesen. Crick vertritt vielmehr den Standpunkt, daß Leben die Planeten in Form von Bakterien erreicht, da diese als Lebenskolonisatoren geradezu prädestiniert seien. Crick stellt sogar die These auf, daß eine hochentwickelte Zivilisation auf irgendeiner anderen Welt Mikroorganismen zu anderen Planeten geschickt haben könnte, möglicherweise auch zur Erde. Aus dieser Saat hätte sich dann das Leben entwickelt.

Es gibt eine Reihe mehr oder weniger überzeugender Schätzungen über die Anzahl außerirdischer Zivilisationen in unserer Milchstraße. Vorwiegend beruhen die Berechnungen auf astronomischen, biologischen beziehungsweise exobiologischen-Daten, die von erdähnlichen Lebensformen ausgehen. Wie bekannt, ist die Erde mit ihren Planeten rund 4,7 Milliarden Jahre alt, die Milchstraße und die meisten ihrer Sterne leben dagegen bereits doppelt so lange. Wenn wir unsere eigene Entwicklung einmal als typisch voraussetzen, würde das, auf die etwa 200 Milliarden Sterne der Milchstraße übertragen, nach vorsichtiger Schätzung bedeuten, daß etwa ein halbes Prozent dieser Sterne von Planeten begleitet wird. Demzufolge müßte also auf einer Milliarde Planeten Leben entstanden sein – Zivilisationen, die viel älter wären, als wir es sind, und die folglich einen weitaus höheren Entwicklungsstand erreicht hätten. Demnach müßte es also in der Milchstraße mit ziemlicher Sicherheit viele sehr alte Zivilisationen geben.

Aller Wahrscheinlichkeit nach ist Intelligenz und technologisches Wissen Vorbedingung für eine hochentwickelte Zivilisation. Sobald dieses Evolutionsstadium erst einmal erreicht ist, besteht natürlich auch im erhöhten Maß die Gefahr des Raubbaus an natürlichen Rohstoffquellen, der Vernichtung der Ökosphäre durch Umweltgifte oder der Entziehung der Lebensgrundlage durch Überbevölkerung,

wenn nicht gar der Selbstvernichtung durch atomare Unfälle oder durch kriegerische Handlungen mit Kernwaffen.
Mit welcher Lebenserwartung Hochzivilisationen rechnen können, hat der deutsche Astronom Sebastian von Hoerner kalkuliert. Seiner Meinung nach liegt die kritische Phase einer hochentwickelten Zivilisation bei 4500 Jahren. Wenn es ihr gelingt, diesen Zeitraum zu überleben, hat sie berechtigte Aussichten, sehr alt zu werden. Damit eröffnen sich ihr ungeahnte Möglichkeiten der Weiterentwicklung in wissenschaftlicher, technologischer, vor allem aber auch in ethischer Hinsicht.
Diesen Weg – den Drachenweg der Erkenntnis – muß die Menschheit einschlagen, wenn sie die nächste Stufe der Evolution erreichen will. Andere haben diesen Weg bereits vor ihr beschritten. Sie warten, beobachten und hoffen, daß die Menschheit im Einklang mit der Schöpfungsstrategie überlebt.

Literaturverzeichnis und Quellennachweis

1 Auftakt

Buttlar, Johannes von: »Zeitriß«, München, 1989

–: »Supernova«, München, 1988

Eigen, Manfred: »Perspektiven der Wissenschaft«, Stuttgart, 1988

Green, Celia: »The Decline and Fall of Science«, London, 1976

Medawar, P. B. und Medawar, J. S.: »Von Aristoteles bis Zufall«, München, 1986

Pennick, Nigel: »Einst war uns die Erde heilig«, München, 1989

Reichenbach, Hans: »Der Aufstieg der wissenschaftlichen Philosophie«, Stuttgart, 1977

Rothmann, Tony: »Science à la Mode«, Princeton, 1989

2 Das unsichtbare Kollegium

Bailey, Alice A.: »Die geistige Hierarchie tritt in Erscheinung«, Genf, 1967

Bennett, J. G.: »Gurdjieff – Der Aufbau einer neuen Welt«, Freiburg, 1976

–: »Die Meister der Weisheit«, Freiburg, 1979

Bernbaum, E.: »Der Weg nach Shambhala«, Hamburg, 1982

Biedermann, Hans: »Das verlorene Meisterwort. Bausteine zu einer Kultur- und Geistesgeschichte des Freimaurertums«, Wien, 1986

Blavatsky, Helena Petrowna: »Die Geheimlehre. Die Synthese von Wissenschaft, Religion und Philosophie«, Den Haag, o. J.

Buttlar, Johannes von: »Reisen in die Ewigkeit«, Düsseldorf, Wien, 1973

Cooper-Oakley, Isabel: »Comte de St. Germain«, London (Theosophical Publishing House), 1912

Decter, Jacqueline: »Nicholas Roerich – Leben und Werk eines russischen Meisters«, Basel, 1989

Groves Campbell, F. w.: »Appolonius von Tyana«, Chicago, 1968

Hesemann, Michael: »Das geistige Fundament für ein Neues Zeitalter«, in »Magazin 2000«, München, Nr. 78/November 1988

–: »Nicholas Roerich: Botschafter der Schönheit«, in »Magazin 2000«, München, Nr. 78/November 1988

Horneffer, August: »Symbolik der Mysterienbünde«, Heidelberg, 1924

Lincoln/Baigent/Leigh: »Der Heilige Gral und seine Erben«, Bergisch-Gladbach, 1984

MacKenzie, Norman: »Geheimgesellschaften«, Genf, 1969

Meade, Marion: »Madame Blavatsky – The Women Behind the Myth«, New York, 1980
Kingsland, W.: »The Real H. P. Blavatsky«, London (Theosophical Publishing House), 1928
Pauwels, Louis: »Gurdjew, der Magier«, Bern, 1974
Philostratos, Flavius: »Das Leben des Apollonios von Tyana«, übers. und erl. von Vroni Mumprecht, München, 1983
Roerich, Nicholas: »Shambhala. Das geheime Weltzentrum im Herzen Asiens«, Freiburg, 1988
–: »Altai-Himalaya. A Travel Diary«, Brookfield/Conn., 1983
Schure, Eduard: »Die großen Eingeweihten«, Bern, 1965
Tetzlaff, Irene: »Der Graf von St. Germain«, Stuttgart, 1982
Tomas, Andrew: »Wir sind nicht die ersten«, Bonn, 1971
Wegner, Helena: »Beiträge zur Geschichte der Weisheitsreligion«, Pforzheim (Selbstverlag), o. J.
Wehr, Gerhard (Hrsg.): »Die Bruderschaft der Rosenkreuzer«, München, 1984

3 Die Krieger von Shambhala

Blunck, Dr. Jürgen: »UFOs in Kriegszeiten«, in: »UFO Nachrichten«, Wiesbaden, Nr. 92, 1964
Buttlar, Johannes von: »Sie kommen von fremden Sternen«, München, 1986
Drake, Raymond W.: »Gods and Spacemen troughout History«, London, 1975
–: »Gods and Spacemen in Greece and Rome«, London, 1976
Gervais, P.: »Fliegende Schilde bei der Belagerung von Tyrus«, in »UFO-Nachrichten«, Wiesbaden, Nr. 192, August 1972
Herberts, Gottfried: »Begegnungen mit Außerirdischen«, Frankfurt, 1977
Kolosimo, Peter: »Sie kamen von einem anderen Stern«, Wiesbaden, 1969
Sachmann, Hans-Werner: »Himmelskräfte«, in: »Die kosmischen Eingeweihten«, Halver (Eigenverlag der Autoren) 1982
Schneider, Adolf: »Besucher aus dem All«, Freiburg, 1973

4 Drachenkinder

Buttlar, Johannes von: »Zeitriß«, München, 1989
Clark, Grahame, und Piggott, Stuart: »Prehistoric Societies«, London, 1970
De Camp, L., Sprague und De Camp, Catherine C.: »Citadels of Mystery«, Glasgow, 1976
Drake, W. Raymond: »Gods and Spacemen in the Ancient East«, London, 1968
Egli, Hans: »Das Schlangensymbol«, Olten und Freiburg, 1985
Eigen, Manfred: »Perspektiven der Wissenschaft«, Stuttgart, 1988
Evans, Hilary (Hrsg.): »Frontiers of Reality«, o. O., 1989
Grantham, A. E.: »Hills of Blue«, London, 1927

Lemesurier, Peter: »The Great Pyramid Decoded«, Shafterbury-Dorset, 1989
Michell, John: »The New View over Atlantis«, London, 1983
Möller, Jens M.: »Geomantie in Mitteleuropa«, Freiburg, 1988
Pagels, Heinz R.: »Die Zeit vor der Zeit«, Berlin, 1987
Stevens, Wendelle C.: »UFO... Contact from Reticulum«, Tucson/AZ (UFO Photo Archives) 1989
Ströber, Harald: »Herr der Götter«, Düsseldorf, 1987

5 Die Wiederkehr des Barden
Buttlar, Johannes von: »Zeitriß«, München, 1988.
–: »Kontakt mit dem Barden im Jenseits«, in »Quick«, Nr. 18, 1990
Klimo, Jon: »Channeling«, Freiburg, 1988
Markalo, Joan: »Die Druiden«, München, 1989
Russel, Edward Wriothesley: »Design for Destiny«, London, 1971
Ryerson, Kevin und Harolde, Stephanie: »Spirit Communication«, New York, 1989
Wilson, Colin: »Beyond the Occult«, London, 1989

6 Abstieg in die Vernunft
Anders, G.: »Die Antiquiertheit des Menschen«, München, 1976
Bronowski, J.: »Der Aufstieg des Menschen«, Frankfurt/M., Berlin, Wien, 1976
Buttlar, Johannes von: »Unsichtbare Kräfte«, München 1984
Eccles, J. C.: »Das Gehirn des Menschen«, München/Zürich, 1975
Popper, K. R. und Eccles, J. C.: »Das Ich und sein Gehirn«, München, 1982

7 Anatomie der Angst
Buttlar, Johannes von: »Unsichtbare Kräfte«, München 1984
–: »Leben auf dem Mars«, München, 1987
Farb, P.: »Das ist der Mensch«, München, 1983

8 Die siebte Genesis
Brockman, I.: »Die Geburt der Zukunft«, Bern, München, Wien, 1987
Buttlar, Johannes von: »Der Supermensch«, Luzern, 1986
–: Der Menschheitstraum, Düsseldorf, 1975
Galton, F.: »Inquiries into Human Faculty and its Development«, London, 1983
Toffler, A.: »Die Zukunftschance«, München, 1981

9 Unheimliche Ernte
Candyce, Valerio: »Cattle Mutilations in Northern New Mexico«, in: »Taos-Magazine«, Taos/Nex Mexico, March/April 1979
Emenegger, Robert: »UFOs: Past, Present & Future«, New York, 1974

Howe, Linda Moulton: »A Strange Harvest: A documentary film investigation of the animal mutilation mystery«, Littleton/Col. (Linda M. Howe-Productions), 1980 und 1988
–: »An Alien Harvest«, Littleton/Col. (Linda M. Howe Productions), 1989
Krill, O. H. (Pseudonym): »A Situation Report on our Acquistion of Advanced Technology and Interaction with Alien Cultures«, Las Vegas/Nev. (Selbstverlag), 1988
Randles, Jenny: »Alien Abductions«, New Brunswick, 1988
VonKeviczky, Colman S.: »The UFOs Potential Threat Syndrome, Dossier ›A‹«, New York (ICUFON Dokumentation), 1988

Pressemeldungen

»Dead Horse Riddle Sparks UFO Buffs«, in: »The Pueblo Ciegtain«, Pueblo/Col., 7. 10. 1967
»Mutilated Livestock: Strange Flying Objects Reported in Nebraska«, in: »Argus Leader«, Sioux Falls/South Dakota, 30. 8. 1974
»UFOs zapping cows?«, in: »The Dispatch«, St. Pauls/Minnesota, 27. 12. 1974
»Mutilated Cow Discovered in Dulce Area«, in: »Albuquerque Journal«, Albuquerque/New Mexico, 16. 6. 1978
»Four Mutilations Reported«, in: »Rio Grande Sun«, Santa Fé/New Mexico, 12. 10. 1978
»New Findings Deepen Mystery of Mutilations«, in: »Albuquerque Journal«, Albuquerque/New Mexico, 13. 12. 1978
»Bovine beasts, humans share perfect match chromosomes«, in: »Texarkana gazette«, Texarkana/Texas, 27. 2. 1984
»Mutilated cow found on Trinidad Ranch«, in: »Rocky Mountain News«, Denver/Col., 23. 12. 1985
»Horrible cattle mutilations on Hempstead Country Ranch puzzles experts«, in: »Little River News«, Little Rock/Ark., 13. 3. 1989

10 Zwischenfall in der Kalahari

Birdsall, Graham: »South African Incident – Comment« in: »Quest Magazine«, Leeds, Yorkshire, Vol. 9, No. 5 (Juli 1990)
Buttlar, Johannes von: »Zeitriß«, München, 1989
–: »Die UFO-Geheimpapiere«, in: »Playboy«, München, August 1989
Dodd, Anthony: »UFO Recovery«, in: »Quest Magazine«, Leeds/Yorkshire, Vol. 9, No. 2 (Dezember 1989)
–: »The South African UFO Incident«, in: »Quest Magazine«, Leeds/Yorkshire, Vol. 9, No. 4 (April 1990)
Hall, Richard: »Uninvited Guests«, Santa Fé (Aurora) 1988
Hesemann, Michael: »UFOs: Die Beweise«, München, 1990
–: »UFOs: Die Kontakte«, München, 1990

Stevens, Wendelle C. und Steinman, William S.: »UFO Crash at Aztec«, Tucson/AZ (UFO Photo Archives) 1986
Stevens, Wendelle C.: »UFO... Contact from Reticulum«, Tucson/AZ (UFO Photo Archives) 1989
Stringfield, Leonard H.: »The UFO Crash/Retrieval Syndrome«, Seguin/TX (Mutual UFO Network) 1980
Vallee, Jaques: »Dimensions«, London 1988

11 Nachrichten vom roten Stern

Buttlar, Johannes von: »Das UFO-Phänomen«, München, 1978
–: »Sie kommen von fremden Sternen«, München 1986
Good, Timothy: »Above Top Secret«, London 1987
Hesemann, Michael: »UFOs: Die Beweise«, München, 1990
–: »UFOs: Die Kontakte«, München, 1990
Huneeus, Antonio: »Solving the UFO Mystery – A Soviet Perspective«, in: »UFO-Universe«, New York, May 1990
–: »Soviet Air Defense Chief Discloses Military UFO Incident East of Moscow«, Manuskript, Juni 1990
Kommission zur Untersuchung Anormaler Atmosphärischer Phänomene der Akademie der Wissenschaften der UdSSR: »NLO boiburajut Woronesch«, Dokumentation, Moskau/Woronesch 1989
Kuzovkin, Aleksandr und Semyonov, Aleksandr: »UFOs and Security«, in: »Soviet Military Review«, Moscow, Nr. 6, Juni 1989
Rylkin, Jury: »Ausgewählte Schilderungen derBeobachtung von UFOs und ihre wissenschaftliche Interpretation«, Vortrag anläßlich der Konferenz »Dialog mit dem Universum«, Frankfurt, 26.–29. 10. 1989

Pressemeldungen

»Aliens visit Voronezh – Eyewitness Account«, in: »Moscow News«, Int. Ausgabe, Moskau, Nr. 43, 1989
»USSR: Media Report Multitude of UFO Sightings«, in: »FBIS (Foreign Broadcast Information Service) Foreign Press Note«, 22. 11. 1989
»Soviet Media UFO Sightings«, in: »MUFON UFO-Journal«, Seguin/Texas, Nr. 262, Februar 1990
»Soviet Press Airs Startling UFO Evidence from Military Sources«, in: »New York City Tribune«, 21. 6. 1990

12 Flugrouten eines Phänomens

Buttlar, Johannes von: »Zeitriß«, München, 1989
Hawkins, Gerald S.: »Mindsteps to the Cosmos«, London, 1983
Michell, John: »Die Geomantie von Atlantis«, München, 1984
–: »A Little History of Astro-Archaeology«, London, 1989

Möller, Jens M.: »Geomantie in Mitteleuropa«, Freiburg, 1988
Pennick, Nigel: »Die alte Wissenschaft der Geomantie«, München, 1982
–: »Einst war uns die Erde heilig«, München, 1989
–: »Das Geheimnis der Heiligen Linien«, in: »Magazin 2000«, München Nr. 70, September 1987
Uyldert, Mellie: »Mutter Erde – Orte der Kraft und ihre Wirkung«, München, 1987

Pressemeldungen
»Im ganzen Grenzland rätselt man über ein leuchtendes Flugobjekt«, in: »Kölnische Rundschau/Bonner Rundschau«, 1. 12. 1989
»Ganz Ost-Belgien ist vom UFO-Fieber gepackt«, in: »Kölnische Rundschau/Bonner Rundschau«, 11. 12. 1989
»Mirage-Jäger auf UFO-Suche«, in: »Kölnische Rundschau/Bonner Rundschau«, 13. 12 1989
»Gendarmen verfolgen bei Eupen ein UFO«, in: »Die Welt«, 18. 12. 1989
»Belgiens UFOs sind zurück«, in: »Kölnische Rundschau/Bonner Rundschau«, 12. 2. 1990, sowie in anderen Zeitungen am selben Tag
»Fremdes Echo auf dem Radar«, in: »Stern«, Hamburg Nr. 18/1990
»Statt Ostereier UFOs suchen«, in: »Grenz-Echo«, 10. 4. 1990
»UFOs melden sich in Eupen zurück«, in: »Grenz-Echo«, 12. 4. 1990
»Mit der Luftwaffe auf UFO-Jagd«, in: »Kölnische Rundschau/Bonner Rundschau«, 17. 4. 1990
»Belgiens Luftwaffe: UFO auf dem Radar«, in: »WZ«, 12. 7. 1990, sowie in diversen anderen Zeitungen am selben Tag

13 Quadratur des Kreises

Buttlar, Johannes von: »Zeitriß«, München, 1989
Constable, Trevor James: »The Cosmic Pulse of Life«, Suffolk, 1976
Delgado, Pat und Andrews, Colin: »Kreisrunde Zeichen«, Frankfurt/Main, 1990
Fuller, Paul: »Mystery Circles: Myth in the making«, in: »International UFO Reporter«, 1988
Good, Timothy: »The UFO Report 1990«, London, 1989
Malone, Caroline: »Book of Avebury«, London, 1989
Wingfield, George: »The English Corn Circles in 1988«, in: Timothy Good, »UFO Report 1990«, London, 1989

Pressemeldungen
»Rundum rätselhaft«, in: »Hobby«, Hamburg, Nr. 12/1989
»Wirbeln Außerirdische durch englische Felder?«, in: »Rheinische Post«, 28. 6. 1990

»Wunder im Weizen«, in: »Stern«, Hamburg, Nr. 31, 26. 7. 1990
»Ein Phänomen, das Eindruck macht«, in: »Esotera«, Freiburg, Nr. 8/1990

14 Projekt »Sein«

Buttlar, Johannes von: »Leben auf dem Mars«, München, 1987
–: »Supernova«, München, 1988
–: »Die Einstein-Rosen-Brücke«, Berlin, 1989
Christian, James L. (Hrsg.): »Extra-Terrestrial Intelligence: The First Encounter«, Buffalo/N. Y., 1976
Hart, M. H.: »Habitable Planets Around Main Sequence Stars«, Icarus, 1979
Hart, M. N., und Zuckermann, B.: »Extraterrestrials: Where are They?«, New York, 1982
Hawking, S. W.: »A Brief History of Time«, London/New York, 1988
Hawking, S. W. und Ellis, G. F.: »The Large Scale Structure of Space-Time«, Cambridge, 1973
Hoyle, V.: »Evolution aus dem All«, Berlin, 1981
–: »Das intelligente Universum«, Frankfurt/M., 1984
Hoyle, V. und Wickramasinghe, N. C.: »Does Epidemic Disease Come from Space?«, in: »New Scientist«, 1977
Peat, F. David: »Superstrings – Kosmische Fäden«, Hamburg, 1988
Sciarna, D. W.: »Modern Cosmology«, Cambridge, 1975
Sheldrake, Rupert: »A New Science of Life«, London, 1981
Sitchin, Zecharia: »The Wars of Gods and Men«, New York, 1985
Toth, Max: »Pyramid Prophecies«, Rochester/VT, 1988
Wolfe, J. H., Edelson, R. E., Billingham, J., Crow, R. B., Gulkis, S. .u. a.: »The Search for Extraterrestrial Intelligences/Life in the Universe«, Cambridge 1981
»Unglaublicher Hammer«, in: »Der Spiegel«, Hamburg, Nr. 14/1990

Register